Novum Fundamentum Latinum

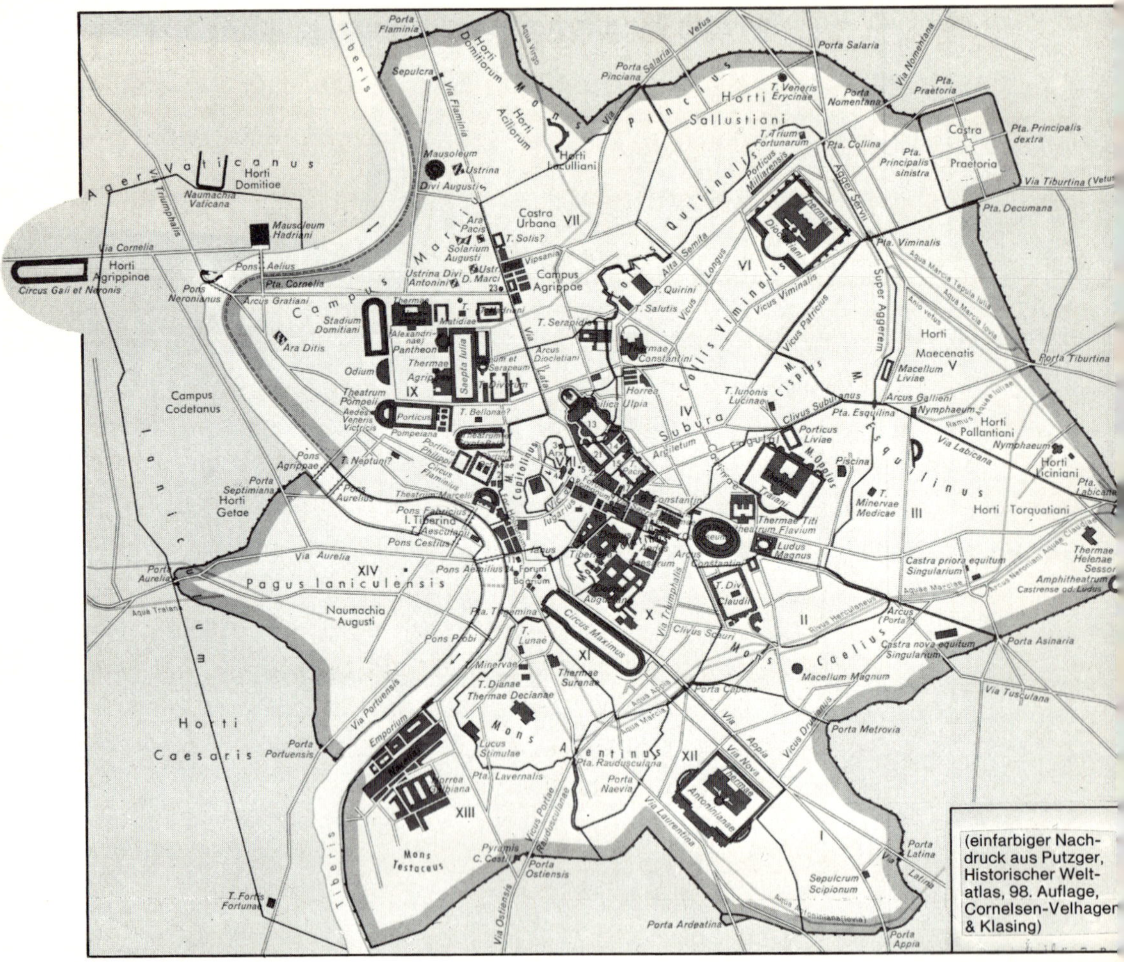

Rom zur Kaiserzeit

Die jedenfalls vor 753 – dem offiziellen Staatsgründungsdatum Roms – bestehende Siedlun lag in der Niederung und auf den Hügeln an der linken Tiberseite, 20 km von der Mündur entfernt. Als Hauptstadt des römischen Reiches beherbergte Rom zur Zeit der Kaiser etw 1¹/₂ Millionen Einwohner und war seit Kaiser Aurelian (270-275) mit einer mächtigen Stad mauer umgeben, die zum größten Teil heute noch erhalten ist. Im Mittelalter stark zerstö dehnte sich die Stadt seit der Renaissance auch auf das rechte Tiberufer aus (Vatikanisch Hügel, Trastevere auf dem Janikulus) und hat heute auf beiden Tiberseiten etwa 3 Millione Einwohner. Der Bereich der heutigen Innenstadt deckt sich mit dem antiken Stadtgebiet: Rom aeterna. (vgl. K.6, E1, F2,5,6).

NOVUM FUNDAMENTUM LATINUM

Lehr-, Übungs-, Lese- und Sachbuch
für Latein

herausgegeben
von
Hans Klingelhöfer

als dritte Fremdsprache oder als zweite
in der Klasse 9, in der Sekundarstufe II
und in den Kursen auf der Kollegstufe
und an Universitäten

Cornelsen
SCHWANN

Bildnachweis

Bildarchiv Foto Marburg S. 114
Institut für Filmkunde, Wiesbaden S. 117, 124, 144, 160
Kunstsammlungen der Ruhruniversität Bochum S. 84
Saalburg Museum S. 128, 131
VDI-Verlag Düsseldorf S. 118, 187

Für den Gebrauch an Schulen

(erschienen 1976 in: Pädagogischer Verlag Schwann-Bagel, Düsseldorf)

Bestellnummer 125403
10. Auflage
Druck 5 4 / 92 91
Alle Drucke derselben Auflage sind im Unterricht parallel verwendbar.

Vertrieb: Cornelsen Verlagsgesellschaft, Bielefeld
Einbandgestaltung: Ralph Rudolph
Gesamtherstellung: Bercker, Kevelaer

ISBN 3-590-12540-3

Vorwort

Ist ein neues Lateinisches Lehrbuch trotz oder wegen der Kritik an diesem „altmodischen“ Fach angebracht? Wir meinen ja! Denn moderner Unterricht braucht zeitnahe Bücher, und jede Geisteswissenschaft muß gegenwartsbezogen sein. Novum Fundamentum Latinum hat sich deshalb folgende zwei Ziele gesetzt: 1. Das Buch soll Antike und Gegenwart verbinden, soll Zusammenhänge, die uns oft kaum bewußt sind, zwischen alter Welt und europäischer Gegenwart verständlich machen. 2. Das Buch soll mit Hilfe des Lateins und seiner Gegenüberstellung zum Deutschen und anderen Sprachen allgemeine sprachliche Bildung vollziehen helfen.

1. Im Vordergrund jedes Kapitels stehen originale Stellen verschiedener antiker Autoren – Lesetexte A genannt –, in denen wichtige Themen der alten Welt, die uns und unserer Jugend im besonderen Maße noch etwas bedeuten, behandelt sind. Als Beispiele seien genannt: Kampf ums Mittelmeer, Attentat auf den Kaiser, ein römischer Kriminalfall, Entdeckung des östlichen und westlichen Randes der „Welt“, ein politischer Widerstandskämpfer, Erörterung über Staatsformen, politische Diskussion im Senat, Christentum – Staat – Kirche usw. Die Teile A sind also eine Art Lesebuch. In den Abschnitten E jedes Kapitels werden Kommentierung und Informationen zu den Textstellen geboten. In den Abschnitten F wird auf die Gegenwartsbezogenheit der angeschnittenen Fragen eingegangen. In der Art eines Sachbuches werden hierin zum Beispiel behandelt: Zeitung, Brief und heutige Kommunikationsmittel; Zeit-, Stundenrechnung und Kalender; Atriumhaus und zentrale Heizungsanlage; Brauchbarkeit rhetorischer Mittel für Reden und Aufsätze; Vulgärlatein und Romanisierung; Linnés Pflanzensystem, Botanik, Pharmazie und Medizin; Latein im Fernsehen, in der Werbesprache und Politik usw. Dazu haben fast alle Abschnitte F eine emotionale Ergänzung. Die Schüler werden zur Erörterung der angeschnittenen Probleme und zur Stellungnahme zu den aus dem Zusammenhang sich ergebenden zeitnahen Fragen angehalten.
2. Das Übersetzen der Texte erfordert natürlich Erkennen und Begreifen der sprachlichen Erscheinungen des Lateins. So sind unter die Abschnitte A die dazugehörigen Vokabeln (B), rechts neben die Abschnitte A die grammatischen Erklärungen (C) gesetzt. Durch Zeilenzählung und Hinweise am Rand bilden A, B und C eine visuelle Einheit. Das Übersetzen wird durch diese direkte Methode zum entdeckenden Lernen, das die kognitiven Fähigkeiten schult. Die Lust am Suchen und Entdecken tritt anstelle der bloßen Wissensvermittlung, wie sie Einzelsätze und Vorübungen bisheriger Methodik betrieben.

Die Reihenfolge der Texte ist so angeordnet, daß sich daraus eine systematisch aufgebaute Grammatik ergibt, d. h. ein Lehrbuch der lateinischen Sprache. An die grammatischen Erklärungen schließen sich in hinreichender Menge grammatische Übungen an; denn ohne Üben und Einprägen des Erkannten läßt sich keine Sprache lernen. Novum Fundamentum Latinum ist in diesem Teil (D) ein lateinisches Übungsbuch mit den verschiedensten Übungs- und Einprägungsarten.
Der Verwendung originaler Stellen aus lateinischen Autoren in den A-Teilen der Kapitel 9–32 gehen in den Lektionen 1–8 zusammengestellte Lesetexte voraus, in denen zur Einführung einige wichtige und grundlegende Kenntnisse des Latein vermittelt werden. Diese Kapitel sind im jugendlichen Erfahrungsbereich angesiedelt und mit entsprechenden Illustrationen ausgestattet.

Die einzelnen Kapitel 1 bis 32 bestehen also aus

A	Lateinischer Lesetext	jeweils auf der linken Seite
B	Vokabeln zu dem Text	
C	Sprachlehre zum Text	jeweils auf der rechten Seite
D	Übungen zur Sprachlehre	
E	Sprachliche Erläuterungen und sachliche Informationen	
F	Aktualisierung	

Die Abschnitte A, B und C erfordern geschlossene Behandlung durch die Klasse; D, E und F können in Gruppenarbeit, F auch in Einzelvorträgen behandelt werden.

„Der Vergangenheit wollen wir das Feuer entnehmen, nicht die Asche“ (C. W. Ceram).

Erklärung der Abkürzungen

D. = deutsch, das Deutsche
L. = lateinisch, das Latein
E. = englisch, das Englische
F. = französisch, das Französische
I. = italienisch, das Italienische
Sp. = spanisch, das Spanische
G. = griechisch, das Griechische
spr. = sprich!
> = wird zu
! = Achtung!

Die in den Vokabelangaben B in Klammern beigefügten englischen (E.) und französischen (F.) Wörter sollen zur Gedächtnisstütze dienen und zur Sprachvergleichung anleiten. Vollständigkeit ist nicht beabsichtigt.

Die langen Vokale werden in den Lesestücken 1 – 9 sowie in den Vokabelangaben der der Kapitel 1 – 32 bezeichnet.

Römischer Aquädukt in Nordafrika. Im trockenen Nordafrika haben die Römer eine Menge Wasserleitungen gebaut. Eine der bedeutendsten ist die von Iulia Caesarea (heute Cherchel bei Algier) in der Provinz Mauretania Caesariensis. Sie begann im quellreichen Gebiet des 1600 m hohen, im Winter schneetragenden Monzaia bei der heutigen Stadt Monzaiville (30 km von Caesarea), lief in einem unterirdischen Kanal von 2 m Höhe und 1 m Breite durch das Vorgebirge des Djebel, überquerte auf zwei hohen Viadukten das Tal des Oued Khouas und das des Oued Bellah, bevor sie die Küste erreichte. Der abgebildete Aquädukt, 12 km von Cherchel entfernt, besteht aus drei Stockwerken; das unterste hat fünf, das mittlere acht, das oberste sechzehn Bogen. Das Bauwerk führt die Leitungsrinne in 35 m Höhe über die Talsohle hinweg.

I. Markus, Titus und ihre Freunde

A.

I. Mārcus	est discipulus. [C2a)]
Mārcus et Titus	sunt discipulī. [C3]
Mārcus et Titus	sunt amīcī.
Mārcus	est laetus; clāmat et gaudet. [C7]
Amīcī	saepe clāmant et gaudent.

Satzglieder

Subjekte	Prädikate (Hilfsverb mit Nomen – Vollverb)
Nominativ Singular **-us**	3. Person Singular Präsens: **est**, clām**at**, gaud**et**
Nominativ Plural **-i**	3. Person Plural: **sunt**, clām**ant**, gaud**ent**.

II. Mārcus	amīcum [C3]	habet.
Mārcus et Titus	amīcōs	habent.
Amīcī	Quīntum	vīsitant. [c2b)]
Quīntus	nātālem diem (den Geburtstag)	celebrat.

Subjekte	Objekte im	verbale Prädikate
	Akkusativ Singular **-um**	
	Akkusativ Plural **-ōs**	

III. Quīntus		laetus est.
Animus Quīntī [C3]		laetus est.
Amīcī	nātālem diem Quīntī	celebrant.
Amīcī	nātālem diem amīcōrum	celebrāre solent.

Subjekte	Objekte	Prädikate:
mit Attribut	mit Attribut	Adjektiv mit Hilfsverb
im Genitiv Singular **-ī**	im Genitiv Singular **-ī**	verbales Prädikat
	im Genitiv Plural **-ōrum**	Infinitiv und Modalverb

B.

1	I. est	er (sie, es) *ist* (F. est)
	discipulus, ī	der (ein) Schüler
2	sunt	sie *sind* (F. sont)
	et	und, auch (F. et)
3	amīcus, i	der (ein) Freund (F. ami)
4	laetus	froh, heiter, lustig
	clāmāre	laut rufen, schreien, lärmen (E. to claim)
	gaudēre	sich freuen
5	saepe (Adverb)	oft
6	II. habēre	haben, halten (E. to have, F. avoir)
8	vīsitāre	besichtigen, besuchen (E. to visit, F. visiter)
9	celebrāre	feiern, verherrlichen (E. to celebrate, F. célébrer)
11	III. animus, ī	das Herz, die Seele, der Mut. Geist
13	solēre	pflegen, gewohnt sein

Römische Schule
Grabdenkmal aus den Fundamenten des röm. Kastells Neumagen bei Trier (Rhein. Landesmuseum, Trier). Dargestellt ist der Lehrer mit drei Schülern, von denen einer gerade eintritt, die Rechte zum Gruß erhoben.

C.

1. Groß- oder Kleinschreibung am Anfang der Wörter? Du ersiehst die übliche Schreibart aus dem Lesetext. Welche Wörter sind durch Großschreibung hervorgehoben?
2. Die Aussprache des L. macht – im Gegensatz zum E. und F. – wenig Schwierigkeiten.
   a) Der Buchstabe c wurde in der früheren Zeit wie k, in der späteren Kaiserzeit teils k, teils z gesprochen. Wir bevorzugen die Aussprache der späteren Kaiserzeit, da sie in den modernen Sprachen, die auf das L. zurückgehen, noch erkennbar ist.

L	D	E	L	D	E
Cassius	Kassius	Cassius	cella	Zelle	cell
castellum	Kastell	castle	celebrāre	zelebrieren	celebrate
colōnia	Kolonie	colony	cēnsus	Zins	census
cultūra	Kultur	culture	socius	sozial	social
classis	Klasse	class	placēre	(I.) piacere (spr. tsch)	please
amīcus		(I.) amico	amīcī	(I.) amici (spr. tsch)	

   Sprich: k vor a, o, u und Konsonant; z vor e und i.

   b) Der Buchstabe v entspricht dem w des D.: visitare, advolare, favere. An der Aussprache des v im D. kannst du meist erkennen, ob das Wort lateinischen oder deutschen Ursprungs ist: Villa, Veteran, Verb, Viktor - Vater, Vogel, Vorgang, vervollständigen.
3. Der Kasus (Fall) und der Numerus (Zahl), in dem im L. ein Substantiv (Hauptwort) oder Adjektiv (Eigenschaftswort) im Satz erscheint, ist meist an den Wortausgängen oder Endungen (Morpheme = formenbildende Elemente) erkennbar, die an den Stamm (Lexem) angehängt sind. – Stelle aus den Sätzen des Lesetextes die Ausgänge für den Nominativ, Genitiv, Dativ und Akkusativ im Singular und Plural zusammen und präge sie dir ein!

	IV. Multī amīcī	nātālem diem	amīcī	celebrant.
15	Māgnus[C6] numerus amīcōrum			advolat.
	Multī sociī	bonum amīcum		vīsitant.
	Servī fīdī	malōs sociōs		arcēre dēbent.
	Adjektiv. Attribute: zum Subjekt im Sing: **-us** Plur: **-ī**	zum Objekt im Akkus., Sing: **-um** Plur: **-os**	Attribut im Genitiv Sing: **-ī**	Prädikate: Vollverben Infinitiv + Modalverb

18	V. Titus amīcus		multōrum lūdōrum[C3]	perītus est.
	Cassius pater (der Vater) Titum		malī dolī	accūsat.
	Subjekt mit Apposition	Objekt im Akkus	Objekt im Genitiv Mit adjektiv. Attribut Sing: **-ī** Plur: **-ōrum**	Prädikate: Adjektiv m. Hilfsverb Vollverb

20	VI. Quīntus	amīcō Titō[C3]		favet.
	Quīntus	multīs amīcīs		favet.
	Amīcī	Quīntō beātō	parvōs nummōs	dōnant.
	Cassius pater	geniō fīliī		immolat.
	Servī	amīcīs	cibum	parant.
25	Servī fīdī	amīcīs Quīntī	bonum cibum	apportāre dēbent.
	Subjekte	Objekte im Dativ Singular **-ō**, Plural **-īs**	Objekte im Akkusativ	Prädikate

14	IV. multus	viel
15	māgnus	groß
	numerus, ī	die Zahl, Anzahl (E. number, F. nombre)
	advolāre	herbeieilen
16	socius, iī	der (Bundes-) Genosse, Kamerad
	bonus	gut (F. bon)
17	servus, ī	der Knecht, Sklave
	fīdus	treu, zuverlässig
	malus	schlecht, übel
	arcēre	fern-, abhalten von
	dēbēre	müssen, schulden, verdanken (F. devoir)
18	V. lūdus, ī	das Spiel, der Spaß Zeitvertreib
	perītus (b. Genitiv)	kundig, erfahren in
19	dolus, ī	die List, Finte, der Betrug, Streich

accūsāre	beschuldigen anklagen (E. to accuse, F. accuser)	
VI. favēre	gewogen -, freundlich gesinnt sein	20
beātus	glücklich	22
parvus	klein, gering	
nummus, ī	die Münze, das kleine Geldstück	
dōnāre	(be-)schenken (F. donner)	
genius, iī	der Schutzgeist *Genius* (E. genius, F. génie)	23
fīlius, iī	der Sohn (F. fils)	
immolāre	opfern, ein Opfer darbringen	
cibus, ī	die Speise	24
parāre	bereiten, fertig machen sich anschicken	
apportāre	herbei-, hinbringen, (E. to apport, F. apporter)	25

4. Auch das Geschlecht (Genus) der Substantive ist im L. meist am Wortausgang erkennbar. Die bisher vorkommenden Wörter auf **-us** (sogenannte o-Deklination) sind Maskulina (männlich). Vergleiche damit die Bedeutung im D.: servus – Diener, numerus – Zahl, cibus – Essen. Wie steht es mit dem Genus der Substantive im D.? Wie im E.?
5. Die Substantive der o-Deklination haben für die Anrede im Singular eine besondere Form (Vokativ). Wie lautet sie bei: servus, discipulus, amīcus, Quīntus, Mārcus?
6. Die Adjektive (bei Betonung voran-, sonst nachgestellt) richten sich nach den Substantiven, zu denen sie gehören: māgnus numerus, amīcum laetum, Quīnto beātō.
7. Verben merkt man sich im Infinitiv (Nennform), der die Endung (das Morphem) **-re** hat. Die Verben des Textes gehören zwei verschiedenen Konjugationsklassen an: celebrā-re, arcē-re, die als a- und e-Konjugation bezeichnet werden. Weshalb? Die Personen des Verbums werden im L. – im Gegensatz zum D., E. und F. – ohne persönliches Fürwort nur durch Endungen (Personenzeichen) ausgedrückt. Du hast sie oben kennengelernt:
   o – s – t – mus – tis – nt
   Beachte die erste Person: hab**e-o,** aber visit**o** (aus visita-o).
   Der Infinitiv erscheint oft – wie im D. und E. – als Ergänzung zu (modalen) Verben: vīsitāre soleo, arcēre dēbent.
8. Überlege bei der Übersetzung folgender Sätze, ob du im D. den bestimmten, unbestimmten oder keinen Artikel (Geschlechtswort) gebrauchst: Cornēlius et Quīntus amīcī sunt. Mārcus amīcum habet. Amīcī amīcōs vīsitant. Das L. kennt keinen Artikel, Übersetze zum Vergleich die drei Sätze ins E.
9. Der D. setzt gern präpositionale Objekte, wo der L. mit dem einfachen Kasusobjekt auskommt: Socius malus multorum dolorum peritus est (in). Servi amicis bonum cibum parant (für). Pater discipulum mali doli accusat (wegen). Welcher Text – der L. oder der D. – braucht mehr Wörter?

D.

1. Dekliniere (Deklination = Abwandlung eines Nomens): discipulus laetus, bonus cibus.
2. Ergänze ein passendes Adjektiv und übersetze: amicos ___, servo ___. nummi ___ (!), amice ___. sociorum ___, numerum ___, filiis ___.
3. Konjugiere D. und L. (Konjugation = Abwandlung eines Verbs): gaudeo, dono, visitare soleo.
   Wie mußt du im D. und E. wiedergeben? habeo, visitas, clamat (3 !), favemus, celebratis, habent.
   Setze Subjekte ein: ___ advolat; ___ gaudent; ___ immolat; ___ et ___ amici sunt; ___ bonus est.
   Ergänze durch Objekte: servi ___ parant; Titus ___ favet; Cassius ___ habet; servi ___ ___ apportant. Cassius Titum ___ ___ accusat.
   Setze Genitivattribute ein: animus ___ laetus est; magnus numerus ___ clamat; amici natalem diem ___ celebrant.

4. Beantworte L.: Quis clamat? Cui cibum apportatis, servi? Quem arcetis, amici? Quid Quinto donatis, amici? Cuius filium visitas, Marce? Quis natalem diem celebrat? Quis multorum ludorum peritus est?

VII. Fragen und Wechsel der Person des Prädikats.

26 Quis advolat? ___ ___. Quis gaudet? ___ ___. Amici gaudent. Nos gaudēmus. Ego nōn gaudeo[c7]. Quem Mārcus vīsitat? ___ ___ ___. Ego quoque amīcum vīsito. Nōs quoque amīcum vīsitāmus.

Anredeform (Vokativ) im Singular e, im Plural ī.
Quem vīsitās[c7], amīce[c5]? ___ ___. Quem vīsitātis[c7], amīcī? ___ vīsitāmus. Quem arcēs,
30 serve? ___ ___ arceo. Quem arcētis, servī? ___ ___ arcēmus. Cui favētis, amīcī? ___ favēmus. Cui cibum parātis, servī? ___ ___ parāmus. Quid celebrās, Quīnte? Nātālem diem ___. Cuius nātālem diem celebrātis, amīcī? ___ ___ ___ ___. Quem malī dolī accūsātis, sociī? ___ ___ ___ ___.

---

26 VII. quis	wer	quoque (nachgestellt)	auch	
nōs	wir			
27 ego	ich	cui	wem	30
nōn	nein, nicht (E. no, F. non)	quid	was	31
		cuius	wessen	32
		quīntus	der fünfte	
quem	wen			

II. Wie die Freunde den Geburtstag des Quintus feiern

A.

I. Quīntus puer[C3]	amīcōs	lūdō[C5] laetō[C5]	dēlectat.
Bonī puerī	nātālem diem	lūdīs laetīs	celebrant.
Mārcus et Titus		gladiīs ligneīs	certant.
4 Servī fīdī	puerōs modestōs	bonō cibō	dēlectant et recreant
Subjektsteil	verbaler Teil		
Subjekt	Objekt	Adverbiale im Ablativ Singular **-ō** Plural **-īs** (D.: mit, durch)	Prädikat

B.

1 I. puer, puerī	der Junge, Knabe	certāre	wettstreiten, kämpfen	
dēlectāre	erfreuen (E. to delight)	modestus	bescheiden, artig	4
3 gladius, iī	das Schwert (F. glaive)	recreāre	erfrischen, stärken, (E. to recreate, F. recréer)	
līgneus	aus Holz, hölzern			

E.

1. Natalis dies: Die Römer hatten die Sitte, den Geburtstag der Angehörigen zu feiern, später auch öffentlich den Geburtstag der Kaiser, sogar den der Stadt Rom (21. April, Gründungsjahr 753 v. Chr.). Zu allen privaten und öffentlichen Feiern gehörte das Opfer für die Gottheit, das aus Fruchtspenden (Korn, Wein) oder Tieren bestand.
2. Genius: Jede männliche Person hatte ihren Schutzgeist, ihren Genius, vergleichbar dem – nach katholischer Lehre – allen Menschen beigegebenen Schutzengel oder auch dem Schutz- und Namensheiligen. Für Frauen war der Schutzgeist die Göttin Juno.

F.

1. Latein wurde zunächst nur von den Einwohnern Roms und der umliegenden Landschaft Latium gesprochen, daher lingua Latina = die lateinische Sprache. Mit der machtpolitischen Ausdehnung Roms wurde es Amts- und Verkehrssprache des Weltreichs, im Westen unbeschränkt, im Osten neben dem G. (vgl. K. 22 E1). Auch nach dem politischen Untergang Roms blieb es die allgemein gebrauchte Sprache der Wissenschaft, der Diplomatie, der Staatsverträge und der Kirche. An den deutschen Universitäten war es bis ins 17. Jahrhundert alleinige Unterrichtssprache für alle Fachgebiete. Der letzte große Staatsvertrag in L. war der Westfälische Friede von 1648.
2. Die Römer kannten nur 18 Vornamen; mehrere davon bezeichneten nüchtern nur die Reihenfolge der Kinder, wie zum Beispiel Quintus = der Fünfte. Auch im D. werden einige der Namen noch vielfach gebraucht, oft ohne die lateinischen Endungen: Mark(us), Paul(us), Kurt(ius), Anton(ius), Julius, August(us), Aemil(ius) (Ae>E).

C.

1. Aussprache des i: fīlius, discipulus, amīcus, cui, cibus, aber iūdicāre, cuius, Gāius. Das i ist im L. wie im D. Vokal, aber in bestimmter Stellung (in welcher?) ist es ähnlich wie ein j im D. auszusprechen.
   Das L. kennt den Buchstaben j nicht.
2. Betonung: Betont wird meist die vorletzte Silbe, und zwar stets bei zweisilbigen Wörtern und bei mehrsilbigen, wenn sie lang ist. Lang ist eine Silbe, wenn sie einen langen Vokal hat (zum Beispiel amīcus), meist auch, wenn dem kurzen Vokal zwei oder mehr Konsonanten folgen (zum Beispiel dēléctant). Mehrsilbige Wörter mit kurzem Vokal in der vorletzten Silbe haben den Ton auf der drittletzten (zum Beispiel númerus, discípulus).
3. Die Wörter der o-Deklination mit Stammauslaut **-er** (zum Beispiel puer, pulcher) haben im Nominativ die ursprüngliche Endung -us und im Vokativ Singular die Endung -e verloren. Präge dir beim Vokabellernen ein, ob das e des Nominativs in den anderen Kasus bleibt oder nicht: puer, pu**e**ri; liber, libri.
4. Satzglieder:
   Der einfache Satz besteht aus Prädikat und Subjekt. Er kann erweitert werden durch Objekte in allen Kasus (außer dem Nominativ), durch Attribute und Adverbiale.

5	II. Puerī		bonīs cibīs[C5]	nōn carent.
	Cassius pater	puerōs	agrō vīcīnō	arcet.
	Subjekt	Objekt im Akkus.	Objekt im Ablativ (D. von, an, Akkus), Adverbiale im Ablativ (D. von, weg)	Prädikat

7	III. Sociī	lūdōs	in campīs lātīs[C5]	parant.
	Titus	equōs	in campō lātō	spectat.
	Quīntus		cum Gāiō [C1] in hortō	disputat.
10	Mārcus et Titus		dē equis rūsticī vīcīnī	iūdicant.
	Quattuor puerī		dē equīs, dē rūsticō, dē agrīs	disputant.
	Cassius		vesperī ē librō[C3] pulchrō	recitat.
	Liber pulcher	puerōs		dēlectat et docet.
	Subjekt	Objekt	Präpositionale Objekte und Adverbiale im Ablativ mit Präpositionen: in, cum, dē, ex (ē)	Prädikat

5	II. carēre (b. Abl.)	leersein von, Mangel haben an, entbehren
6	ager, agrī	der *Acker*, das Feld
	vīcīnus i	der Nachbar, benachbart (F. voisin)
7	III. in (b. Abl., Frage wo?)	in, an, auf (E. in, F. en)
	campus, ī	das Feld, die Wiese, die Weide (E. camp, F. camp, champ)
	lātus	weit, breit
8	equus, ī	das Pferd
	spectāre	(an)schauen, sehen
9	cum (b. Abl.)	(zusammen) mit
	hortus, ī	der Garten
	disputāre	erörtern, sprechen über, *disputieren* (E. to dispute, F. disputer)

dē (b. Abl.)	von ... herab, von, über (F. de)	10
rūsticus, ī	der Bauer, bäuerlich, ländlich	
iūdicāre	urteilen, beurteilen (E. to judge, F. juger)	
quattuor	vier	11
vesper, ī	der Abend	12
vesperī	des Abends, abends	
ex, ē (b. Abl.)	aus, von ... her, seit	
liber, librī	der Bast, das Buch (F. livre)	
pulcher, Gen. pulchrī	schön	
recitāre	(laut vor-) lesen	
docēre	unterweisen, (be)-lehren	13

5. Das L. hat einen besonderen Kasus, den Ablativ. Er wird entweder allein gebraucht und drückt das Mittel oder Werkzeug aus (D. durch, mit) oder die Entfernung von (D. von, weg); oder er steht mit Präpositionen, z. B. dē, in, cum, ex (vor Konsonanten auch nur ē). Als Satzglied bildet er adverbiale Ergänzungen oder Objekte. Im D., E. und F. muß er meist durch Präpositionen ausgedrückt werden.
6. Wortfragen und Satzfragen:
   a) Quis gladiīs ligneīs certat? Quā rē servī puerōs dēlectant?
      Womit beginnt eine Wortfrage im L., D., E.?
   b) Spectātisne equōs in campō? Quīntusne cum Gāiō disputat? Vesperīne Cassius ē librō recitat?

   Bei Satzfragen, die einen ganzen Satz in Frage stellen, hängt der L. an das betonte Wort am Satzanfang meist die Fragepartikel -ne an. Wie drückt der D. die Satzfrage aus? Welche Umschreibung gebraucht der E.? Wende die Beispielssätze ins D. und E.!
7. Satzstellung:

   L.: Titus equōs in campīs lātīs spectat.

   E.: Titus sees horses in the wide fields.

   D.: Titus sieht auf den weiten Feldern Pferde.

   Auf den weiten Feldern sieht Titus Pferde.

   E.: S-P-O-Regel, D.: Zweitstellung des Prädikats im Hauptsatz.

   L.: Die betonten Stellen (Satzanfang und -ende) werden gewöhnlich von den zwei wichtigsten Satzgliedern – Subjekt und Prädikat – eingenommen; im übrigen ist die Stellung der Satzglieder frei.

D.

1. Lies: quis, cibus, filius, filio – iudico, cuius, Gaium.
2. Achte auf die Betonung: Servi discipulos beatos cibo delectant. Vesperi Cassius e libro pulchro recitat. Delectantne ludi laeti pueros? In welchen Fällen wird die drittletzte Silbe betont?
3. Dekliniere: bonus puer, liber pulcher.
   Ergänze die fehlenden Satzglieder: Animus (des guten Jungen) laetus est. Magnus numerus (der Jungen) filium Cassii visitat. Multi rustici (weite Äcker) habent. Discipuli (dem Lehrer ein gutes Buch) donant.
4. Setze die adverbialen Ergänzungen bzw. die präpositionalen Objekte ein: Titus malum socium (vom Garten) arcet. Magnus numerus amicorum (auf den weiten Feldern) ludos parat. Marcus amicum (durch gute Bücher) delectat. Discipuli (über die Äcker des Bauern) disputant. Vicinus (aus dem Garten) advolat. Quintus (mit [!] vielen Freunden) natalem diem celebrat. Servus (mit [!] frohem Herzen) cibum pueris parat. Pueri (an guten Freunden) non carent.
5. Setze das Fragewort ein: (Was) pueri tractant? (Wer) bono cibo caret? (Wen) servi fidi arcent? (Wessen) agros visitatis, amici? (Wodurch) servus pueros recreat? (Was) de libro iudicas, Tite? (Wem) genius favet? (Worüber) cum vicino disputatis, pueri? (Wer) natalem diem celebrare solet?
   Bilde aus den Aussagesätzen Satzfragen (das betonte Wort ist unterstrichen): Quintus natalem diem celebrat. Amici equum in campo spectant. Marcus amicum visitat. Vesperi vicinus in agris est.

IV. Quā [C5a)] rē bonus magister puerōs dēlectat?
Dē quā rē Mārcus et Titus iūdicant?
Cum quō Quīntus disputat?
} Wortfragen

Dēlectantne [C5b)] lūdī laetī puerōs? — Satzfrage

Sūnt puerī puerī, puerī puerīlia (Kindliches) trāctant.

14	IV. quā rē (Abl.)	wodurch?
	magister, trī	der Lehrer
15	dē quā rē	worüber, wovon?
16	cum quō	mit wem?
17	– ne (angehängt)	(Fragepartikel)
18	tractāre	(be)treiben, (be)handeln, verhandeln (E. to treat, F. traiter)

M.VAL(erius) CELERINUS
PAPIRIA ASTIGI
CIVES AGRIPPINE(nsis)
VETER(anus) LEG(ionis) X. G(eminae) P(iae) F(idelis)
VIVOS FECIT SIBI
ET MARCIAE PRO
CULAE UXORI

Grabstein eines Kölner Bürgers aus dem 1. Jahrhundert n. Chr. G.-D.: Markus Valerius Celerinus, zum Bezirk Papiria gehörig, aus der Stadt Astigi (heute Ecija in Spanien) stammend, ein Bürger von Colonia Agrippinensis (Köln), ein Veteran der 10. Legion mit dem Beinamen die Doppelte, Fromme, Treue, als Lebender schuf er für sich und seine Frau Marcia Prokula (das Grabmal)!

6. Die Satzglieder sind im L. auch ohne gebundene Wortstellung meist eindeutig bestimmt, zum Beispiel:
   Pueri equos delectant. Die Jungen erfreuen die Pferde (mit Zucker).
   Equi pueros delectant. Die Pferde erfreuen die Jungen (durch ihren Anblick).

7. Ergänze zu den Satzgerippen die dazu passenden Objekte:

Amici in campis spectant	pueris cibum.
Servi apportare debent	bono cibo.
Pater cum Tito disputat	quattuor equos.
Pueri modesti non carent	de agro vicino.

E.

1. Die Römer als altes Bauernvolk unterscheiden genau zwischen **hortus**, Ziergarten für Blumen und Nutzgarten für Gemüse, Obst und Heilpflanzen, **campus**, das flache Feld, die Weide (vgl. die Landschaft Campania) für Viehzucht und **ager**, das mit Getreide bestellte Feld, der Acker.

2. **liber**: Das römische „Buch“ aus Papyrus (Stengel einer ägyptischen Staudenpflanze) oder aus Pergament (Tierhaut) war eine 6 bis 10 m lange Rolle, auf der der Text in einzelnen, nebeneinander stehenden Spalten (Kolumnen) – wie in unseren Zeitungen – geschrieben war. Beim Lesen wurde die Rolle (denke an eine Tapetenrolle!) mit der Linken gehalten und mit der Rechten kolumnenweise aufgerollt. Die heutige Buchform aus aneinander gehefteten Lagen von Blättern mit einem harten Deckel, lateinisch **Codex** genannt, kam erst im 3. Jahrhundert n. Chr. auf. Papier aus Holz, Stroh oder Lumpen wurde am Ende des Mittelalters nach Europa eingeführt und erst im 15. bis 17. Jahrhundert bekannter. Woran erinnert das deutsche Wort Papier?

F.

1. Wenn du nebenstehenden, fast zwei Jahrtausende alten Stein aus Köln ansiehst, wirst du die Inschrift – nur Kapitalbuchstaben – ohne Schwierigkeit lesen können. Schon früh versuchten die Menschen, ihre Gedanken festzuhalten und anderen mitzuteilen. Nach der Bilderschrift (Ägypten) und der Silbenschrift (China) schufen die Semiten (Phönizier) eine Konsonantenschrift. Hieraus sind zunächst die griechischen Schriftzeichen – heute noch in Griechenland und leicht abgewandelt (kyrillisch) in Rußland gültig – entwickelt worden. In Anlehnung daran gestalteten die Römer ihre Schrift, die dann von den Romanen, Germanen, Westslawen, Türken und anderen übernommen wurde und bis heute für einen großen Teil der Menschen die maßgebende Schrift ist. Als Schreibschrift wird sie bei uns heute „deutsche Normalschrift“ genannt.

2. Im Mittelalter wandelte sich das vom Volk in den Provinzen gesprochene „Vulgärlatein“ durch Vermischung mit den bodenständigen Volkssprachen zu den verschiedenen romanischen – d.h. aus Rom kommenden – Tochtersprachen. Zur Zeit werden diese romanischen Sprachen von etwa 470 Millionen Menschen gesprochen: Spanisch rd. 192, Portugiesisch 108, Französisch 80, Italienisch 70, Rumänisch 20, Ladinisch 0,5 Millionen. Demgegenüber sprechen 335 Millionen Menschen Englisch, 145 Millionen Russisch und 100 Millionen Deutsch. Für das Erlernen der romanischen Sprachen bildet das Latein als Muttersprache eine wichtige Grundlage. Wenn du einmal in ein romanisches Land reist, wirst du es rasch merken.

Spielszenen aus dem Leben röm. Kinder (Lateranmuseum, Rom, 3. Jh. n. Chr., Sarkophagrelief)

III. Markus und seine Freunde im Stadion und am Fluß

A.

I. Mārcus in aedificiō sedet et studet; ē librō suō[C2] recitat. Subitō Titus clamāt: „Mārce, Mārce! Verbīs meīs obtemperā![C4] Librōs tuōs removē [C4]! Age! Mēcum (mit mir) in stadium [C5] properā!" Cēterōs quoque amīcōs Titus vocat:

B.

1	I. aedificium, iī	das Gebäude (E. edifice, F. édifice)	obtemperāre	Folge leisten, gehorchen	
	sedēre, sedeo	sitzen (E. to sit)	tuus, a, um	dein (F. ton)	
	studēre, studeo (b. Dat.)	sich bemühen um, sich beschäftigen mit, *studieren* (E. to study, F. étudier)	removēre, removeo	entfernen, weglegen (E. to remove)	
			age! (an einen gerichtet)	wohlan, los, dalli!	
	suus, a, um (siehe K.4 C1)	sein, ihr (F. son)	in (b. Akk., wohin?)	in, nach (F. en)	3
	subitō (Adv.)	plötzlich	stadium, iī	Strecke von 190 m, die Rennbahn, der Sportplatz, das Stadion	
2	verbum, ī	das Wort, Zeitwort, *Verb*	properāre	eilen	
			cēterī	die übrigen, anderen	
	meus, a, um	mein (E. my, F. mon)	vocāre	(herbei)rufen, nennen	

C.

1. Zur o-Deklination gehören auch Substantive sächlichen Geschlechts (Neutra). Sie unterscheiden sich von den Maskulina im Nominativ Singular (Morphem: **-um**) sowie im Nominativ und Akkusativ Plural (**-a**) und bilden keinen Vokativ. Nominativ und Akkusativ lauten also bei den Neutra gleich. Wie ist es bei den Neutra im D.?
2. Die besitzanzeigenden Fürwörter (Possessivpronomina) meus, tuus, suus, noster, vester haben im Maskulinum und Neutrum die Kasusausgänge der o-Deklination: hortus meus, liber tuus, cōnsilium suum, magister noster, aedificium vestrum.
3. Wie die Personen des Verbums, so werden auch die Zeiten (Tempora) nur durch Endungen (Morpheme) ausgedrückt. Die Lehre von den Endungen in Deklination und Konjugation nennt man auch Morphologie.
   Struktur der Verbformen: Stamm + Tempuszeichen + Personenzeichen.
   Das Tempuszeichen der a- und e-Konjugation im Imperfekt: **-ba-.**
   Personenzeichen wie im Präsens, nur in der 1. Person: **-m.**
   visitā**-ba-m,** visitā**-bā-**s, visitā**ba-t, . . . bāmus, . . . bātis, . . . bant.**
   studē**-ba-m,** studē**-bā-s,** studē**-ba-t . . .**
   Denke an das Zusammenfügen von Bauklötzen.
4. Die Befehlsform (Imperativ) lautet im Singular: vīsitā, studē! Mit welchem Strukturteil (= Bauteil) stimmt die Form überein? Denke an das E.: visit, study! Im Plural ist der Imperativ gekennzeichnet durch -te: vīsi**tā-te,** stu**dē-te.** D.: besuch**t**, studier**t**! Plural im E.?
5. Beachte bei der Präposition „in" Ort und Richtung!
   Mārcus in aedificiō sedet. Quīntus in numerō amīcōrum meōrum est. Titus in stadium properat. Puerī in campōs lātōs advolant.
6. Unterscheide im L. „cum" b. Abl. (Begleitung) vom reinen Abl. (Mittel). Quis cottīdiē cum Quīntō disputat? Quis gladiō līgneō pugnat?
7. Satzbauplan:

Cottīdiē	puerī laetī	in campīs lātīs	māgnō studiō	membra	exercēbant.
Adverbiale der Zeit	Subjekt	Adverbiale des Ortes	Adverbiale der Art und Weise	Objekt	Prädikat

   Welches Satzglied rückt im D. an die zweite Stelle? Dieses Satzglied mußt du bei jeder Übersetzung rechtzeitig erkennen. Du kannst dann – wenigstens für den Anfang – die übrigen Satzglieder in der gegebenen Reihenfolge – Wortgruppe für Wortgruppe – übersetzen.

D.

1. Dekliniere: aedificium pulchrum, magnum stadium.
   Bestimme folgende Kasusformen: animum, animosum, librorum bonorum, consilio (2), subito (!), domini (2), cuncti, ager latus, hortos pulchros, sociis fidis (2), membra vestra (2).
2. Setze das Possessivpronomen mit dem Substantiv ein: Quintus (meinem Rat) obtemperat. Amici (in eurem Garten) disputant. (Unsere Freunde) visitamus. Quis (deinen Freunden) non favet? (Eure Freunde) membra non exercent.
   Equi (eurer Nachbarn) in campis sunt. Pueri (aus ihren Büchern) recitant. Quintus (seine Freunde) ludis delectat.
3. Bilde und konjugiere das Imperfekt von vocare, exercere.
   Du kennst vom Modalverbum esse zwei Formen des Imperfekts: eram, erat. Bilde mit den bekannten Personenzeichen die übrigen.

„Agite, amīcī! Librōs vestrōs removēte, mēcum in stadium properāte![D7a)] Membra[C1] vestra exercēte!“
Cōnsilium puerīs placet; puerī cōnsilium probant. Quīnque sociī cōnsiliō verbīsque Titī obtemperant.

II. Saepe puerī māgnō studiō membra sua exercēbant[C3]. Cottīdiē in stadiō esse et membra exercēre solēbant.[C7] Alterī cum[C6] alterīs pilā (mit einem Ball) et gladiīs[C8] et tēlīs certābant. Aliī amīcī animōsī etiam in fluviō altō nāvigābant. In fluviō altō nāvigāre[D7b)] puerīs placēbat.

Cassius, pater Quīntī, ānxius erat; saepe interrogābat: „Quō properāre solēs? Nōnne dē perīculīs fluviī altī cogitābās, Quīnte? Nōnne perīcula fluviī altī timēbātis, puerī?“

4	agite! (an mehrere gerichtet)	wohlan, los, dalli!
	vester, vestra, vestrum	euer (F. votre)
	membrum, i	das Glied, der Körperteil (E. member, F. membre)
5	exercēre, eo	in Bewegung setzen, üben, betreiben (E. to exercise, F. exercer)
6	cōnsilium, iī	der Rat, die Absicht, Überlegung (E. counsel, F. conseil)
	placēre, eo	gefallen (E. to please, F. plaire)
	probāre	prüfen, *erproben*, billigen (E. to prove, F. prouver)
	quīnque	fünf
	-que (angehängt)	und
8	II. studium, iī	der Eifer, das Bemühen, *Studium* (E. study, F. étude)
	esse	sein, sich befinden
	cottīdiē (Adv.)	täglich
9	alter... alter	der eine... der andere;
	alterī... alterī	die einen... die anderen
	pila, ae	der Ball
10	tēlum, ī	das Geschoß, der Speer
	aliī	andere
	animōsus (vgl. animus 1)	beherzt, mutig
	etiam	auch, sogar
	fluvius, iī	der Fluß (F. fleuve)
	altus	hoch, tief (F. haut)
	nāvigāre	im Schiff (Boot) fahren, segeln, rudern (E. to navigate)
12	eram... erat	ich war... er (sie, es) war
	ānxius	ängstlich, besorgt (E. anxious)
	interrogāre	fragen (F. interroger)
	quō	wohin
13	nōnne (Fragewort)	denn nicht?
	perīculum, ī	die Gefahr, Gefährdung (F. péril)
	cōgitāre dē	denken an, nachdenken über
	timēre, eo	fürchten, besorgt sein, sich fürchten vor

Übersetze und verwandle in den Plural und ins Imperfekt:
Consilium amici puero placet. Dominus servum fidum vocat. Socius vester periculum non timet. Verbo tuo non obtempero. Studium nostrum magister probat. Discipulus modestus librum non removet. Vicinus noster nunquam de magno periculo cogitat. Rusticus in agro est.

4. Unterscheide: Quintus amicum visitat. Amicum visita, Quinte! Visitatisne Titum, amici? Visitate Titum, amici! Exerce membra tua, puer! Quis membra sua non exercet? Exercete membra vestra, pueri!
5. Setze nach „in" den richtigen Kasus: Rustici in agr- properant. Socii in aedifici – sunt. Servus in hort- advolat. Titus in fluvi- navigat. Quintus in stadi- properat. Amici in stadi- membra exercebant. Wo müßtest du das L. „in" im E. mit „in", wo mit „(in)to" übersetzen?
6. Ablativ mit oder ohne cum?
   Titus (mit den Freunden) Quintum visitat. Quintus amicos (mit Spielen und Büchern) delectat. Pueri (mit Holzschwertern) certabant. Titus (mit seinen Kameraden) de consilio nostro saepe disputabat.
7. Satzbauplan
   a) Zeige die Satzstruktur ähnlich wie oben (2C7) mit Strichzeichen an:
      Nunquam amici fidi pericula fluvii alti timebant.
      Consilium meum probate et libros removete! (Weshalb müssen probate und removete drei Striche erhalten?
   b) In fluvio navigare pueris placebat.
      Du kannst auch den L. Satz, vom Prädikat ausgehend, auflösen. Vom Prädikat hängen nämlich irgendwie alle anderen Satzglieder als Ergänzungen ab (Dependenzgrammatik).

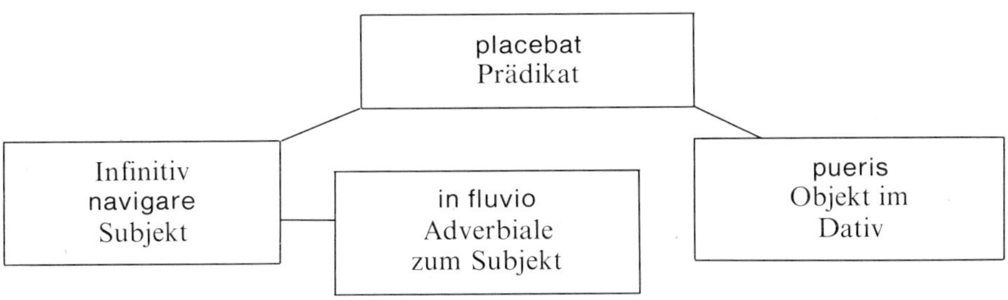

8. Beantworte die Fragen auf L.:
   Titusne amicos suos saepe vocabat? Quo pueri properabant? Cui amici vestri obtemperabant? Quid amicus tuus non timebat?

E.

1. Stadium ist ein von den Römern aus dem Griechischen (stadion) übernommenes Wort; es bezeichnet als Maß einmal die Länge einer Rennbahn (190 m), dann die Rennbahn und Wettkampfanlage selbst. Im D. bezeichnen wir mit Stadion eine Sportanlage, mit Stadium eine Entwicklungsstufe. Die Römer betrieben natürliche Körperbewegung wie Schwimmen, Reiten, Fechten. Den eigentlichen Sport über-

„Dē perīculīs fluviī", inquit Quīntus, „nōn cōgitābam, nunquam timidus eram. Perīcula puerōs Rōmānōs non terrent."
Cūnctī puerī: „In fluviō nostrō saepe nāvigābāmus neque ūllum perīculum timēbāmus."
Pater: „Dominus vōbīscum (mit euch)!" (s. K. 3 F 5)

Nāvigāre necesse (notwendig) est. Ōrā et labōrā!

15	inquit (eingeschoben)	sagte er.
	nunquam	niemals
	timidus	furchtsam (E. timid, F. timide)
16	terrēre, eo	erschrecken (jemanden)
17	cūnctī	alle
	noster, nostra, nostrum	unser (F. notre)
	neque = nec	und nicht
	ūllus (im verneinten Satz)	irgendeiner
19	dominus, ī	der Herr, Herrscher, Besitzer
20	ōrāre	bitten, beten
	labōrāre	sich abmühen, arbeiten, leiden an (E. to labour)

Sportszene
Das Marmorrelief zeigt 3 Grunddisziplinen des Olympischen Wettkampfs: Links ein Läufer vor dem Start, in der Mitte zwei muskulöse Athleten, die zum Ringkampf antreten, rechts ein Speerwerfer, der sich zum Wurf anschickt.

nahmen sie – wie das Wort stadion – von den Griechen. Die olympischen Sportdisziplinen der Griechen waren: Weitsprung, Lauf, Speerwurf, Diskuswurf und Ringen. Der antike Sport ist in der Neuzeit wieder entdeckt worden. Die ersten modernen Olympischen Spiele fanden 1896 statt.

2. Jahrhundertelange Beziehungen zwischen L. und D. übten auf unsere Muttersprache nachhaltigen Einfluß aus. Seit der Zeit um Christi Geburt kamen durch die militärische und zivilisatorische Berührung Roms mit den Germanen, durch Einführung des römischen Christentums, durch die Bildungsbestrebungen Karls des Großen, durch Humanismus und Renaissance im 15. und 16. Jahrhundert, durch moderne Wissenschaft und Technik immer wieder Wörter und Ausdrucksweisen aus dem L. ins D. Bei den älteren sogenannten Lehnwörtern ist die fremde Herkunft kaum noch erkennbar, bei den Fremdwörtern erfaßt du die rechte Bedeutung erst durch Kenntnis des L. Ursprungswortes.
3. Erkläre aus den Vokabeln der Kapitel 1 bis 3 folgende Wörter des D.: (1) Genie, Nummer, Visite, zelebrieren. (2) Disput, kampieren (E. camping), Rezitator, rustikal. (3) Ex libris, Studium, Studio, Vesper.

F.

1. Von den Tochtersprachen des L. hat sich das Italienische am spätesten von der Muttersprache gelöst (14. Jahrhundert). Deshalb hat es noch die meiste Ähnlichkeit mit dem L. Als einzige der romanischen Sprachen zum Beispiel kann das I. auf das Personalpronomen beim Verbum verzichten.
   Vgl. L.: visito, visitat, visitant, visitabam, visita! visitate!
   I.: visito, visita, visitano, visitava, visita! visitate!
   Das I. hat – wie du siehst – auslautende Konsonanten des L. oft abgeworfen, aber die vollen Endvokale behalten. Für welche Kunst ist das bedeutsam?
2. Nomina der o-Deklination des L. haben im I. die Endung o. Du wirst die Wörter des I. leicht erkennen: amico, animo, discepolo (spr. sche-), numero, cibo (spr. tsch-), figlio (spr. ljo), socio (spr. tscho), alto, molto, lato, buono (L. o > I. uo), mio, tuo, suo, nostro, vestro. Aber auch: stadio, studio, edifizio (spr. tsch); an den drei letzten Beispielen merkst du, daß das I. ein drittes Geschlecht (welches?) nicht kennt. Die Pluralendung aller dieser Wörter ist: i (woher?): animi, stadii etc.
3. Wer von euch schon Französisch kann, erkennt aus dem Vokabelverzeichnis, was aus den L. Wörtern der o-Deklination im F. geworden ist: genius > génie, amicus > ami etc. Weil die gallischen Bauern, die L. sprachen, die Kasus oft nicht auseinanderhielten, wurde im Plural statt des Nominativs häufig der Akkusativ aus dem L. übernommen: L. amicos > F. amis, campos > camps.
4. Für die Deklination der Substantive haben die neueren Sprachen meist nur je eine Form für den Singular und Plural (auch das D.?). Die Bildung der übrigen Fälle (Kasus) erfolgt durch Präpositionen (E. of, to; I. di, a; F. de, à).
5. „Dominus vobiscum" ist ein Grußwort aus der christlichen Welt. In der katholischen Liturgie bedeutet es den Gruß des Priesters an die Gemeinde. Das Wort dominus ist in den meisten romanischen Sprachen verloren gegangen, nur im Sp. ist es als Titel erhalten: Don Juan, Don Quichote, Don Carlos wirst du vielleicht kennen.

IV. Vom Leben der Römer in Krieg und Frieden

A.

I. Multī librī memoriam[C1] vītae[C8] Rōmānōrum tenent. Familia rūstica Rōmāna[C2] in vīllā suā vel aedificiō rūsticō habitābat. Virī cum servīs suīs[C4] et ministrīs in agrīs occupātī erant; fēminae in vīllīs labōrābant. Servae fīdae cibōs parābant; dominō dominaeque[C9] cibōs parātōs[C6] apportābant. Sed vīta et[C9] virōrum et fēminārum nōn semper iūcunda[C3] erat. Fīnitimī cum Rōmānīs, Rōmānī cum fīnitimīs bellābant.

II. Aliquandō populus Rōmānus dē imperiō suō dēcertāre dēbuit[C5]. Hannibal Poenus Rōmānīs bellum parāvit. Ex Africā per Hispaniam Galliamque ad Rhodanum fluvium prōgressus est (er rückte vor). Māgnīs cum cōpiīs et multīs elephantīs Alpēs (die Alpen) Padumque superāvit; vīcōs oppidaque Rōmānōrum occupāvit et

B.

1	I. memoria, ae	das Gedächtnis, die Erinnerung (E. memory, F. mémoire)
	vīta, ae	das Leben (F. vie)
	tenēre, eo, tenuī, tentus	halten, festhalten (F. tenir)
	familia, ae	die Familie, die Hausgemeinschaft (E. family, F. famille)
2	vīlla, ae	das Landhaus, der Gutshof, die *Villa*
	vel	oder
	habitāre	(be)wohnen (E. to inhabit, F. habiter)
	vir, virī	der Mann
	minister, trī	der Untergebene, Helfer, Diener
3	occupāre	besetzen (E. to occupy, F. occuper)
	occupātus, a, um	besetzt, beschäftigt (E. occupied, F. occupé)
	fēmina, ae	die Frau (F. femme)
	serva, ae	die Sklavin, Dienerin
4	domina, ae	die Herrin, Hausfrau
	parātus, a, um	bereitet, bereit zu, bewandert in (F. prêt)
	sed	aber
	et ... et	sowohl ... als auch
5	semper	immer
	iūcundus, a, um	angenehm
	fīnitimus, a, um	benachbart, der Grenznachbar
	bellum, ī	der Krieg
6	bellāre	Krieg führen
7	II. aliquandō	einstmals, einst
	populus, ī	das Volk (E. people, F. peuple)
	imperium, iī	der Befehl, die Herrschaft, das Reich (E., F. empire)
	dēcertāre (vgl. certāre 2)	einen Entscheidungskampf austragen
8	per (b. Akk.)	durch, hindurch, im Verlauf von (F. par)
	ad (b. Akk.)	zu, bei, an (E. at, F. à)
9	cōpia, ae	die Menge
	māgnae cōpiae	große Truppenmengen, viel Truppen, eine große Streitmacht
	elephantus, ī	der *Elefant* (E. elephant, F. éléphant)
10	superāre	überwinden, besiegen, übersteigen
	vīcus, ī (vīcīnus 2)	das Dorf
	oppidum, ī	die Stadt

C.

1. Die Ausgänge (Morpheme) der a-Deklination:
   Singular **a ae ae am ā** Plural **ae ārum īs ās īs**
   Die Substantive der a-Deklination sind im allgemeinen Feminina. Sonderfälle wie zum Beispiel incola kannst du leicht erklären (natürliches Geschlecht).
2. Die bisher gelernten Adjektive wie māgnus, pulcher und die Possessivpronomina nehmen für die weiblichen Formen die Ausgänge der a-Deklination an: māgnus, māgna, māgnum; pulcher, pulchra, pulchrum; meus, mea, meum.
3. Das Adjektiv als Attribut / als Satzaussageglied (Prädikatsnomen):

Das Adjektiv als Attribut	als Satzaussageglied (Prädikatsnomen):
Servus fīdus labōrat.	Servus fīd**us** est.
Servī fīdī labōrant.	Servī fīd**ī** sunt.
Der treue Sklave arbeitet.	Der Sklave ist tr**eu**. (E. The servant is faithful.)
Die treuen Sklaven arbeiten.	Die Sklaven sind tr**eu**. (E. The servants are faithful.)

   Worin unterscheidet sich das Prädikatsnomen des L. vom D. und E.? Überprüfe daraufhin im Text die Sätze mit Prädikatsnomen!
4. Zur Erweiterung der Bedeutung von suus (D. sein – ihr):
   Dominus cum servō suō labōrat (E. his).
   Domina cum fīliō suō disputat (E. her).
   Māgnum aedificium incolās suōs dēlectat (E. its).
   Virī (fēminae) in aedificia sua properant (E. their).
5. Die Perfektstruktur des Verbums.

	Stamm (Lexem) +	Perfektmorphem +	Personenmorphem des Perfekts
a-Konj.	parāre: parā	**v**	**ī -istī -it -imus -istis - ērunt**
e-Konj.	delēre: delē	**v**	**ī -istī . . .**
e-Konj.	habēre: hab	**u**	**ī -istī . . .**
		(e + v verschmolzen in **u**)	

   Merke: Das Perfekt hat besondere Personenzeichen.
6. Verben lernt man mit Stammzeiten: Infinitiv, Präsens, Perfekt Aktiv und Partizip Perfekt Passiv (P. P. P.). Davon werden die übrigen Formen abgeleitet, zum Beispiel parāre, paro, parāvī, parātus; habēre, habeo, habuī, habitus.
   Das P. P. P. wird auch als Adjektiv gebraucht: parātus, bereitet oder bereit, occupātus, besetzt oder beschäftigt.
7. Überlege, warum im Abschnitt I des Textes das Imperfekt steht, im Abschnitt II überwiegend das Perfekt.
   Im L. schildert das Imperfekt einen Zustand, eine Dauer, eine Wiederholung oder einen Versuch. Vorgänge erzählt der D. gewöhnlich im Präteritum. Wie ist es im L.? Vgl. Präteritum (past tense) und Verlaufsform (continuous form) im E.!
8. Erweiterte Bedeutung des Genitivs im L.:

Genitiv als Attribut (Attributsgenitiv)	Genitiv als eine Art Objekt zum ersten Substantiv (objektiver Genitiv)
vīta virōrum	memoria vītae Erinnerung an . . .
perīcula fluviī	bellum Rōmānōrum Krieg gegen . . .
incolae Italiae	misericordia fēminārum Erbarmen mit . . .

9. Arten der Aufzählung im L.:
   Hannibal bellum parāvit, Alpēs superāvit, Italiam dēlēvit.
   Cum cōpiīs et elephantīs et equīs Italiam occupāvit.
   Serva dominō, dominae fīlīōque cibum apportābat.
   Nenne die drei Arten der Aufzählung im L.! Welche Art bevorzugt der D.?

dēlēvit. Elephantīs Rōmānōs terrēre in animō habuit. Nec irritum erat prōpositum. Initiō (anfangs) Rōmānī frūstrā adversāriōs agrīs suīs oppidīsque arcēre studuērunt. Ubīque incolae clāmāvērunt: „Hannibal ad portās!"

III. Tum nōnnūllae fēminae Rōmānae misericordiam adversāriī implōrāvērunt: „Cūr bellum parāvistī, Hannibal? Cūr incolās Italiae terruistis, Poenī? Cūr terram nostram occupāvistis, cūr agrōs nostrōs iam multōs annōs dēlētis, Poenī?" Sed Hannibal fēminīs respondet: „Propter iniūriās Rōmānās bellum parāvī. Terram occupāvimus,

11	dēlēre, eo, dēlēvī, dēlētus	zerstören, zugrunde richten
	irritus, a, um	unwirksam, erfolglos
	prōpositum, ī	der Vorsatz, Plan
12	frūstrā (Adv.)	erfolglos, vergeblich, enttäuschend
	adversārius, iī	der Gegner, feindlich (E. adversary, F. adversaire)
13	ubīque	überall
	incola, ae, m.	der Bewohner, Einwohner
	porta, ae	das Tor, die *Pforte* (F. porte)
14	III. tum	da, dann
	nōnnūllī, ae, a	einige
	misericordia, ae	das Mitleid, die Barmherzigkeit
	implōrāre	anflehen (E. to implore, F. implorer)
	cūr	warum, weshalb
15	terra, ae	die Erde, das Erdreich, Land, (F. terre)
16	iam	schon
	annus, ī	das Jahr (F. an, année)
17	respondēre, eo	erwidern, antworten (F. répondre)
	propter (b. Akk.)	wegen
	iniūria, ae	die Rechtsverletzung, das Unrecht, die Beleidigung, Gewalttat (E. injury, F. injure)

10. Satzbauplan: Haupt- und Nebensatz (Satzgefüge).
Terram occupāvimus, quod virōs vestrōs multīs pūgnīs superāvimus.
Hauptsatz — Nebensatz, eingeleitet durch die Konjunktion quod.
Für die Übersetzung eines Satzgefüges empfiehlt es sich, zunächst den Nebensatz (Signale: Komma, Konjunktion) auszuschalten. Beginne mit dem Erfassen des Hauptsatzes, schließe dann den Nebensatz mit der Konjunktion (quod) an (vgl. K.3 C7 u. D7).
Wo steckt das Subjekt im Hauptsatz? Beachte im D. die Zweitstellung des einteiligen Prädikats, bei mehrteiligem die der bestimmten Verbform
Wo steckt das Subjekt im Nebensatz? Im D. Nebensatz nimmt – wie gewöhnlich auch im L. – das ein- und mehrteilige Prädikat die Endstellung ein. Das Subjekt folgt unmittelbar der Konjunktion.

D.

1. Dekliniere: femina pulchra, magna copia, incola beat__.
2. Übersetze und verwandle alle Satzglieder in den Plural: Domina servam fidam vocat. Serva vestra dominae cibum apportabat. Rusticus in parva villa habitat. Familia nostra de magno bello disputat. Servus verbo bonae dominae obtemperat. Femina iniuriam adversarii timebat.
3. Ergänze das Adjektiv als Satzaussageglied (Prädikatsnomen).
Multi fluvii (altus) sunt. Verba vestra (durus) erant. Animi nostri (laetus) sunt. Copia elephantorum non (parvus) erat. Numerus servorum (magnus) erat. Consilia tua (irritus) sunt. Incolae ad bellum (paratus) erant.
4. Beachte die Übersetzung von suus:
Hannibal cum copiis suis Italiam occupavit. Romani adversarios terrā suā arcebant. Dominus servo suo favet. Domina in villa sua laborabat.
5. Konjugiere das Perfekt von superare, debere.
Bestimme und übersetze: habet, habitat, habuit, habitavit, exercent, exercebant, exercuerunt, visitavi, visitavimus, properare debuisti, cibis non caruistis.
6. Setze ins Perfekt: Adversarii terram nostram delent. Viri in agris laborant. Boni libri discipulos docent. Consilium tuum cunctis placet. Serva cibum parat. Cur amicum nostrum terres, Tite? Quid in animo habetis, vicini? Qua re pueri membra exercent? Timetne Marcus adversarios?
P. P. P.: Was heißt cibus paratus, consilium probatum, in libro tractato, terra occupata, cum adversariis superatis, pueri recreati (!), feminae territae (!), vir bonus et celebratus?
7. Überlege, ob du besser das Imperfekt oder das Perfekt ergänzt! Aliquando Hannibal Alpes (superare). Saepe Romani cum finitimis (bellare). Cottidie pueri membra (exercere). Quis heri (gestern) vicinum nostrum (terrere)? Semper serva cibum (parare).
8. Erweiterte Bedeutung des Genitivs:
studium bonorum librorum. Übersetze studium mit 1. Studium, 2. Beschäftigung; iniuria feminarum. Übersetze iniuria mit 1. Beleidigung, 2. Unrecht.
Welche doppelte Bedeutung kann haben: misericordia adversariorum, memoria magistri?

E.

1. In den drei Punischen Kriegen zwischen Rom und Karthago ging es um die Entscheidung, ob die Römer von Italien aus oder die Punier (Kolonialgründung der Phönizier!) von Nordafrika und Vorderasien aus das Weltmeer des Altertums

quod virōs vestrōs multīs pūgnīs superāvimus.[C10''] Verba dūra fēminīs non erant iūcunda. Dēnique Qu. Fabius Māximus Cūnctātor scūtum imperiī[C8] fuit (wurde). Cūnctandō (durch Zaudern, vorsichtige Kriegsführung) adversāriōs superāvit et Italiam ā Poenīs līberāvit.

Vērī amīcī rārī sunt.

18	quod	weil
	pūgna, ae	die Schlacht
	dūrus, a, um	hart, hartherzig (F. dur)
19	dēnique	zuletzt, schließlich
	scūtum, ī	der Schild, Schutz, das Wappen
21	ab (vor Konsonant ā) b. Abl.	von, weg
	līberāre (b. Abl.; bei Personen ab)	befreien (von)
22	**vērus, a, um**	*wahr*, richtig
	rārus, a, um	selten, *rar*

Stammzeiten der bisher gelernten Verben der e-Konjugation mit u-Perfekt:

arcēre, arceo, arcuī (b. Abl.)	fern –, abhalten von
exercēre, eo, exercuī	in Bewegung setzen, üben, betreiben
carēre, eo, caruī (b. Abl.)	Mangel haben an, entbehren
docēre, eo, docuī, doctus	belehren, unterweisen
habēre, eo, habuī, habitus	*haben*, halten
dēbēre, eo, dēbuī, dēbitus	müssen, schulden, verdanken
placēre, eo, placuī	gefallen
placet	es gefällt, man beschließt, es wird beschlossen
studēre, eo, studuī (b. Dat.)	sich bemühen um, sich beschäftigen mit
terrēre, eo, terruī, territus	erschrecken
timēre, eo, timuī	(sich) fürchten

beherrschen würden. Nach dem Siege Roms kamen Sizilien, Spanien, Sardinien, Korsika und Nordafrika in den römischen Machtbereich. Der gefährlichste Gegner Roms im zweiten Punischen Krieg war Hannibal.

2. Elefanten als Kriegsmittel wurden zuerst von Alexander dem Großen in der östlichen Welt eingesetzt. Die Tiere flößten wegen ihrer Größe den feindlichen Kriegern, wegen ihres Geruchs den Pferden Schrecken ein. Erst Cäsar hat seine Soldaten klugerweise angehalten, durch Schüsse auf die Elefantenlenker die Tiere außer Gefecht zu setzen. Als Kriegsmittel sind sie modernen Panzerwagen vergleichbar.

F.

1. „Hannibal ad portas" bedeutete für die Römer den Schreckensruf in höchster Gefahr. Als geflügeltes Wort lebt es noch fort.
2. Das Wort domina hatte eine interessante Entwicklung: domina>F. dame, D. Dame; L. nostra domina > F. Notre Dame (Bedeutung?); L. mea domina > F. madame, auch D. Madame, I. Madonna.
3. Viele Wörter der a-Deklination hat das I. fast unverändert beibehalten. Du erkennst sie leicht: terra, vita, villa, memoria, porta, ingiuria (spr. dsch), famiglia (spr. lj). Die Pluralendung lautet e (statt L.?), zum Beispiel I. copia, Plural copie, D. Kopie (Bedeutung?) Im F. ist die Endung a zu e abgeschwächt, zum Beispiel L. terra>F. terre etc. (s. Vokabelverzeichnis!)

Aurelianische Mauer.
Die von Kaiser Aurelian (270–275 n. Chr.) erbaute Stadtmauer ist zum größten Teil noch erhalten und umgibt den heutigen Stadtkern von Rom. Der Eindruck des massiven Steinbaus ist auch jetzt noch gewaltig.

V. Der gerissene Sklave Tranio

A.

I. Auscultāte fābulae, quae[C1] dē servō callidō Rōmānō narrātur (erzählt wird). Theopropidēs, dominus et opulentus et stultus, quī ā patriā diū āfuerat[C4], inopīnātō (unvermutet) renāvigāvit. Trānio, servus dominī, nāvigium, quod ōrae appropinquāverat[C5], spectāvit.[C5] Servus callidus dominum reversum (heimgekehrt) domiciliō

B.

1	I. esse, sum, fuī	sein, bestehen, sich befinden, gehören
	auscultāre (b. Dat.)	ab-, zuhören, seine Aufmerksamkeit schenken
	fābula, ae	die Geschichte, Erzählung, *Fabel* (E., F. fable)
	quī, quae, quod	welcher, welche, welches (F. qui)
	callidus, a, um	schlau, gerissen
2	opulentus, a, um	wohlhabend, reich
	stultus, a, um	töricht, einfältig
	patria, ae	das Vaterland, die Heimat (F. patrie)
	diū	lange Zeit, lange
	abesse, absum, āfuī (ab)	wegsein, entfernt sein (von), fehlen
3	renāvigāre	zurückfahren, in die Heimat segeln
	nāvigium, iī (nāvigāre 3)	das Fahrzeug, Schiff
	ōra, ae	der Rand, die Küste
	appropinquāre	sich nähern (E. to approach, F. s'approcher)
4	domicilium, iī	die Wohnung, der Wohnsitz (E., F. domicile)

C.

1. Das Relativpronomen (bezügliche Fürwort) Singular: **quī, quae, quod,** Plural: **quī, quae, quae** bezieht sich auf einen vorangehenden Begriff. Nach ihm richtet es sich – gleich dem D. – im Genus und Numerus (nicht im Kasus!).
Wie unterscheidet sich hiervon E. who, which, that?
2. Die Personalpronomina (persönlichen Fürwörter)

	1. Person Singular/Plural				2. Person Singular/Plural			
Nom.	ego	ich	nōs	wir	tū	du	vōs	ihr
Gen.	meī	meiner	nostrī	unser	tuī	deiner	vestrī	euer
			nostrum	von, unter uns			vestrum	von, unter euch
Dat.	mihī	mir	nōbīs	uns	tibī	dir	vōbīs	euch
Akk.	mē	mich	nōs	uns	tē	dich	vōs	euch
Abl.	ā mē	von mir	ā nōbīs	von uns	ā tē	von dir	ā vōbīs	von euch
	mēcum	mit mir	nōbīscum	mit uns	tēcum	mit dir	vōbīscum	mit euch

Im Nominativ wird das Personalpronomen im L. nur gebraucht, wenn es betont ist; meist ist es in der Verbalform enthalten (visito: **ich** besuche).
3. Für die dritte Person hat das L. als eigenes Pronomen nur das Reflexivum. Gen. Sing. u. Plur. suī (seiner, ihrer), Dat. sibī (sich), Akk. sē (sich), Abl. ā sē, sēcum (von, mit sich).
Die nichtreflexiven Formen (D.: er, sie, es) ersetzt es durch das Demonstrativum.
4. Beim Hilfsverbum esse sind zu unterscheiden die Präsenswurzel **s (es)** und die Perfektwurzel **fu.** Vgl. D.: sein, bin, gewesen; E.: be, am, was.
Die Formen des Präsens ergeben sich aus der Wurzel, den Personenzeichen und (in drei Formen) dem Zwischenvokal u: **su**m, es, est, **su**mus, estis, **su**nt.
Die Formen des Imperfekts sind aus K. 3 C 3 bekannt: eram, erās . . ., Perfekt: fuī, fuistī (welche Personenzeichen? vgl. K 4 C 5).
Plusquamperfekt: fueram, fuerās . . . (wie zusammengesetzt?) Imperativ: es, este.
5. Erkläre die Struktur des Plusquamperfekts bei den Vollverben visitā-v-eram, delē-v-eram, hab-u-eram.
6. Satzbauplan: Hauptsatz und eingeschobener Nebensatz.

a) Trānio nāvigium, quod ōrae appropinquāverat, spectāvit.
Auflösung des Satzes nach der Dependenzgrammatik (vgl. K. 3 D 7 b).

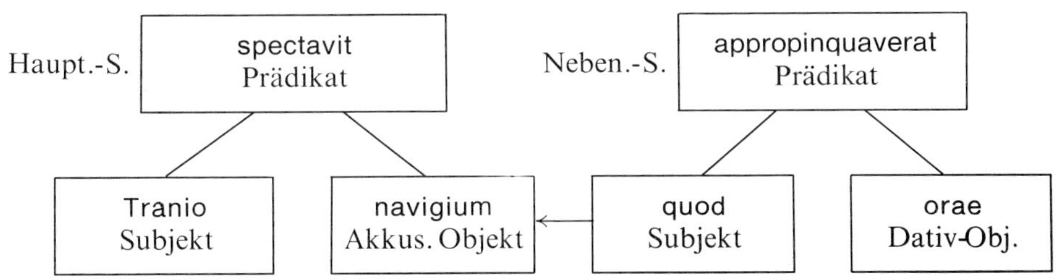

Prädikat des Hauptsatzes: spectavit; Subjekts- und Objektsergänzung sind eindeutig. Der Relativnebensatz ist am einleitenden Pronomen zu erkennen. Was mußt du beim Übersetzen des Hauptsatzes nach vorne ziehen? Inwiefern ist die Übersetzung des Nebensatzes einfacher?

b) Cūnctī vīcīnī commoda, quae in aedificiō sunt, praedicant.
Suche die Subjektsergänzung zu praedicant: commoda? – cuncti? – cuncti vicini? – oder ist vicini Attribut zu commoda? Bedenke die Pausen in der gesprochenen Rede! Welche attributive Ergänzung gehört zu commoda?

arcēre studuit, quod intus (drinnen) dominī fīlius, amīcī puellaeque sibī[C3] convīvium laetum parābant.

II. Trānio: Salvē, domine! Gaudeo, quod tē[C2] salvum specto. Tu multōs annōs āfuistī, sed ego semper tuī memor fuī. Nōs iam ānxiī fuimus dē tē. Fuerasne aeger?

Theopropidēs: Quid vōs? Estisne[C4] salvi? Tūne salvus es et fīlius meus? Ego diū aberam, sed neque aeger fuī neque sum. Vestrī semper memor fuī.

Tr.: Nōs quoque salvī sumus. Sed implōro tē: Iānuam domiciliī tuī vītā! Perīculum inde tibī imminet.

Th.: Quid? Mihīne perīculum imminet?

Tr.: Ad fugam tē parā! Nostrum nēmo aedificium intrāre audet. Mōnstrum (Gespenst) in aedificiō tuō est.

Th.: Nēmone vestrum intrāre audet? Mōnstrumne in aedificiō est? Mē terrēs!

Tr.: Auscultā! Scelerātus vir dominum modestum, quī ante tē aedificium habitāverat, necāvit. Necātus adhūc īnsepultus (unbestattet) in aedificiō est. Mōnstrum nōs terret. Meum cōnsilium est: Ad fugam tē parā et Herculem (Akk.) invocā!

Th.: (quī sē ab aedificiō removet) Herculēs, tē invoco! Miserēre (erbarme dich) meī,[C2] miserēre nostrī! Ades mihī! Iuppiter Iūnōque, adeste nōbīs!

III. Tr.: (suppressā vōce: mit leiser Stimme) Novō dolō dominum frūstrāre dēbeo. — Nōbīscum gaudē, domine! Bonus fīlius tuus prō aedificiō tuō novum domicilium sibī comparāvit.

5	puella, ae	das Mädchen
	convīvium, iī	das Gast-, Festmahl, Gelage
7	II. salvēre	gesund sein, gegrüßt sein
	salvus, a, um	gesund, wohlbehalten (E. safe)
8	memor sum (b. Gen.)	ich bin eingedenk, erinnere mich, denke an
	aeger, aegra, aegrum	krank, leidend, schmerzlich
10	neque ... neque	weder ... noch
11	iānua, ae	die Tür
	vītāre	meiden, sich fernhalten von
12	inde	von da, daher, davon
	imminēre, eo	hereinragen, drohen
14	fuga, ae	die Flucht
	nēmo	niemand
	intrāre	ein-, betreten (E. to enter, F. entrer)
	audēre, eo	wagen
17	scelerātus, a, um	verbrecherisch
	ante (b. Akk.)	vor
18	necāre	töten, ermorden
	adhūc	bisher, bis heute
19	invocāre (vocāre 3)	anrufen
21	adesse, adsum, adfuī (b. Dat.)	dasein, beistehen, helfen
22	III. novus, a, um	neu, neuartig (E. new, F. neuf)
	frūstrāre (frūstrā 4)	täuschen, hinhalten, vereiteln
23	prō (b. Abl.)	für, vor, anstatt, im Verhältnis zu
24	comparāre (parāre 1)	bereiten, beschaffen, erwerben

D.

1. Setze das Relativpronomen ein:
   Pueri, ___ membra exercuerant, in domicilia sua properaverunt. Femina, ___ cibum paraverat, dominum servosque vocavit. In multis bellis, ___ in Italia, Hispania Africaque erant, Romani cum adversariis decertaverunt. Domina servas, ___ bene laboraverant, donavit. Monstrum, ___ in aedificio habitat, incolas terret.
2. Ersetze den unterstrichenen Satzteil durch Personalpronomina der 1. und 2. Person: Magnum stadium discipulo placet. Gladius adversarium terruerat. Cuncti cogitabant de amico. Servus dominum imploravit. Quis parvae puellae miseretur (erbarmt sich)? Dominus cum servo intrare non audet.
   Unterscheide beim Genitiv Plural der Personalpronomina, ob Objektsgenitiv oder Teil einer Menge bezeichnet wird: Quintus amicorum (nostri) memor est. Magnus numerus amicorum (nostrum) clamaverat. Vestri memor sum; nemo vestrum mihi adfuit.
3. Konjugiere: me bono cibo recreo; mihi novum domicilium comparavi.
   Ergänze das Reflexivpronomen: Filius et amici convivio laeto ___ delectaverunt. Puellae ___ bonos cibos parant. Servi ab aedificio ___ removent. Dominus opulentus ___ novum navigium comparat. Domina (mit sich) deliberat.
4. Bestimme und übersetze: estis, sumus, eras, fueras, fuisti, es (!).
   Setze in den Plural des Präsens, Imperfekts und Perfekts: servus callidus est; periculum magnum est; femina laeta est; opulentus sum.
5. Bilde und konjugiere das Plusquamperfekt von: adesse, timere, donare.
   Ergänze: Dominus vocaverat (mich, meine Freunde, uns, seine Diener, euch) Vicinus favet (dir, deinen Kameraden, uns, euch). Magna copia (der Jungen, von uns, von euch) equos spectaverat. Puellae incolam aegrum (mit dir, mit uns, mit euch) visitaverant. Memor es (deiner Freunde, meiner, unserer Spiele, unser)!
6. Tempora (Zeiten) des Verbums:
   Der L. gebraucht für die Gegenwart das Präsens (1 C 7), für die Erzählung in der Vergangenheit das Perfekt (4 C 5), D: (Präteritum), für Zustände und Gewohnheiten in der Vergangenheit das Imperfekt (3 C 3), für weiter zurückliegende Ereignisse das Plusquamperfekt (5 C 5). Verteile die Verben von K. 5 A, Z. 1-10 auf diese Tempora.

E.

1. esse läßt sich oft durch ein Vollverb übersetzen: Mihi in animo est te visitare. In patria nostra multa oppida sunt. In stadio magni ludi fuerant.
2. esse beim Dativ: gehören, besitzen.
   Rustico agri lati sunt. Romanis opulentis multi servi erant. Magistro nostro libri pulchri sunt. Romanis liberis gladius telumque erat. Bono viro quattuor filii sunt. Ersetze das Prädikat esse durch habere.
3. Viele Adjektive können auch als Substantive gebraucht werden. Gib eine doppelte Übersetzung: finitimus, vicinus, rusticus, amicus, Romanus.
4. Die Anrufung des göttlichen Beistandes gehörte zum Glauben der antiken Menschen. Der kraftvolle, vom Menschen zum Gott erhobene Herkules sowie Jupiter, der Oberste der Götterwelt, und seine Frau und Schwester Juno wurden besonders gern als Helfer angerufen, von Soldaten auch Mars Quirinus, der Kriegsgott. Vgl. damit unsere zu Grußformen erstarrten Anrufe: „Grüß Gott! Gott vergelt's! Adieu! (F. = Gott befohlen!). Andere bedeutsame Götter der Römer waren: Mercurius, Schutzherr des Handels und der Kaufleute, Minerva, Beschützerin der Künstler und Handwerker, Neptunus, Herr des Meeres, Apollo, Abwehrer des Unheils, Beschützer der Künste und des Wahrsagens sowie Venus, Göttin der Liebe.

Th.: Novumne domicilium? Aedificium mihī mōnstrā!
Tr.: Libenter, domine; aedificium vīcīnum est. ... Iam adsumus.
Th.: Age! Intrāre et vīsitāre dēsīdero. Iānuam pulsā!
Tr.: Iānuam pulso. St. ... st. ... st. ... Auscultā! Aliquis (jemand) iānuae appropinquat.
Sīmo (dominus aedificiī intus vocat): Quis adest et iānuam pulsat? – Salvē, Theopropidēs, salvē, Trānio! Quid ā mē dēsīderātis?
Th.: Ego ... hm ... hm ... ā tē ... ā vōbīs ...
Tr.: Dominus meus dēsīderat aedificium intrāre et spectāre, sī nōbīs licet.
Sī.: Cūr intrāre dēsīderātis? Nōn libenter aedificium mōnstro.
Tr.: Dominus meus novum balneum aedificāre sēcum dēlīberat. Cūnctī vīcīnī balneum commodum tuum et cētera commoda, quae in aedificiō sunt, praedicant. [C6] Inde Theopropidēs sibī exemplum capere (nehmen) dēsīderat, sī per tē licet.
Sī: Sī vōbīs placet, intrāte et cūnctās cellās (Gemächer), quae in aedificiō sunt, spectāte! Vōs nōn arceo. (Theopropidēs intrat).
Tr.: (quī ante iānuam sē tenet et gaudet) Adhūc, mē Herculēs, causam et fīliī et dominī bene tractāvī. Dominum bene frūstrāvī.

Bona causa triumphat (trägt den Sieg davon). Scientia est potentia.

Die ältesten römischen Münzen stammen aus der Zeit Alexanders des Großen.

Gegossenes Kupfergeld.

Der As zerfällt in 12 unciae.

Kupferas

(Gewicht 290 g) mit dem Bild des *doppelköpfigen Janus* (gedeutet als Gott des Eingangs und des Ausgangs)

25	(dē)mōnstrāre	zeigen, bezeichnen (F. montrer)
26	libenter (Adv.)	gern
27	dēsīderāre	wünschen, verlangen (E. to desire, F. désirer)
	pulsāre	schlagen, klopfen an
33	sī	wenn, falls (konditional) (F. si)
	licēre, licet, licuit	erlaubt sein, möglich sein
35	balneum, ī	das Bad, der Baderaum
	aedificāre (aedificium 3)	erbauen (F. édifier)
	dēlīberāre	überlegen, erwägen
36	**commodus, a, um**	bequem, vorteilhaft, zweckmäßig
	commodum, ī	die Bequemlichkeit, der Vorteil, Nutzen
	praedicāre	verkünden, preisen, *predigen*
37	exemplum, ī	das Vorbild, Beispiel (E. example, F. exemple)
40	mē Herculēs	beim Herkules
	causa, ae	der Grund, die Ursache, Sache, Rechtssache (F. cause, chose)
41	bene (Adv.)	gut, tüchtig, gehörig (F. bien)
42	scientia, ae	das Wissen
	potentia, ae	die Macht

F.

1. Ianua bezeichnet die Haustür, durch die man ein- und ausgeht. Ianus ist der mit Doppelkopf dargestellte Gott des Ein- und Ausgangs. Nach ihm benannten die Römer den Monat, mit dem nach der Wintersonnenwende die längeren Tage wieder einsetzen: Ianuarius.

2. Der Lesetext vermittelt einen Eindruck von der griechisch-römischen Komödie. Die Lustspiele der Dichter Plautus und Terentius spiegeln in ihrer Handlung, ihrer Komik und den manchmal derben Späßen das Alltagsleben der Zeit wider: Reisen und überraschende Heimkehr, Liebschaften, Verwechslung und Entführung von Kindern, Gespenstererscheinungen. Die handelnden Personen sind Charaktertypen, wie sie zu allen Zeiten vorkommen: der törichte Alte, der Geizhals, der leichtsinnige Sohn, das lockere Mädchen, der Großschwätzer, der gerissene Diener. Die Aufführungen, den heutigen Volksstücken im Theater und Fernsehen vergleichbar, boten den römischen Zuschauern Unterhaltung und Freude. Neuere Dichter haben die alten Stoffe vielfach nachgeahmt (zum Beispiel Hans Sachs, Shakespeare, Molière, Kleist, Thornton Wilder, Giraudoux u. a.).

3. Die Verben der a-Konjugation haben im I. die gleiche Infinitivform wie im L.: visitare, disputare, interrogare, recitare (spr. tsch). Im F. gehen die entsprechenden Verben auf -er aus: visiter etc. Verben dieser Konjugation sind im I. und F. sehr zahlreich. Verben der e-Konjugation im I.: sedére, tenére, solére, avére (ohne h des L.!). Im F. ist das Morphem -ēre zu -oir geworden: debere>devoir, habere>avoir.

VI. Ein Besuch in der Stadt Rom

A.

I. Gāius, puer Tīburtīnus, amīcōs in urbe (der Stadt) Rōmā vīsitat. Viā Tīburtīnā Rōmae appropinquat. Mox aderit[C1] et per portam Esquilīnam intrābit[C2]. Quīntus et Mārcus iam in portā Esquilīnā stant et amīcum exspectant.

„Salvē, amīce", Gāium salūtant. „Hodie nōs tibī aderimus et nōnnūlla monumenta Rōmāna mōnstrābimus. Prīmō circumspectā! Hinc antīquum Serviī[C8] Tulliī mūrum vidēre potes[C5] et altōs arcūs (Bogen) aquae Mārciae, quae incolīs Rōmae aquam dēdūcit (zuführt)."

Gāius: Specto et stupeo.

Amīcī: Tum ex altō clīvō Esquilīnō tibī Aventīnum, Palatīnum, Capitōlīnum cēterōs-

B.

1	I. via, ae	der Weg, die Straße (F. voie)
2	mox	bald, in kurzem
3	stāre, stō (s. K. 16)	stehen
	exspectāre (spectāre 2)	ausschauen, erwarten (E. to expect)
4	salūtāre	grüßen, begrüßen (E. to salute)
	hodie (Adv.)	heute
	monumentum, ī	das Denkmal, Bauwerk (E., F. monument)
5	prīmus, a, um	der erste (F. premier)
	prīmō (Adv.)	zuerst
	circumspectāre	herumschauen, umhersehen
	hinc	von hier
	antīquus, a, um	alt
	mūrus, ī	die *Mauer* (F. mur)
6	vidēre, video (s. K. 12)	sehen (F. voir)
	posse, possum, potuī	imstande sein, können
	aqua, ae	das Wasser, die Wasserleitung (F. eau)
8	stupēre, eo, stupuī (b. Abl.)	verblüfft sein, staunen über
9	clīvus, ī ·	der Hügel

C.

1. Struktur des ersten Futurs von esse:
   Das (e)s des Stammes wird vor Vokalen zu r: eso > ero (vgl. eram). Vor konsonantischen Personenzeichen tritt der Bildevokal **i**, vor nt ein **u** ein: ero, er**i**s ... er**u**nt.
2. Das erste Futur der a- und e-Konjugation hat das Tempuszeichen (Morphem) b und wie esse vor Konsonant den Bildevokal **i** bzw. **u: mōnstrā-b-o, mōnstrā-b-i-s,...** monstrā**-b-u-n-t.**
3. Die Struktur des zweiten Futurs wirst du leicht erkennen: fu-ero, mōnstrā-v-ero, hab-u-ero, aber 3. Person Plural: fu-er**i**nt, monstrā-v-er**i**nt, hab-u-er**i**nt.
4. Der futurische Hauptsatz und der dazu vorzeitige Nebensatz:

Quintus explicat:	Cum domina cibum parāverit,	convivium habēbimus.
Gegenwart des Sprechers	Nebensatz, vorzeitig zur Zukunft: Futur 2	Hauptsatz, Zukunft: Futur 1

   Der D. meidet die umständlichen Futurformen. Drücke das Zeitverhältnis im D. einfacher aus!
5. Beachte bei posse, possum, potuī, einem Kompositum von esse, die Änderung der Vorsilbe pot- zu pos- vor Konsonanten:
   possum, potes, potest ... Imperfekt poteram ... Futur I potero ... Perfekt potui.
6. Deklination des Infinitivs: nd-Form, nur im Singular, Gerundium genannt:
   migrāre, migra-ndī, migra-ndō, (ad) migra-ndum, migra-ndō.
   docēre, doce-ndī, doce-ndō, (ad) doce-ndum, doce-ndō.
7. Prīmā hōrā, tertiō annō, Kalendīs (vgl. S. 81) Mārtiīs, prīmō: Der adverbiale Ablativ ohne Präposition gilt auch zur Zeitangabe (wann?).
8. antīquus Serviī Tulliī mūrus, excelsum Iovis templum, praeclārum Iūnōnis fānum, iūcundam vestrī memoriam:
   Umklammerung des Genitivattributs durch das dazugehörige Substantiv mit Adjektiv. Ähnlich werden auch Präpositionen vom Substantiv mit adjektivischem Attribut umschlossen: māgnīs cum cōpiīs.

D.

1. und 2. Bilde und konjugiere die Futura von esse, explicāre, terrēre.
3. Vergleiche die Struktur der Futura im L., D., E.:

L.	D.	E.
ero	ich werde sein	I shall be
exspectabit	er wird erwarten	he will expect
retinuerint	sie werden zurückgehalten haben	they will have retained

   Weshalb gebrauchen das D. und E. die Futurformen seltener als das L.?
4. Übersetze in gutes D., möglichst unter Vermeidung der Futurformen: Cras alii amici tibi aderunt. Mox aquam Marciam videbis. Beatus ero, si mecum migrabitis. Cum oppido appropinquaveritis, multa et alta aedificia spectabitis. Cum adversariorum terminos intraverimus, victoria (der Sieg) nostra erit.
5. Konjugiere das Präsens von posse!
   Unterscheide: possumus, potuimus, poteramus, potes, potestis, potest, poterat, possunt, poterit, potuerunt, videre potuit, superare potuerat.
6. nd-Form (Gerundium):
   Adversarii cum Romanis bellare in animo habuerunt. Causa bellandi adversariis

que clīvōs mōnstrābimus. Clārum templum Iūnōnis (der Juno) Lūcīnae aliaque aedificia pūblica, quae in Esquilīnō sita sunt, nōbīscum vīsitābis. In templō Lūcīnae hodie – kalendīs Mārtiīs[C7] – fēminae Rōmānae immolant deae.
Gāius: Vōbīs nōn satis grātus esse possum. Certē (gewiß) hodie et crās multīs et clārīs monumentīs Rōmānīs stupēbo.
II. Quīntus: Crās Septimius aliīque amīcī tibī aderunt. Hōrā[C7] tertiā (in ...) parātī erunt ad mōnstrandum[C6] et explicandum. Tēcum viā sacrā per praeclārum forum Rōmānum migrābunt.
Gāius: Quā rē forum Rōmānum est praeclārum?
Mārcus: In forō aliquandō fabrī et rūsticī commercium exercēbant et mercēs (die Waren) mūtābant. Nunc ibī basilicās, statuās, templum Sāturnī cūriamque vidēbis. In templō Sāturnī Rōmānī aerārium (den Staatsschatz) cōnsērvant, in cūriā senātōrēs (die Senatoren) dē fortūnā imperiī cōnsultant.
III. Gāius: Etiamne in alteram rīpam Tiberis (des Tibers) fluviī migrābimus?
Mārcus: Sī trāns Tiberim (Akk.) fluvium migrābitis, ex clīvō Vāticānō septem clīvōs vel septimontium (die Siebenhügelstadt) oculīs perlustrāre poteritis. Terminus migran-

10	clārus, a, um	*klar,* hell, berühmt
	templum, ī	der *Tempel* (F. temple)
11	pūblicus, a, um	öffentlich (E., F. public)
	situs, a, um	gelegen (E. situated, F. situé)
12	kalendae Mārtiae	die Kalenden des März, der erste März
	dea, ae	die Göttin
13	satis (m. Gen.)	hinreichend, genug an
	grātus, a, um	dankbar, willkommen
	crās (Adv.)	morgen
15	II. hōra, ae	die Stunde (E. hour, F. heure)
	tertius, a, um	der dritte
16	explicāre	auseinanderwickeln, erklären (E. to explicate, F. expliquer)
	sacer, sacra, sacrum	heilig, geheiligt (F. sacré)
	praeclārus, a, um	hochberühmt, hervorragend
17	forum, ī	der Marktplatz
	migrāre	wandern, gehen
19	faber, fabrī	der Handwerker
	commercium, iī	der Warenverkehr, Handel (E., F. commerce)
20	mūtāre	verwandeln, (ein-) tauschen
	nunc	jetzt, nun (E. now)
	ibī	dort, da
	basilica, ae	die Gerichts-, Markthalle, Basilika
	statua, ae	das Standbild, die Statue
	cūria, ae	das Rathaus, die *Kurie*
21	cōnservāre	aufbewahren, einhalten (E. to conserve, F. conserver)
22	fortūna, ae	das Geschick, Schicksal, Glück
	cōnsultāre	beraten, Beschlüsse fassen (E. to consult, F. consulter)
23	III. rīpa, ae	das Flußufer
24	trāns (b. Akk.)	über, jenseits
	septem	sieben (E. seven, F. sept)
25	oculus, ī	das Auge (F. oeil)
	perlustrāre	durchwandern, überschauen
	terminus, ī	die Grenze, das Ende (E., F. terminus)

non erat. Adversarii ad bellandum parati erant. – Rusticus laborando fatigatus est. Titus amicum in (bei) recitando terruit. Magistri docendo student.
Erweiterung der Gerundien durch Adverbien und Objekte:
Puer libenter auscultando me delectat. Theopropides multas terras visitando diu a patria afuit. Haec (dies) est hora membra exercendi.

7. Ablativ im L., verschiedene Präpositionen im D.:
Quis puellas fluviō arcebit? Vicinus quintā horā oppidum intravit. Amici gladiīs ligneīs certabunt.

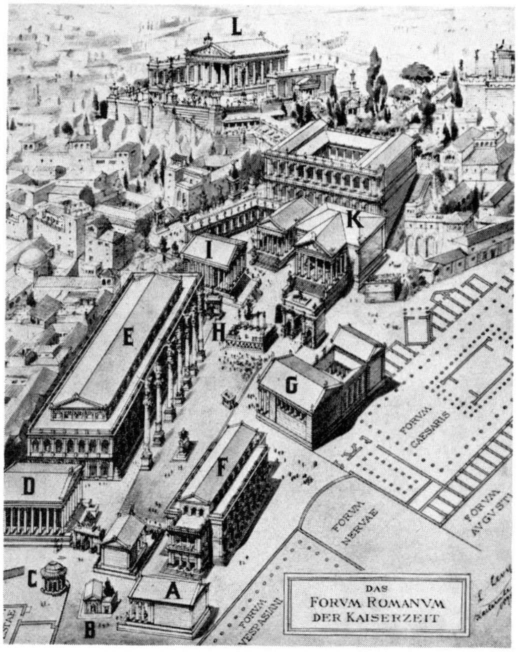

Das Forum Romanum der Kaiserzeit
A: Tempel des Antoninus und der Faustina
B: Regia
C: Rundtempel der Vesta
D: Tempel des Kastor und Pollux
E: Basilika des Julius
F: Basilika des Ämilius
G: Die Kurie des Julius (Senatsgebäude)
H: Rednertribüne
I: Saturntempel
K: Tempel der Konkordia.
Im Hintergrund Kapitol mit
L: Jupitertempel und Junotempel

E.

1. Die alte Stadtmauer Roms, dem König Servius Tullius zugeschrieben, wurde tatsächlich erst nach dem Gallierinfall 387 v. Chr. erbaut: 11,5 km lang mit zwölf Toren. Sie verlor nach den Punischen Kriegen ihre Bedeutung; geringe Reste sind an einigen Stellen noch sichtbar. Erst im 3. Jahrhundert n. Chr. wurde sie durch die Aureliansmauer (18,8 km lang, 10 m hoch, 381 Türme, 18 Tore) ersetzt, die heute noch große Teile des Stadtkerns umgibt (s. S. 29).
2. Die Großstadt Rom erhielt ihr Wasser aus den östlich liegenden Bergen in gewaltigen Leitungen, Bogenreihen mit darüber fließendem Wasserkanal (aqua oder aquaeductus genannt). In der Kaiserzeit waren es zwölf, von denen heute noch zwei benutzt werden. Die erwähnte aqua Marcia, 144 v. Chr. erbaut, führte bis in die Innenstadt.
3. Die Göttin Iuno Lucina wurde in ihrem Tempel auf dem Aventin besonders am 1. März von den Frauen verehrt. Ein Tempel der Iuno Moneta, in dem die römischen Münzen geprägt wurden, befand sich auf dem Kapitol (L. moneta > D. Münze).
4. Basiliken: Große Hallen, die für Marktzwecke und Gerichtssitzungen benutzt wurden, später wegen ihres Fassungsvermögens in christliche Kirchen umgewandelt. –

dī et videndī in Capitōliō ad excelsum Iovis (Jupiters), summī deī, templum et praeclārum Iūnōnis (der Juno) fānum erit. Migrandō et multa[D6] videndō fatīgātī sextā hōrā ad domicilium Septimiī remigrābitis.

Gāius: Grātus vōbīs ero, sī mihī monumenta clāra explicābitis. Cum in clīvō Esquilīnō forōque Rōmānō fuero[C3,4] atque septimontium spectāvero, laetus domum remigrābo. Cum vōs bonum hospitium quoque praebueritis, iūcundam vestrī memoriam retinēbo.“

Gāius amīcīs, sī benīgnī fuerint et bonum hospitium praebuerint, etiam multōs post annōs grātus erit. Nēmo puerō rūsticō urbem (die Stadt) Rōmām melius quam (besser als) amīcī mōnstrāre potuit.

Per aspera ad astra.

26	excelsus, a, um	hochragend, erhaben
	summus, a, um	der oberste, höchste
	deus, ī	der Gott (F. dieu)
27	fānum, ī	das Heiligtum, der Tempel
	fatīgātus, a, um	ermüdet (F. fatigué)
	sextus, a, um	der sechste (E. sixth)
28	remigrāre	zurückwandern, zurückkehren
29	cum (temporale) (b. Indikativ)	dann, wenn (rein zeitlich)
30	atque (= ac)	und (sogar)
	domum	nach Hause
31	hospitium, iī	die Herberge, Gastfreundschaft
	praebēre, eo, uī, praebitus	darreichen, gewähren, zeigen, erweisen
32	retinēre, eo, tinuī, tentus	zurück-, be-, festhalten
	benīgnus, a, um	gütig, gefällig
	post (b. Akk.)	nach, hinter
36	asper, era, erum	rauh, mißlich, schwierig
	astrum, i (G.)	der Stern

Curia: Rathaus der Stadt Rom, Tagungsort des Senats, in dem die politischen Entscheidungen über das Reich gefällt wurden. Der alte Bau aus der Königszeit (Curia Hostilia) wurde von Julius Cäsar durch einen neuen ersetzt (Curia Iulia). Unter dem Namen San'Adriano diente er im Mittelalter als Kirche und ist jetzt mit antiker Ausstattung öffentlich zugänglich (s. S. 110). Unter Kurie versteht man heute die Verwaltung des Kirchenstaates.

F.

1. Auch das E., F. und I. kennen das Gerundium: E. By readily listening the boy delights me. – F. En écoutant volontiers le garçon me réjouit. – I. Ascoltando il ragazzo mi rallegra.
2. Roma aeterna (das ewige Rom): Der Name Roma ist durch die Jahrhunderte unverändert geblieben. Aus der angeblich 753 v. Chr. gegründeten Gemeinde Latiums wurde die Hauptstadt der alten Welt. Sie hatte in der Kaiserzeit etwa 1,5 Millionen Einwohner. Nach dem Niedergang im Mittelalter setzte seit der Renaissance ein neuer Aufschwung ein. Rom wurde ständiger Sitz der Päpste (Citta del Vaticano) und 1870 Hauptstadt Italiens. Es ist die größte Stadt im europäischen Mittelmeerraum mit zur Zeit 3 Millionen Einwohnern.
3. Die Straßen Roms haben zum Teil noch den alten Verlauf und die alten Namen: Sacra via vom Forum zum Kapitol, Appia via nach Süden, Latina via nach Südosten, Tiburtina via nach Osten, Salaria via nach Nordosten, Aurelia via nach Nordwesten führend. Die Flaminia via, die in nördlicher Richtung die Stadt verläßt, bildet in ihrem stadtinneren Teil heute als „Corso" eine Hauptverkehrsader.
4. Das Jahr bestand für die Römer ursprünglich aus zwölf Monaten und vielen Schaltzeiten, seit Julius Cäsar aus 365 Tagen und einem Schalttag alle vier Jahre. Dieser Julianische Kalender mit der Gregorianischen Reform von 1583 ist bis heute in Geltung. Der erste Tag jedes Monats wurde „kalendae" genannt (Buchstabe k aus dem Griechischen entlehnt). Die zwölf Monate, ursprünglich mit dem März, seit 153 v. Chr. mit dem Januar beginnend, hießen Martius, Aprilis, Maius, Iunius, Iulius, Augustus, September, October, November, December, Ianuarius, Februarius. Diese römischen Monatsnamen werden in der zivilisierten Welt heute noch gebraucht. Selbst die zählenden Bezeichnungen für September bis Dezember (7., 8., 9., 10., Monat) blieben sinnwidrig bestehen, obwohl damit heute der 9., 10., 11., 12.,Monat bezeichnet werden.
5. Trans Tiberim (Flußname Tiberis, heute Tevere), früher Vorstadt, ist heute volkstümliches Viertel Roms und heißt Trastevere (!).
6. Die sieben Hügel Roms heißen: Aventinus, (I. Aventino), Caelius (I. Celio), Capitolinus (I. Campidoglio), Esquilinus (I. Esquilino), Quirinalis (I. Quirinale), Viminalis (I. Viminale), Palatinus (I. Palatino). Weil sich auf dem Palatinus später die Wohnung des Kaisers befand, wurde diese palatium genannt, die Helfer des Kaisers palatini (D. Paladine). Aus palatium entstand I. palazzo, F. palais, D. Palast.
7. Erkläre aus den Vokabeln der Kapitel 4 bis 6 folgende Wörter des D.: (4) Debet, Habet, Imperialismus, Labor(atorium), Magister, Meister, Maestro, Okular, Plazet, Rarität, Terrarium, (5) Egoismus, Exempel, Frustration, kausal, Kommode, Monstrum, Novität, Prädikat, Puls, pulsieren, (6) Antike, Antiquariat, Aquarium, Astrologie, Hospital, Hospiz, Kalender, Kapitol (Washington!), Konserven, Mutationen, Publikum, salutieren, Termin.

VII. Eine römische Hochzeit

A.

Quīntus Octāvius Rūfus	Mārcus Atīlius Rēgulus
Claudia, coniūnx (Ehefrau) Octāviī	Lūcius, fīlius M. Atīliī Rēgulī
Octāvia, fīlia Q. Octāviī Rūfī	Semprōnia, prōnuba (Ehestifterin)

I. Claudia, māter (Mutter) Octāviae: Iam nostra familia cūnctīque Atīliī adsunt. Beāta essem[C2] et gaudērem[C2], sī cēterī quoque amīcī testēsque (die Zeugen) adessent.
Q. Octāvius R: Contenta sīs[C3], Claudia! Iam cēterī ātrium intrant. – Salvēte, amīcī testēsque! Statim caerimōniae operam dēmus! Fīliam meam Lūciō, M. Atīliī fīliō, in mātrimōniō hodie collocāre dēstināvī. Pontifex (der Priester) auspiciī causā hostiam (Opfertier) immolet! Deōs deāsque adōrēmus! Imprīmīs tū, Iūno regīna deōrum deārumque, nūptiīs faveās! Vōs, amīcī, testēs sītis!

II. Cum pontifex immolāvisset[C4] et auspicium bonum fuisset[C4], simul Lūcius spōnsus et Octāvia spōnsa, quae tunicā albā et flammeō (einem Brautschleier) ōrnāta erat, intrāvērunt.

B.

3	I. fīlia, ae	die Tochter (F. fille)
7	contentus, a, um (b. Abl.)	zufrieden mit (E., F. content)
	ātrium, iī	der größte Raum im Haus, die Halle
8	statim	sogleich, alsbald
	caerimōnia, ae	die Feierlichkeit (E. ceremony, F. cérémonie)
	opera, ae	die Mühe, Beschäftigung, Hilfe (F. oeuvre)
	operam dare (b. Dat.)	Mühe verwenden auf, sich beschäftigen mit
9	mātrimōnium, iī	die Ehe
	in mātrimōniō collocāre	in die Ehe geben, verheiraten mit
	auspicium, iī	das göttliche Vorzeichen, die feierliche Eröffnung, die oberste Leitung
	causā (nachgestellt b. Gen.)	wegen (E. because of)

dēstināre	bestimmen, beschließen (F. destiner)	
adōrāre (ōrāre 3)	anbeten (E. to adore, F. adorer)	10
imprīmīs (prīmus 6)	besonders	
regīna, ae	die Königin (F. reine)	
nūptiae, ārum	die Hochzeit (F. noces)	11
II. cum (b. Konjunktiv)	als (erzählend, historicum), da (begründend, causale)	12
simul	gleichzeitig	
spōnsus, ī	verlobt, der Bräutigam (F. époux)	
spōnsa, ae	verlobt, die Braut (F. épouse)	13
tunica, ae	das lange Gewand, Kleid	
albus, a, um	weiß	
ōrnāre	schmücken, ausstatten (F. orner)	

C.

1. Bei sprachlichen Äußerungen ist zu unterscheiden zwischen a) Wirklichkeit, b) Wunsch und Vorstellung, c) Befehl. Dementsprechend verfügt das Verbum im L. über drei Aussageweisen (Modi): Indikativ (Wirklichkeit), Konjunktiv (Aufforderung, Wunsch, Möglichkeit, Nichtwirklichkeit) und Imperativ (Befehl).
   Im E. wird der Konjunktiv kaum noch gebraucht (dafür Umschreibungen mit may, might, shall, should); auch im D. kommt er seltener vor als im L. und wird oft mit Modalverben (mögen, sollen, dürfen, wollen) umschrieben.
2. Formen des Konjunktivs im L.:
   Personenzeichen wie im Indikativ/Imperfekt: m, s, t, mus, tis, nt.
   Der Konjunktiv Präsens ist durch ein Moduszeichen gekennzeichnet:
   (esse) **i: sim** (a-Kon.) **e: salūtem** (aus saluta-em) (e-Konj.) **a:** ten**eam**
   Den Konjunktiv Imperfekt kannst du leicht in seiner Struktur erkennen:
   (esse) essem (salūtāre) salūtārem (tenēre) tenērem
   Die Konjunktive des Perfekts und Plusquamperfekts sind zusammengesetzt aus dem Perfektstamm und einer Form von esse:
   fuerim fuissem salutaverim salutavissem tenuerim tenuissem
   3. P. Plur. fuer**i**nt salutaver**i**nt tenuer**i**nt
3. Die Konjunktive im Hauptsatz können unter anderem ausdrücken:
   a) Aufforderung und Wunsch (Verneinung: nē): Rūsticus contentus sit! Contentī sīmus! Pontifex immolet! Deī tibī faveant! Fortuna nē adversa sit! Amīcī nē in aedificiō maneant!
   b) Nichtwirklichkeit (Verneinung: non): Libenter caerimōniae adessem. Tē in vīllā vīsitāvissem, sed nōn potuī.
4. Bei den Nebensätzen sind zu unterscheiden nach dem einleitenden Wort:
   a) Relativsätze, b) abhängige Fragesätze, c) Konjunktionalsätze.
   Zum Zeichen der Unterordnung setzt der L. in allen abhängigen Fragesätzen und in vielen Konjunktionalsätzen, z. B. nach cum, ut, nē den Konjunktiv.
   Mē ōrātis, ut vīcīnīs adsim et faveam. Gāius in oppidum migrāvit, ut amīcōs vīsitāret. Cūnctī oppidānī ōrāvērunt, nē fortūna adversa Octāviae imminēret. Cum domum remigrāveris, laetus sum. Lūcius gaudēbat, cum Octāviam super līmen portāvisset.
5. Unterscheide direkte und indirekte Fragesätze: nach Verben des Fragens und Sagens, des Wissens und Nichtwissens, des Erklärens und Beratens: Ubī habitātis, amīcī? Īgnōro, ubī habitētis. Quis spōnsus Octāviae est? Īgnōro, quis spōnsus Octāviae sit. Cūnctī vīcīnī īgnōrābant, quis spōnsus Octāviae esset. Ubī fuistī? Tē interrogo, ubī fueris. Labōrāverantne servī? Dominus interrogāvit, num servī laborāvissent. Quid Octāvia dexterā portat? Vīcīnī oppidānō explicant, quid Octāvia dexterā portet. Quid imperiō Rōmānō bonum est? Senātōrēs cōnsultant, quid imperiō Rōmānō bonum sit.
6. Auflösung eines Satzgefüges mit indirektem Fragesatz in die Abhängigkeiten:

Hauptsatz Nebensatz (Objekt zum Hauptsatz)

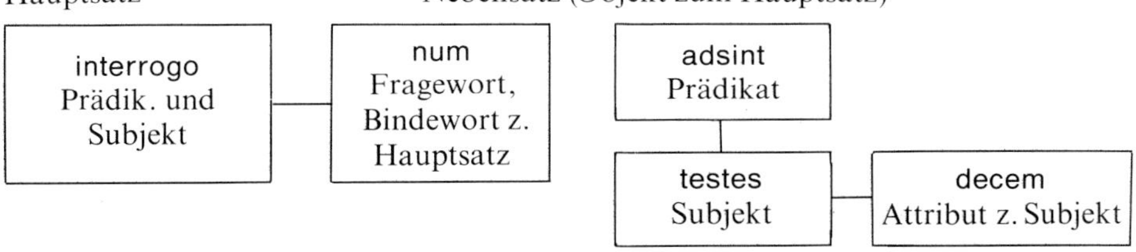

Prōnuba: Interrogo, num[C5] decem testēs (Zeugen) adsint. Cum ita sit, Lūcium et Octāviam prōvoco. Manūs (Hände) vestrās iungo (ich lege ineinander).

Octāvia: Ubī tū Gāius, ego quoque Gāia.

Lūcius: Ānulum ā mē habeās et per multōs annōs gestēs!

Cūnctī: Fēlīciter (Glück), fēlīciter, fēlīciter! Concordiam et vītam longam beātamque habeātis! Inimīcī nē vōbīs obsint!

15	num (abhängige Frage)	ob, etwa	
	decem	zehn (E. ten, F. dix)	
	ita (b. Verbum)	so	
16	prōvocāre (vocāre 3)	vor-, aufrufen, herausfordern (E. to provoke, F. provoquer)	
18	ānulus, ī	der Ring (F. anneau)	
	gestāre	(an sich) tragen	
	concordia, ae	die Eintracht (E. concord, F. concorde)	19
	longus, a, um	*lang* (E., F. long)	
	inimīcus, ī (amīcus 1)	der persönliche Feind (E. enemy, F. ennemi)	20
	nē (b. Konj.)	(im Hauptsatz) nicht, (im Nebensatz) daß nicht, damit nicht	
	obesse, obsum, obfuī	im Wege stehen, schaden	

7. Opera tua mihī dētrīmentō (Dativ!) fuit.
   Der Dativ bezeichnet auch den Zweck, den Vor- und Nachteil; esse mit doppeltem Dativ: jemandem zu etwas dienen, gereichen; übersetze im D. freier!
8. Unterscheide Anrede (Vokativ) und Ausruf (im Akkusativ): O tē stultum! Heu (ach!) tē ānxium puerum! – Salvē, amīce! Quid dēsīderās, Quīnte?
   Der Vokativ bei Substantiven auf -ius: Lūcius > Lūcī; Cornēlius > Cornēlī; meus fīlius > mī fīlī.

D.

1. und 2. Bilde die entsprechenden Konjunktive des Imperfekts, Perfekts und Plusquamperfekts zu: sim, possit, salutemus, timeas, timeant.

3a. Aufforderung – Befehl: Laeti sitis! laeti este! Servus statim (möge zurückkehren)! Statim (kehre zurück), serve! Discipuli (sollen studieren)! (Studiert), discipuli! Periculum (wollen wir nicht (!) fürchten)! Verba tua (sollen nicht sein) dura! In fluvio (laßt uns Kahn fahren)!

3b. Wirklichkeit – Nichtwirklichkeit: Contentus sum, quod me visitas. Beatus (ich wäre), si me (besuchen würdest). Grati sumus, quod fortunam adversam arcuistis. Grati (wären wir gewesen), si fortunam adversam (ihr abgewehrt hättet). Hīc contentus sum; in oppido contentus (wäre ich nicht). Pueri libenter in silvam (würden wandern), sed anxii sunt.

4. Ergänze die Prädikate im Nebensatz: Oro te, ut ex libro novo (du vorliest). Feminae Poenum imploraverunt, ne agros Romanos (er zerstörte). Cum Theopropides in patriam (zurückfuhr), servus callidus dominum in ora exspectavit. Theopropides contentus fuit, cum filius domicilium novum (beschafft hatte).

5. Direkte und indirekte Frage: Quis est Theopropides? Ignoro, quis ______. Fuitne Theopropides aeger? Ignoro, num ___ ___ ___. Cur nemo aedificium intrare audet? Theopropides ignorat, cur nemo aedificium ___ ___. Ubi filius aedificium novum comparavit? Theopropides interrogat, ubi filius ___ ___ ___. Magnumne aedificium Simo habitat? Ignoramus, num ___ ___ ___ ___. Quis aliquando in foro merces (Waren) mutaverat? Puer Romanus interrogavit, quis aliquando in foro ___ ___. Ubi feminae deam Lucinam adorabant? Gaius ignorabat, ubi feminae ___ ___ ___.

6. Übersetze den doppelten Dativ in gutes D.:
   Bonus magister multis pueris commodo est. Bonum hospitium amicorum Gaio laetitiae fuit. Magnum studium amici tibi exemplo sit! Ne iniuriae adversariorum feminis detrimento sint!

7. Satzstellung: Nicht immer muß das Subjekt den Satz einleiten (vgl. K. 2 C 7). Zum besseren Verständnis und zur Verbindung der Sätze im Zusammenhang dienen oft vorangestellte Adverbien, betonte Prädikate und Objekte, Anreden und vor den Hauptsatz tretende Nebensätze. Weise das im Text 7 A nach.

E.

1. pronuba: Beiname der Juno als Hochzeitsgöttin und ihrer irdischen Vertreterin, die die Eheschließung vollzieht.
2. Gaius – Gaia: Zwei häufige römische Vornamen; sie stehen stellvertretend für Mann und Frau. Sinn: Wo du hingehst, da will auch ich hingehen.
3. Wortbildung im L.: dominus – domina. Wie lauten die weiblichen Entspre-

Q. Octāvius R: Cēna ad octāvam hōram parāta est. Ōro vōs, ut[C6] triclīnium (Speiseraum) amplum intrētis. Fēstum vōbīs laetitiae[C6] et gaudiō sit!

III. Vesperī multī vīcīnī ante domicilium Atīliōrum sē congregāvērunt, ut pompam vidērent.
Oppidānus quīdam (ein gewisser): Cum anteā nōn adfuerim, īgnōro, num Lūcius cum Octāviā domicilium iam intrāverit.
Vīcīnī: Ō tē stultum[C7]! Nōs hīc neque essēmus neque exspectārēmus, sī domicilium iam intrāvissent. Ecce (siehe da)! Iam pompa appropinquat! Auscultā, quid amīcī amīcaeque clāment!
Amīcī amīcaeque: Talassio (hoch das Brautpaar!), talassio, talassio!
Vīcīnī: Vidētisne, quid Octāvia portet? Vittās (Bänder) dexterā, sinistrā oleum portat.
Octāvia: Iānuam vittīs ōrno et oleō unguo (ich salbe), ut domicilium nōbīs faustum sit.
Vīcīnī: Lūcī, allevā Octāviam et super līmen (die Türschwelle) portā, nē līmen fēminae dētrīmentō sit! (Cum Lūcius Octāviam in domicilium portāvisset et allevandō adversam fortūnam arcuisset): Hīc nē maneāmus! Domum migrēmus!

Ubī bene, ibī patria. – Nōn scholae, sed vītae discimus (wir lernen).

21	cēna, ae	die Hauptmahlzeit, das Mahl, das Essen
	octāvus, a, um	der achte
	ut (b. Konj.)	daß, damit
22	amplus, a, um	weit, geräumig, bedeutend
	fēstum, ī	das Fest
	laetitia, ae (laetus 1)	die Fröhlichkeit, der Spaß
	gaudium, iī	die (innere) Freude
23	III. congregāre	zusammenscharen, vereinigen
	pompa, ae	der feierliche Aufzug, Festzug, Pomp
25	oppidānus, a, um	städtisch, der Stadtbewohner
	anteā, auch ante (Adv.)	vorher, früher
	īgnōrāre	nicht wissen, im unklaren sein (E. to ignore, F. ignorer)
27	hīc	hier
29	amīca, ae	die Freundin

portāre	tragen (F. porter)	31
dexter, tera, terum	rechts	
dextera, ae	die rechte Hand, Rechte	
sinister, tra, trum	links	
sinistra, ae	die linke Hand, Linke	
oleum, ī	das Öl (E. oil, F. huile)	
faustus, a, um	glücklich, Glück bringend	32
allevāre	erleichtern, hochheben (F. allever)	34
super (b. Akk.)	oben auf, über ... hin	
dētrīmentum, ī	der Schaden, Verlust (E. detriment, F. détriment)	35
adversus, a, um	widrig, ungünstig, feindlich (E. adverse)	
manēre, maneo	bleiben	36
schola, ae	die Schule (E. school, F. école)	37

chungen zu: amicus, equus, vicinus, oppidanus, filius, Cornelius, Claudius, Lucius, Octavius, Sempronius.

4. Nenne zu dem unterstrichenen Satzglied den jeweiligen Gegensatz: ante multos annos; aqua oppidi nostri bona est; servus ex aedificio properat; magnum numerum gladiorum habeo; Marcus amicus meus esse non potest.

F.

1. Die Sitte des Brautschleiers als Zeichen der weiblichen Ehrbarkeit ist von der römischen Kirche übernommen worden. Der Brauch galt im Mittelalter besonders für die „Bräute Christi" (Nonnen) und besteht bis heute vielfach bei der kirchlichen Trauung. Auch andere Gebräuche bei der Eheschließung (Trauzeugen, Ring, Hochzeitsmahl, Heimführung der Braut), überhaupt die Verbindung eines religiösen Bestandteils mit dem weltlichen, sind aus der heidnischen Zeit in die christliche übergegangen.
2. Lateinische Namen für Frauen (vgl. K. 1 F) werden heute noch vielfach gebraucht: Antonia, Kornelia, Klaudia, Julia, Paula, Regina, Beata etc.
3. Atrium: Der große rauchgeschwärzte Mittelraum des römischen Hauses, in dem in älterer Zeit der Herd stand. Diese im Mittelteil nach oben offene Halle war von kleineren Zimmern umgeben, die zur Außenseite fensterlos waren und vom Atrium her Licht und Luft erhielten. Heute versteht man unter Atriumhaus ein nach außen abgeschlossenes Wohngebäude mit einbezogenem Gartenhof, auf den hin die Wohn- und Schlafräume ihre Fenster und Ausgänge haben.

VIII. Ein römischer Spähtrupp am Rhein

A.

I. Aliquandō Usipetēs[C1] Germānī et Tencterī māgnā cum multitūdine[C1] hominum fluvium Rhēnum superāverant, quod ab Suēbīs fīnitimīs bellō vexābantur[C2] et agricultūrā prohibēbantur.[C2] Cum nātiōnēs illae (jene) Germānae ā Caesare, prōcōnsule Galliae, prope Mosam superātae[C3] et fugātae essent, imperātor Rōmānus multīs dē causīs Rhēnum trānsīre (überschreiten) dēstināvit. Dum in sinistrā fluviī rīpā ā legiōnibus castra collocantur, fabrī Rōmānī māteriam comportāre et in fluviō pontem facere (eine Brücke zu bauen) paraverunt.

Explōrātor quīdam (ein [gewisser]) Rōmānus, quī cum nōnnūllīs commīlitōnibus decimae legiōnis in statiōne collocātus erat[C7] et regiōnem Sugambrōrum līberōrum observābat: „Heus (hallo!), commīlitōnes, moneo vōs, ut adversāriōs melius (besser)

B.

1	I. multitūdo, inis, f.	die Menge
	homo, hominis, m.	der Mensch (F. homme)
2	vexāre	quälen, heimsuchen (E. to vex, F. vexer)
	agricultūra, ae	der Ackerbau (E., F. agriculture)
3	prohibēre, eo, uī itus (ab oder Abl.)	(ver)hindern (an), fernhalten von
	nātio, ōnis, f.	der Volksstamm, die *Nation*, (E., F. nation)
	cōnsul, sulis, m.	der *Konsul*, Inhaber der höchsten Staatsgewalt
	prōcōnsul, sulis, m.	der vorjährige Konsul, Provinzialstatthalter
4	prope (b. Akk.) (appropinquare 5)	nahe bei, nahezu (Adv.)
	fugāre	verjagen, in die Flucht schlagen
	imperātor, ōris, m. (imperium 4)	der Oberbefehlshaber, (später) Kaiser (E. emperor, F. empereur)
5	dum (mit Indikativ Präs.)	während
	legio, ōnis, f.	die Abteilung, *Legion* (E. legion, F. légion)
	legiōnārius, iī	zur Legion gehörig, der Legionssoldat
6	castra, ōrum, n. (Plurale tantum)	das Lager (Mehrzahlwort)
	collocāre	hin-, aufstellen, anlegen, anbringen
	māteria, ae	der Grundstoff, das Bauholz, *Material* (E. matter, F. matière)
	comportāre (portāre 7)	zusammentragen
8	explōrātor, ōris, m.	der Späher, Kundschafter (E. explorer, F. explorateur)
	commīlito, ōnis, m.	der (Kriegs) kamerad
	decimus, a, um	der zehnte
9	statio, ōnis, f. (stāre 6)	der Standort, Posten, die Wache, *Station* (E., F. station)
	regio, ōnis, f.	die Gegend, Landschaft (E. region, F. région)
	līber, lībera, līberum	frei (F. libre)
	observāre	beobachten, beachten
10	monēre, eo, uī, itus	ermahnen, erinnern

C.

1. Substantive der konsonantischen Deklination – ihr Stamm (Lexem) geht auf einen Konsonanten aus – erkennst du im Genitiv. Da sich die Form des Nominativs oft von der der anderen Kasus unterscheidet, prägt man sich mit dem Nominativ gleichzeitig den Genitiv ein.
   lābor – lābōr-is; mōs – mōr-is; sōl – sōl-is: r- und l-Stämme (Liquiden) sind im allgemeinen männlich.
   nātio – nātiōn-is; multitūdo – multitūdin-is; hiem-s – hiem-is: n- und m-Stämme (Nasale) sind im allgemeinen weiblich.
   Endungen: Singular **—** oder **s, is, ī, em, e** Plural **ēs, um, ibus, ēs, ibus**
2. Verben können im Aktiv (Tatform) und Passiv (Leideform) vorkommen. Die Struktur der Formen im Präsensstamm des Passivs entspricht der des Aktivs, nur daß im Passiv besondere Personenzeichen gelten:
   (Singular) **(o)r, ris, tur** (Plural) **mur, mini, ntur**

Präs. Ind.	salūtor (aus a-or)	Konj. salūter (aus a-er)	Ind. terreor	Konj. terrear
	salūtā-ris	salūt-ēris	terrē-ris	terre-āris
Imp.	salūtā-ba-r	salūtāre-r	terrē-ba-r	terrēre-r
Futur				
1. Person	salūtā-bo-r		terrē-bo-r	
2. Person	salūtā-be-ris		terrē-be-ris	

3. Erkläre die Struktur des Perfektstammes im Passiv:
   Ind. salūtātus (a, um) sum, eram, ero; territus (a, um) sum, eram, ero
   Konj. salūtātus (a, um) sim, essem; territus (a, um) sim, essem
4. Das L. kennt je drei Infinitive (Nennformen) im Aktiv und Passiv:
   Präs. Akt. (Gleichzeitigkeit) esse, salūtāre, terrēre
   Präs. Pass. salūtārī, terrērī
   Perf. Akt. (Vorzeitigkeit) fuisse, salūtāvisse, terruisse
   Perf. Pass. salūtātus (a, um), territus (a, um) esse
   Fut. Akt. (Nachzeitigkeit) futūrus (a, um) esse, salūtātūrus (a, um) esse, territūrus (a, um) esse
   Fut. Pass. salūtātum īrī, territum īrī
5. Der Akkusativ mit Infinitiv (a.c.i.) als Objekt:
   Germānōs trepidāre video: Ich sehe die Germanen umherlaufen; ich sehe, daß die Germanen umherlaufen.
   Vom Prädikat video hängen ursprünglich zwei Objekte ab: a) der Akkusativ Germānōs, b) der Infinitiv trepidāre. Daraus ist eine Einheit geworden, der sogenannte a.c.i. Du kennst ihn auch aus dem E.: I see the Germans run about anxiously.
   Der a.c.i., im D. selten und nur im Infinitiv des Präsens, im E. häufiger nach Verben der Sinneswahrnehmung (ohne to) und des Glaubens (mit to) gebraucht, ist im L. wegen seiner Kürze außerordentlich verbreitet, besonders nach Verben des Wahrnehmens und Denkens. Im D. mußt du einen Nebensatz daraus machen, in dem der Akkusativ des a.c.i. Subjekt und der Infinitiv Prädikat wird.
   Unterscheide in folgenden Sätzen das Zeitverhältnis des a.c.i. zum Hauptprädikat:
   Legiōnārius nūntiat perīculum imminēre; legiōnēs ā barbarīs exspectārī.
   Explōrātor cēnset Germānōs insidiās parāvisse; insidiās parātās esse.
   Caesar Rōmānōs superātūrōs esse spērat; Germānōs superātum īrī spērat.
6. Clamōre barbarōrum territus sum; ā barbarīs territus sum.
   Das L. unterscheidet beim Passiv die bewirkende Ursache (ablativus causae) und den Täter (ā, ab) zum Unterschied vom D. = von, E. = by, F. = par.

observētis! Iam diū clāmōrēs barbarōrum audīvī (ich habe gehört). Ex (seit) prīmō sōle hominēs trepidāre[C4,5], ex agrīs ēmigrāre, sē in silvīs occultāre video.
II. Vel īnsidiās ā barbarīs parārī[C5] cēnseo vel barbarōs timōre imperatōris nostrī et legiōnum nostrārum territōs esse puto."
Aliī legiōnāriī: „Nōn barbarī, sed tū spectāculō[C6] māgnārum silvārum territus esse videris (du scheinst)". Aliī: „Prae timōre vix reportāre potes."
Explōrātor: „Ego neque terreor neque perturbor. Etiam imperātor noster nōn terrēbitur. Properābo, ut imperātōrī nova rēs (die Neuigkeit) nūntiētur."
Commīlitōnēs: „Sī per silvam ad Caesarem properābis, ab[C6] imperātōre laudāberis."

11	clāmor, ōris, m. (clāmāre 1)	das Rufen, Geschrei
	barbarus, ī	der Ausländer, *Barbar* (F. barbare)
	sōl, sōlis, m.	die Sonne, der helle Tag (F. soleil)
	prīmus sōl	der Tagesanfang
12	trepidāre	hin- und herlaufen
	ēmigrāre	ausziehen, weggehen, auswandern
	occultāre	verbergen, verstecken (E. to occult, F. occulter)
	silva, ae	der Wald
13	II. vel ... vel	entweder ... oder
	īnsidiae, ārum (Plurale tantum)	die Falle, der Hinterhalt
	cēnsēre, eo, uī, cēnsus	abschätzen, meinen, zählen
	timor, ōris, m. (timēre 4)	die Furcht, Ehrfurcht
14	putāre	meinen, glauben, halten für
15	aliī ... aliī	die einen ... die anderen
	spectāculum, ī (spectāre 2)	der Anblick, das Schauspiel (E., F. spectacle)
16	prae (b. Abl.)	vor, wegen
	vix	kaum
	reportāre (portāre 7)	zurücktragen, berichten
17	(per)turbāre	(sehr) verwirren, bestürzt machen
18	nūntiāre	melden, anzeigen
	nūntius, iī	der Bote, die Botschaft, Nachricht
19	laudāre	loben

7. Nebensatz und verbundenes Partizip (participium coniunctum):
Explōrātor, quī in statiōne collocātus erat, regiōnem observābat.
Explōrātor in statiōne collocātus regiōnem observābat.
Einen attributiven Zusatz zu einem Substantiv gibt der L. häufig durch ein verbundens Partizip wieder (vgl. K. 4 C 6,2 u. 13 C 4).

D.

1. Dekliniere: labor dur-, regio pulchr-, homo rustic-.
Ergänze und übersetze: legionem Roman-, sole clar-, cum mult- homin-, magn- multitudo servorum, ad nation- clar- (!), verba boni explorator-, spectaculum region- pulchr-, propter timor- feminarum.
Consul- praeclar- favemus. Bon- imperator- laudamus. Mult- nation- trans Rhenum habitant. Agricolae et fabri magn- labor- assueti sunt.
2. Bilde die entsprechende Form in allen Tempora und Modi des Passivs: delector, teneris, laudatur, terremur, recreamini, prohibentur.
Setze die Form ins Passiv: voco, interrogabis, vexabat, terrebunt, mutatis, immolet, ut aedificaret.
3. Gestalte den Satz passivisch: Initio Hannibal Romanos superavit. Fabri materiam comportant. Spectaculum silvarum me non terruit. Barbari legiones Romanas non perturbabunt. Cur liberos in silvis occultavistis? Aqua nos recreat. Cur amicus te prohibuisset?
4. Wie lauten die sechs Infinitive von laudare, delere, docere?
5. Mache bei folgenden Aussagen die zweite von der ersten durch einen a.c.i. abhängig:
Explorator nuntiat: Barbari alteram ripam Rheni occupaverunt.
Feminae a Germanis in silvis occultantur.
Rustici ex agris emigrant.
Magnae copiae Germanorum trans Rhenum spectatae sunt.
Explorator sperat: Legiones Romanae adversarios superabunt.
Legionarii Romani victores erunt.
Ceteri commilitones magnis silvis non terrebuntur.
6. Ergänze das D. „von“: Cibi (von den Dienern) parabantur. Legiones (von den Anstrengungen) pugnandi fatigatae erant. Legionarius quidam (von einem Gegner) gladio necatus est.
7. Übersetze die verbundenen Partizipien im D. erst wörtlich, dann durch Relativsätze; woran muß sich im D. das Relativpronomen anschließen?
Tencteri a Suebis agricultūrā prohibiti Rhenum superaverunt.
Servus dominum dolo frustratum ad domicilium vicini duxit (führte).
Octavius Rufus amicos in atrio congregatos salutavit.

E.

1. Weitere Übersetzungsmöglichkeiten des L. Passivs:
Verbum ita explicatur = Das Wort wird so erklärt, läßt sich so erklären, erklärt sich so, man erklärt das Wort so.
Übersetze ähnlich: Fortuna adversa magno animo superatur. Consilium nostrum non mutatur. Explorator Romanus territus non est.
2. Doppelte Negation = gesteigerte Bejahung: Caesar regionem **haud ig**noravit. Consilium meum vobis **non de**trimento erit. **Non in**iuriā dominus servum modestum laudat.

III. Explōrātor in castrīs: „Salvē, Caesar imperātor! Nē nūntiō meō [C6] perturbēris nēve terreāris! Altera rīpa Rhēnī quartā vigiliā ā mē observābātur. Barbarōs cum fēminīs līberīsque suīs in silvīs sē occultāvisse cōgnōvī (ich erkannte). In silvīs legiōnēs nostrās ā barbarīs exspectārī puto.“
Caesar: „Tē bonum explōrātōrem fuisse iūdico. Nūntiō tuō neque nōs terrēmur neque legiōnēs nostrae perturbābuntur. Nam dē Germānorum bellicōsōrum mōribus doctus sum. Barbarōs ā puerīs (von Kindheit an) labōrī studēre et bellandō assuētōs esse haud īgnōro. Sed regio Sugambrōrum ā sociīs nostrīs proximā hieme iam explōrāta est. Rōmānōs mōre patriō (nach V. Sitte) pūgnātūrōs [C5] (esse) et victōrēs futūrōs esse iūdico. Germānōrum furōrem ā nōbīs frūstrātum īrī spēro.“

Sī́dera (die Gestirne) quī́ spectát, nṓn negat ésse deúm.

20	III. nēve (Fortführung von ut oder nē)	und daß nicht, und damit nicht
21	quārtus, a, um	der vierte
	vigilia, ae	die Nachtwache (E. vigil, F. vigile)
22	līberī, ōrum	(eigentlich die Freien), Kinder
25	nam	denn
	bellicōsus, a, um	kriegerisch
	mōs, mōris, m.	die Sitte
26	labor, ōris, m. (labōrāre 3)	die Anstrengung, Mühsal, Arbeit (E. labour)
	assuētus, a, um (b. Abl.)	gewöhnt an
27	haud	(gar) nicht
	proximus, a, um	der nächste, letzte
	hiems, hiemis, f.	der Winter
	explōrāre	erkunden (E. to explore, F. explorer)
28	patrius, a, um (patria 5)	väterlich, vaterländisch
	pūgnāre	kämpfen
	victor, ōris, m.	der Sieger
29	furor, ōris, m.	die Kampfeslust, das Wüten
	spērāre	hoffen (F. espérer)
30	negāre	leugnen, verneinen (F. nier)

3. Die für das römische Heer bezeichnende Einheit hieß Legion, etwa 4000 bis 6000 Mann stark. Die Legionen wurden – ähnlich wie heute Regimenter oder Brigaden – durchlaufend gezählt von 1 bis 32. Die **legio decima** war die bewährteste Legion Cäsars.
4. **barbarus**, ein von den Römern übernommenes griechisches Wort, bezeichnet lautmalend einen Menschen, der eine unverständliche Sprache redet: bar ... bar ... bar, also den Ausländer. Von den Griechen wurde es auf die Perser, von den Römern auf die Afrikaner (Berber) und Germanen angewandt. Den Sinn „roher Mensch" erhielt es erst später.

F.

1. In welcher Person redet der römische Späher seinen vorgesetzten Feldherrn an? Wie steht es mit der Achtungsanrede im D., E., F.?
2. Cäsar überschritt zweimal auf festen Holzbrücken zwischen Koblenz und Köln den Rhein. Solide Brücken mit Steinpfeilern erbauten die Römer später bei Mainz und Köln. Nach ihrer Zerstörung gab es im Mittelalter und in der Neuzeit keine festen Rheinbrücken mehr bis in die zweite Hälfte des 19. Jahrhunderts. Steinbrücken mit römischen Fundamenten werden bis heute noch benutzt, zum Beispiel Moselbrücken bei Koblenz, Trier und vielfach anderenorts.
3. Cäsar machte dadurch, daß er ganz Gallien eroberte, den Rhein zur Grenze Roms gegen Germanien. Mit dieser Tatsache begründeten Ludwig XIV., Napoleon und Frankreich nach dem Ersten Weltkrieg historische Ansprüche auf die deutsch-französische Grenze. Was weißt du davon, was hältst du davon?
4. Im Märchen vom Kalif Storch (W. Hauff) – dem in einen Storch verwandelten Kalifen – hat der Kalif das Zauberwort vergessen. Auf E. müßte er sagen: „I shall be changed". Aber er muß es – viel kürzer – L. wissen.

Römerbrücke in Trier. Die Pfeiler der alten Moselbrücke sind römisch, bis auf den ersten und sechsten von links, die 1715 erneuert wurden. Sie bestehen aus zwei bis drei Meter langen Basaltblöcken, die mit Eisenklammern aufeinander gefugt sind. Gegen die Strömung sind die Pfeiler zugespitzt, stromab flach. Der römische Oberbau bestand aus Holz, erst im späten Mittelalter sind dafür Steinbogen gesetzt worden. Die Fahrbahn ist in jüngster Zeit verbreitert worden.

IX. Scipio, ein römischer Ehrenmann

A.

I. Inter multās virtūtēs[C1] Rōmānī imprīmīs honestātem praedicāvērunt. Iī[C2a], quī nēsciunt[C4], quae honestās Rōmāna sit, praeclārum audiant exemplum. Italia diūturnō bellō Pūnicō prope exhausta erat; sed cīvitātī Rōmānae tanta cūra Hispāniae prōvinciae quanta Italiae erat. Neque vērō cōnsentiēbant senātōres, postquam duo summī imperātōrēs in Hispāniā necātī sunt, quis eōrum[C2b] locum obtinēret. Cum cīvitās, imprīmīs plēbs Rōmāna, iam dē salūte suā dēsperāret, P. Cornēlius Scīpio adulēscēns imperium ā Quirītibus petīvit (erstrebte, bewarb sich um). Postquam eīs[C2b] aperuit, quō modō bellāre in animō habēret, iī, quī ōrātiōnem eius[C2c] audīverant, bonam spem (Hoffnung) hausērunt.

II. Scīpio imperātor[C6] (zum...) creātus est. Cōpiīs in Hispāniam trānsportātīs[C5] Carthāginem Novam, oppidum cōpiōsum et bene mūnītum, ubī obsidēs nātiōnum

B.

1	I. inter (b. Akk.)	zwischen, *unter*
	virtūs, ūtis, f.	die Tüchtigkeit, Tugend, Leistung (E. virtue)
	honestās, ātis, f.	die Ehrenhaftigkeit
	is, ea, id	dieser, diese, dieses
2	nēscīre, io, īvī, ītus	nicht wissen
	audīre, io, īvī, ītus	hören
	diūturnus, a, um	lang dauernd
3	exhaurīre, io, hausī, haustus	aus-, erschöpfen
	cīvitās, ātis, f.	die Bürgerschaft, Gemeinde, der Staat (E. city)
	cūra, ae	die Sorge, Pflege, Aufmerksamkeit
	tantus, a, um	so groß
4	quantus, a, um	wie groß
	prōvincia, ae	die *Provinz* (E. province, F. province, Provence)
	neque vērō	aber nicht
	cōnsentīre, io, sēnsī, sēnsus	übereinstimmen, gleichen Sinnes sein
	senātor, ōris, m.	der Senator
	postquam (b. Perf.)	nachdem
	duo, ae, o (Gen. duōrum, duārum, Dat. u. Abl. duōbus, duābus, Akk. duōs, duās, duo)	zwei (E. two, F. deux)
5	locus, ī	der Ort, Platz, die Stelle
	obtinēre, eo, uī, tentus	behaupten, einnehmen, innehaben
6	plēbs, plēbis, f.	das einfache Volk, die Masse, Plebs
	dēspērāre dē	verzweifeln an (E. to despair)
	salūs, ūtis, f. (salūtāre 6)	das Heil, die Wohlfahrt, Rettung, der Gruß
	adulēscēns, entis, m.	Jüngling, junger Mann
7	aperīre, io, uī, apertus	eröffnen, aufdecken, darlegen
8	modus, ī	die Art, Weise
	quō modō,	auf welche Weise, wie
	ōrātio, ōnis, f. (ōrāre 3)	die Rede, Ansprache
9	haurīre, io, hausī, haustus	schöpfen, (aus)-trinken
10	II. creāre, o, āvī, ātus	erschaffen, wählen
	trānsportāre, o, āvī, ātus (portāre 7)	hinüberschaffen
11	cōpiōsus, a, um	reich an Vorrat, wohlhabend
	mūnīre, io, īvī, ītus	befestigen
	obses, obsidis, m. und f.	die Geisel

C.

1. Zur konsonantischen Deklination gehören auch viele – meist weibliche – Substantive, deren Stamm mit Verschlußlaut (b, p, d, t, g, c) ausgeht und die im Nominativ die Endung s haben.

Verschlußlaut Dental:	Labial	Guttural
virtūs, virtū**t**is	plēbs, plē**b**is	lēx (aus legs), lē**g**is
obses, obsi**d**is	ops, o**p**is	pāx (aus pac-s), pā**c**is

2. Das Pronomen is, ea, id ist im L.
   a) Demonstrativpronomen, D. dieser (derjenige); is dominus, ea regīna, id aedificium
   b) Personalpronomen der 3. Person (vgl. K. 5 C 2), D. er, sie es: eī, eīs obtempero; eum, eam, eōs, eās visito; cum eō, eā, eīs disputo.
   c) Mit dem Genitiv eius, eōrum, eārum ersetzt es das Possessivpronomen der 3. Person nichtreflexiv, D. sein, ihr (desselben, derselben): anulum eius (!) video; mōrēs eōrum (eārum) laudāmus.
3. **Īdem, eadem, idem,** gebildet aus is und angehängtem **-dem,** heißt derselbe. Beachte den Wechsel des **m** zu **n** vor **d (eundem, eōrundem)! Semper īdem clāmat; semper eadem gaudet; eōdem modō atque** (wie) **vōs studēmus.**
4. Die i-Konjugation – Stammauslaut i – hat die bekannten Personenzeichen; auch die Moduszeichen sind die gleichen wie in der e-Konjugation. Das Tempuszeichen des Imperfekts lautet **ēbā**, das des Futurs in der 1. Person a, in den übrigen ē.

		Aktiv		Passiv	
		Indikativ	Konjunktiv	Indikativ	Konjunktiv
Präsens	1. Pers. Sing.	mūni-o	mūni-am	mūni-or	mūni-ar
	3. Pers. Plur.	mūni-unt		mūni-untur	
Imperfekt		mūni-ēba-m	mūnīre-m	mūni-ēba-r	mūnīre-r
Fut. I.	1. Pers. Sing.	mūni-am		mūni-ar	
	2. Pers. Sing.	mūni-ēs		mūni-ēris	
Imperativ		mūnī, mūnīte			
Gerundium		mūniendī			

Den Perfektstamm bilden viele Verben mit v (mūnīvī) oder u (aperuī), andere mit s (hausī), einige durch Dehnung des Stamms (venio, vēnī). Zur Formenbildung im Perfektstamm Aktiv und Passiv vgl. K. 8 C. 3.

5. Ablativ mit Partizip (ablativus absolutus)

Cōpiīs in Hispāniam trānsportātīs   Scīpio bellāvit.

Oppidō expūgnātō   Scīpio mīlitēs laudāvit.

Adverbiale Ablative mit zugefügtem P.P.P. geben in kurzer Form eine Umstandsbestimmung (der Zeit, des Grundes usw.) an. Diese knappe Ausdrucksweise ist im L. sehr beliebt. Versuche zunächst wörtlich zu verstehen: wann? – nach herübergeschafften Truppen; weshalb? – bei, wegen eroberter Stadt. Folgende Möglichkeiten besserer Übersetzung:

a) Als die Truppen befördert waren, ... da die Stadt erobert war, ...	Konjunktionaler Nebensatz, in dem der Ablativ Subjekt, das Partizip Prädikat wird.
b) Nach Hinüberschaffen der Truppen .. Wegen Eroberung der Stadt ...	Präposition mit Substantiv, das sich aus dem Partizip ergibt, und Genitivattribut.
c) Die Truppen waren hinübergeschafft worden (und dann) ... die Stadt war erobert worden (und deshalb) ...	Hauptsatz, in dem der Ablativ des Substantivs Subjekt und das Partizip Prädikat wird.

Hispānārum ā Carthāginiēnsibus cūstōdiēbantur, oppūgnāvit et expūgnāvit. Eō oppidō expūgnātō Scīpio prīmō mīlitum virtūtem laudāvit. Tum obsidibus vocātīs hanc (folgende) habuit ōrātiōnem: „Nunc in populī Rōmānī potestāte estis[E2], quī beneficiīs et lēgibus et pietāte neque dūrō servitiō animōs hominum sibī conciliat et ope deōrum pācem cōnfīrmat." In obsidum numerō virgo praeclārā fōrmā (von, mit) erat. Imperātor, quī eam virginem Allūciō, prīncipī Celtiberōrum, spōnsam esse audīverat, Allūcium vocāvit. Benīgnā ōrātiōne eum ita appellāvit: „Spōnsae tuae faveo, cum eam tibī cūrae esse audīverim. Sciās eam apud nōs eādem[C3] verēcundiā (Achtung) cūstōdītam esse atque (wie) apud parentēs. Eā condiciōne (unter der Bedingung) statim eī lībertātem praebēre parātus sum, sī tū amīcus[C6] (als) populī Rōmānī inveniēris." Allūcius dexteram eius tenēns (haltend) eam condiciōnem sānxit.

III. Intereā parentēs virginis in castra vēnerant et māgnum aurī pondus (Gewicht, Masse) apportāverant, ut obsidem aurō recuperārent. Cum fīlia eīs grātīs praebērētur,

12	cūstōdīre, io, īvī, ītus	bewachen, behüten, beachten
	oppūgnāre, o, āvī, ātus	bestürmen, angreifen
	expūgnāre	erstürmen, erobern
13	mīles, itis, m. (commīlito 8)	der Soldat
14	potestās, ātis, f. (posse 6)	die Macht, Gewalt
	beneficium, iī	die Wohltat, Gefälligkeit, der Dienst
15	lēx, lēgis, f.	das Gesetz (E. law)
	pietās, ātis, f.	das Pflichtgefühl, die Frömmigkeit, Gewissenhaftigkeit (E. piety, F. piété)
	servitium, iī	die Knechtschaft, Dienstleistung
	conciliāre, o, āvī, ātus	gewinnen, geneigt machen
	ops, opis, f.	die Kraft, Hilfe
16	pāx, pācis, f.	der Friede, die Ruhe (E. peace, F. paix)
	(cōn)fīrmāre, o, āvī, ātus	(be)festigen, stärken, (ver)sichern, bestätigen
	virgo, inis, f.	das junge Mädchen
	fōrma, ae	die Form, Gestalt, Schönheit
17	prīnceps, cipis m.	der Fürst, Erste, *Prinz*
18	appellāre, o, āvī, ātus	anreden, (be)nennen
19	scīre, io, scīvī, scītus	wissen, erfahren
	apud (b. Akk.)	bei, an
	īdem, eadem, idem (atque, ac)	derselbe, dieselbe, dasselbe (wie)
20	parentēs, um, m.	die Eltern (E., F. parents)
	condicio, ōnis, f.	die Bedingung, Lage, Zustand (E., F. condition)
21	lībertās, ātis, f. (līber 8)	die Freiheit (E. liberty, F. liberté)
	invenīre, io, vēnī, ventus	(auf etwas kommen), entdecken, finden, befinden
22	sancīre, io, sānxī, sānctus	heiligen, besiegeln, bestätigen
23	III. intereā	inzwischen
	venīre, io, vēnī, ventus	kommen
	aurum, ī	das Gold
24	recuperāre, o, āvī, ātus	wiedererlangen
	grātia, ae (grātus 6)	die Gunst, der Dank, die Anmut
	grātiīs = grātīs	um den bloßen Dank, umsonst

Die treffende Präposition bzw. Konjunktion (zu Fall b und c) ergibt sich aus dem Sinnbezug zwischen dem Ablativ mit Partizip und dem Hauptsatz. Schließlich kann der Ablativ mit Partizip auch aktivisch übersetzt werden: Scipio hat die Truppen hinübergeschafft, ... hat die Stadt erobert.
Der Ablativ mit Partizip wird auch ablativus absolutus genannt, weil er als Umstandsbestimmung losgelöst vom übrigen Satz erscheint.

6. Prädikativum

Populus Scīpiōnem bonum virum putat.	... hält Sc. für einen tüchtigen Mann.
Populus Scīpiōnem imperātōrem creāvit.	... wählte Sc. zum Oberbefehlshaber.
Sc. ā populō imperātor creātus est	... Sc. wurde zum Oberbef. gewählt.

Das Prädikativum ist ein Nomen, das – auf Subjekt oder Objekt bezogen – den Verben des „Wählens zu" oder „Haltens für" einen genaueren Sinn gibt.
(D.: für, zu, als) Vgl. E.: People elected Sc. commander; Sc. was elected commander. F.: Le peuple élit Sc. duc; Sc. était élu duc.

Scīpio imperātor in Hispāniā bellāvit.	... Sc. führte als Oberb. Krieg.
Sc. virginem salvam līberāvit.	... Sc. ließ das Mädchen als unversehrte (unversehrt) frei.
Sc. prīmus Romānus Hispāniam expūgnāvit.	... Sc. eroberte als erster R.

Substantive, die einen Beruf, und Adj., die einen körperlichen oder seelischen Zustand oder eine Reihenfolge angeben, treten als Prädikative zu den Prädikatsverben.

D.

1. Dekliniere: virtus praeclara, bon__ lex, miles Roman__.
Ergänze die Endungen: pro civitat__ nostr__, incolae civitat__ Roman__, propter bon- leg__ (!), virtuti praeclar__, copia bon__ leg__, multis prec__
2. Dekliniere: is miles, ea virgo, id benificium
Übersetze und ergänze: Quintus fatigatus est: ei cibum apporto, (ihn) visito, (mit ihm) disputo. Cornelia virgo pulchra est: (sie) appello, (ihr) anulum dono, (mit ihr) domum migrabo. Amici mihi adsunt: (ihnen) faveo, (sie) visito, (mit ihnen) in fluvio navigabo. Cornelia et Octavia in domicilio sedent: serva (ihnen) cenam apportat; cena (sie) recreat; serva (mit ihnen) disputat.
Unterscheide das reflexive und nichtreflexive Pronomen: Quintus librum suum apportavit; Titus ex libro eius recitat. Hodie Iulia anulum suum gestat; antea parentes anulum eius occultaverant. Scipio parentes virginis pulchrae ad se vocavit; parentes filiam suam recuperare desiderabant; Scipio filiae eorum libertatem praebuit.
3. Setze ein: Marcus (dieselben Freunde) habet atque ego. Theopropides (in derselben Straße) habitabat ac Simo. Ex clivo Vaticano Marcus non (dieselben Bauwerke) spectavit atque ex Esquilino. (Mit denselben Männern) disputabo atque tu.
4. Führe durch alle Zeiten des Aktivs und Passivs: custodio, aperit, audimus, munitis, exhauriunt. Bilde die Infinitive von: invenire, haurire. Unterscheide: sciunt, sciverunt, scivisse, sanci, sanxi, sanciri, sancitur, sanciatur, sancietur.
Ersetze durch eine Form von nescire: ignorat, ignorabamus, cum ignoret;
munire: confirmantur, confirmabitur, confirmate, confirmando.
5. Übersetze die Ablative mit Partizip auf verschiedene Weise: Aedificiis deletis / incolae fugam paraverunt. Pace nuntiata / viri feminaeque gaudent. Materia comportata / legionarii castra munient. Clamore adversariorum audito / milites ad pugnandum advolant. Multis orationibus habitis / senatores legem sanxerunt. Militibus pugnando exhaustis / imperator de victoria desperavit.
6. a) Unterscheide Prädikatsnomen und Prädikativum:

Allucius amicus meus est.	Allucius bonus amicus invenitur.
Id aurum donum nostrum est.	Id aurum vobis donum praebetur.

Scīpiōnem ōrāvērunt, ut id habēret dōnum (als) virginis recuperātae. Sed Scīpio, cum (Aber als Scipio . . .) precēs et grātiās eōrum audīvisset, aurum ab eīs apportātum ante Allūcium collocāvit et: „Super dōtem (die Mitgift)“, inquit, „quae tibī ā parentibus spōnsae tuae dabitur, ea dona ā mē praebeantur.“

Concordia domī, forīs (draußen) pāx. Scio mē nihil (nichts) scīre.

25	dōnum, ī (dōnāre 1)	das Geschenk	domī	zu Hause, in der Heimat	29
26	prex, precis, meist Plural precēs, um f.	die Bitte, das Gebet			

Römischer Legionärshelm mit Stirn-, Ohren- und Nackenschutz. Die durch ein Scharnier befestigten Wangenlappen wurden unter dem Kinn von einem Lederriemen zusammengehalten.

b) Weitere Verben mit Prädikativum:
Caesar militem, qui Germanos observaverat, bonum exploratorem putavit. Is miles a Caesare bonus explorator iudicatur. Pompeius et Caesar se bonos imperatores praebuerunt.

E.

1. Ein Wort einer fremden Sprache entspricht selten genau einem Wort des D. L. Wörter haben oft einen mehrdeutigen Wert („inhaltliche Valenz"). Gratia z. B. umfaßt die Bedeutungen: a) die Gunst, Beliebtheit (die man genießt), E. grace, F. grace, b) die Anmut, Schönheit (die man besitzt), D. Grazien, graziös, c) der Dank, den man erweist, (I. grazie = danke!), davon der Ablativ d) gratiis = gratis um den bloßen Dank, umsonst. Setze die treffende Bedeutung von gratia ein: Sponsa Allucii virgo praeclarā gratiā (von) erat (9 A 2). Scipio honestate et pietate gratiam Hispanorum sibi conciliavit. Filia parentibus gratīs praebetur. Scipio gratiam parentum beatorum audivit.
2. Manche Verben haben die Fähigkeit, verschiedene Satzglieder an sich zu ziehen und damit die Bedeutung abzuwandeln („syntaktische Valenz"), z. B. esse: a) sein (Hilfsverb mit Prädikatsnomen) – b) existieren – c) sich befinden – d) es gibt – e) haben, gehören, besitzen (mit Dativ der Person) – f) gereichen zu (mit Dativ der Person und der Sache): curae esse zur Sorge gereichen, am Herzen liegen (vgl. K 5 E 1). Übersetze entsprechend: Quintus laetus est. (1 A 3). Non nego esse deum (8 A 2). In potestate populi Romani estis (9 A 2). Romanis opulentis multi servi erant (5 A 1). In patria nostra multa oppida sunt. Sponsa tibi curae est (9 A 2).
3. Wortbildung: Der Stamm eines Substantivs (Lexem), mit der Wortbildungssilbe (Morphem) -osus zu einem Adjektiv erweitert, bezeichnet „voll von", „reich an": copiosus, animosus. Was bedeutet: dolosus, periculosus, studiosus, formosus, laboriosus? Auch die Wortbildung durch Morpheme ist ein Teil der Morphologie.
4. Erkläre aus den Vokabeln der Kapitel 7 bis 9 folgende Wörter des D.: (7) Album, ignorieren, Kongregation, Levante, Oper, Ornament, Porto, Provokation. (8) Kommilitone, Laudatio, Liberia, Materie, Material, Materialist, Moral, Negation, Observatorium, Prohibition, Solarium, Spektakel, zensieren. (9) Appell, Desperado, genius loci, Inventar, Konfirmation, Konsensus, kreativ, Kur, legal, Militär(ismus), Mode, Munition, pro forma, Quantum, Transport.

F.

1. Für die Römer stellten Begriffe wie virtus, honestas, pietas nicht nur hohe sittliche Werte dar, sondern sie wurden sogar personifiziert und als Gottheiten verehrt. Wie, meinst du, denkt unsere Zeit darüber?
2. Die Pyrenäenhalbinsel wurde damals (um 210 v. Chr.), als Scipio um ihre Eroberung gegen die Karthager kämpfte, von Keltiberern, einer Mischung von Kelten und Iberern, bewohnt. Als die Römer das Land gewonnen hatten und romanisierten, teilten sie es zunächst in zwei, später in drei Provinzen: Lusitania, Tarragonensis (um Tarragona) und Baetica (am Fluß Baetis = Guadalquivir). Diese Einteilung zeigt bis heute im politischen und kulturellen Bereich ihre Nachwirkung. Inwiefern? Erkläre den Namen iberische Halbinsel! Deren größter Teil heißt nach dem L. Hispania heute España (spr. nja). Den Wahlspruch Spaniens verstehst du: España, una, grande (groß), libera. Was bezeichnen wir mit Iberoamerika oder Lateinamerika?
3. Verben der i-Konjugation kennt auch das I.: aprire, munire, consentire, custodire, udire (L. au > I. u), ebenso das F.: ouvrir, munir etc.

X. Piraterie im Mittelmeer

A.

I. C. Iulius Caesar adulescens in claram illam[C1] insulam Rhodum navigare decrevit[C2], ut studio litterarum Graecarum operam daret. Huc dum hieme navigat, prope Pharmacussam insulam a praedonibus comprehensus est mansitque apud hos[C1] summa cum indignatione quadraginta (XXXX) dies (Tage) cum medico suo et nonnullis ministris. Nam ceteros statim comparandae[C3] pecuniae causa, qua redimeretur (mit dem er ... sollte), dimiserat. Caesar[C5], dum in illorum potestate remanebat, impavidus inter iocum illos minis illudebat: ,,Multis Romanis iam insidias paravistis et vitam horum hominum in periculum adduxistis. Nunc ego a vobis retineor et in periculum adducor. Sed cum me dimiseritis, statim navigia ad latebras vestras inquirendas deducam et vos puniam''. Numeratis deinde quinquaginta (L) talentis Caesar a praedonibus dimissus est. Statim navigia in ora illa deduxit et illos inquisivit. De praedonibus comprehensis supplicium sumpsit, quod saepe inter iocum illis praedixerat.

B.

1	I. ille, illa, illud	jener, jene, jenes (dort)
	īnsula, ae	die Insel (E. isle, F. île)
	dēcernere, o, crēvī, crētus	sich entscheiden, beschließen
2	littera, ae	der Buchstabe
	litterae, ārum	der Brief, die Wissenschaft
	hūc	hierhin, hierzu
3	praedo, ōnis, m.	der Seeräuber
	(com)prehendere, o, hendī, hēnsus	ergreifen, zusammenfassen, begreifen (F. comprendre)
	manēre, eo, mānsī, mānsus	bleiben, ausharren
	hic, haec, hoc	dieser, diese, dieses (hier)
4	indīgnātio, ōnis, f.	der Unmut, die Entrüstung
	quadrāgintā	vierzig
	medicus, ī	der Arzt
5	pecūnia, ae	das Geld
	redimere, o, ēmī, emptus	er-, loskaufen
6	mittere, o, mīsī, missus	schicken, senden
	dīmittere, o, mīsī, missus	fortschicken, ent-, erlassen
	dum (b. Tempus des Hauptsatzes)	solange (als)
	remanēre, eo, mānsī, mānsus	zurückbleiben, verbleiben
	impavidus, a, um	furchtlos, unerschrocken
	iocus, ī	der Scherz (F. jeu)
7	minae, ārum	die Drohungen
	illūdere, o, lūsī, lūsus (lūdus 1)	verspotten
8	dūcere, o, dūxī, ductus	führen
	addūcere, o, dūxī, ductus	hinführen, hinbringen, verleiten
9	dēdūcere, o, dūxī, ductus	herabführen, zu Wasser lassen
	latebra, ae	der Schlupfwinkel, das Versteck
	inquīrere, o, quīsīvī, quīsītus	aufsuchen, untersuchen
10	pūnīre, io, īvī, ītus	bestrafen (E. punish, F. punir)
	deinde	danach, darauf
	numerāre (numerus 1)	zählen, auszahlen
	quīnquāgintā	fünfzig
	talentum, ī	die große Geldsumme
12	supplicium, iī	das Niederknien, die Todesstrafe, das Gebet
	sūmere, o, sūmpsī, sūmptus	nehmen, vornehmen, vollziehen
	praedīcere, o dīxī, dictus	voraussagen

C.

1. Demonstrativpronomina:
hic, haec, hoc: dieser, der hier – bezeichnet den Näherstehenden, ille, illa, illud: jener, der dort – bezeichnet den Entfernteren. Die meisten Formen kommen im Text vor: gesamte Tabelle im Anhang.

2. Außer der a-, e-, i-Konjugation gibt es die konsonantische, deren Verben im Stamm auf einen Konsonanten ausgehen, zum Beispiel mitt-, Infinitiv mitt-e-re. Personen-, Tempus- und Moduszeichen im Präsensstamm entsprechen denen der i-Konjugation. Nur im Infinitiv und Indikativ Präsens tritt vor die konsonantischen Endungen ein Aussprechvokal, gewöhnlich **i**, vor r: **e**, vor n: **u**.

Aktiv		Indikativ	Konjunktiv	**Passiv**	Indikativ	Konjunktiv
Präs.	1. Pers. Sg.	mitt-o	mitt-a-m		mitt-or	mitt-a-r
	2. Pers. Sg.	mitt-i-s			mitt-e-ris	
	3. Pers. Pl.	mitt-u-nt			mitt-u-ntur	
Imperfekt		mitt-ēbam	mittere-m		mitt-ēbar	mittere-r
1. Fut.	1. Pers.	mitt-am			mitt-ar	
1. Fut.	2. Pers.	mitt-ēs			mitt-ēris	
Imperativ	mitt-e	mitt-i-te				
Infinitiv	Präs.	mitt-e-re		(Kurzform!)	mitt-ī	

Beim Perfektstamm überwiegt neben der Bildung mit v und u die mit s (illūdo, illūsī; dīco, dīxī); auch Ablaut (red**i**mo, red**ē**mī), Dehnung (lego, lēgī) und unveränderter Präsensstamm, sogenanntes Stammperfekt, kommen vor (comprehend-o, comprehend-ī).

3. Zwei Arten der nd-Form: Gerundium – Gerundivum.
laudāre, loben, das Loben — laudandus, a, um, einer der zu loben ist,
laudandī, des Lobens — ein zu Lobender
Die mit nd- gebildete Verbalform (s. K. 6 C 6) kann auch als verbales Adjektiv auf us, a, um im Singular und Plural gebraucht werden, in diesem Fall Gerundivum genannt. Die Form hat einen futurisch und passivisch gefärbten Sinn. Eine Übersetzung ist im D. zwar bildbar (s. oben), meist aber sind bessere Wendungen angebracht: virtūs laudanda: eine lobenswerte Tugend; cōnsilium pecūniae comparandae: der Plan, Geld zu beschaffen; ad triumphum agendum: zum Veranstalten eines Triumphzuges; in ōrātiōne audiendā: **beim** Anhören der Rede; ad latebrās inquīrendās: zum Aufsuchen der Verstecke.

4. Das Gerundivum kommt auch als Prädikatsnomen bei esse vor:
deliberandum est = es ist zu überlegen, es muß überlegt werden.
pecūnia tibī comparanda est = das Geld ist von dir zu beschaffen,
das Geld muß von dir beschafft werden;
hoc mihī nōn praetermittendum est = dies darf von mir nicht übergangen werden.
In der Verbindung mit esse drückt das Gerundivum ein Sollen, Müssen oder – verneint – ein Nichtdürfen aus. Die Person, von der etwas zu tun ist (die etwas zu tun hat), steht im Dativ (des Urhebers).

5. Satzstellung
Caesar, dum in praedōnum potestāte remanēbat, illōs illūdēbat.
Scīpio, postquam cōpiās in Hispāniam trānsportāvit, Carthāginem Novam oppūgnāvit.
Das gemeinsame Subjekt von Haupt- und Nebensatz tritt im L. gewöhnlich an die Spitze des Satzes. Welche zwei Möglichkeiten der Stellung hast du bei der Übersetzung ins D.?

II. Nonnullis annis post (Jahre später) Cicero de piratarum periculo ad Quirites hanc habuit orationem: „Qui locus per hos annos tam firmum habuit praesidium, ut tutus esset ab illis? Qui mercator his annis navigavit, qui non se summo periculo committeret? (der nicht, daß er nicht: konsekutiver Nebensinn) Multi incolae iam insulas has deseruerunt vel deserunt, sociorum oppida a praedonibus illis occupata sunt. Pro (ach!), bone Iuppiter! Sed nunc Cn. Pompeii praeclara auctoritas tantam victoriam civitati nostrae praebuit, ut nulla intra Oceani ostium praedonum navigia esse audiamus. Multis virtutibus imperator noster laudandus[C4] est. Imprimis quanta celeritate illud bellum gestum sit, mihi in dicendo[C3] non praetermittendum est[C4].

III. Hic noster imperator mense Februario navigia in Siciliam misit, deinde Africae oras exploravit, in Sardiniam copias duxit atque has opulentas provincias multis praesidiis munivit. Missis etiam in Graeciam navigiis imperator ipse (selbst) etiam longinquae illius Asiae oras a praedonibus liberavit et ad hoc imperium nostrum adiunxit. Cuncti illi praedones partim comprehensi necatique sunt, partim huius imperatoris potestati se dediderunt (ergaben sich). Ita tu, Gnaei Pompei, bellum illud dispersum (ausgedehnt), quo (durch den) multae nationes premebantur, proxima hieme commisisti, hac aestate finivisti; mox ad triumphum agendum huc venies.

Suae quisque (jeder) fortunae faber est. Vera gloria radices agit (treibt).

13	II. pīrāta, ae (G.), m.	der Seeräuber *Pirat*
14	tam (b. Adjektiv)	so
	fīrmus, a, um (fīrmāre 9)	fest, stark
	praesidium, iī	der Stützpunkt, Schutz, die Besatzung
	tūtus, a, um	sicher, geschützt
15	mercātor, ōris, m.	der Kaufmann
	committere, o, mīsī, missus	anvertrauen, ausliefern, begehen, beginnen
17	dēserere, o, seruī, sertus	im Stich lassen, verlassen
18	auctōritās, ātis, f.	das Ansehen (E. authority, F. autorité)
	victōria, ae (victor 8)	der Sieg (E. victory, F. victoire)
19	nūllus, a, um Gen. nūllīus, Dat. nūllī	keiner
	intrā (b. Akk.)	innerhalb
	ōstium, iī	die Mündung, der Eingang
21	celeritās, ātis, f.	die Schnelligkeit
	gerere, o, gessī, gestus (gestāre 7)	führen, ausführen, verwalten
	dīcere, o, dīxī, dictus	sagen, reden (F. dire)
	praetermittere, o, mīsī, missus	vorübergehen lassen, übergehen
22	III. mēnsis, is, m.	der Monat
24	longinquus, a, um	weit, entfernt
25	adiungere, o, iūnxī, iūnctus	anfügen an, verbinden mit
26	partim ... partim	teils ... teils
28	premere, o, pressī, pressus	(be)drücken, bedrängen, *pressen*
29	aestās, ātis, f.	der Sommer
	fīnīre, io, fīnīvī, fīnītus	beenden
	triumphus, ī	der *Triumphzug*
	agere, o, ēgī, āctus	(vor)treiben, (ver-)handeln, abhalten (vgl. 28 E 4)
30	glōria, ae	der Ruhm (E. glory, F. gloire)
	rādīx, īcis, f.	die Wurzel

D.

1. Dekliniere: hic miles, haec condicio, hoc praesidium;
   ille homo, illa aestas, illud exemplum.

   Ergänze: virtus (dieses) hominis; celeritas (jener) puerorum; (jene) monumenta spectate! (diese) condiciones mihi placent; cura (jenes) medici; cum (jenen) viris consentimus; (durch diesen) pace libertas confirmata est; (jene) causas haud ignoramus; copia (dieser) hominum congregata est; (diesem) amico adsumus, (jenen) adversariis non adsumus; (aus diesen) latebris praedones in (jenen) silvam properaverunt; (diesen) hominem laudo, (jenen) consilium non probamus.

2. a) Ordne die Verben nach der Bildung des Perfektstamms: decernere, deserere, ducere, sumere, agere, comprehendere.
   Führe durch alle Zeiten im Aktiv und Passiv: dimitto, decernit, deserimus, premunt.
   Bestimme: ducit, ducat, ducunt, duxerunt, duxisse; dimittatur, dimittetur, dimitteretur; sume, sumi, sumpsi, sumpsisse, sumptus esse.
   Ersetze durch
   premere: vexamur, vexabitur, cum vexarentur, vexati sunt, vexari;
   decernere: destinant, destinabam, cum destinavisset, destinemus;
   bellum gerere: bellat, bellate, bellavistis, bellavissent.

2. b) Verwandle ins Passiv: Praedones Caesarem comprehendunt. Caesar nonnullos ministros dimisit. Ministri pecuniam comparabunt. Praedones insidias parabant et multos homines in periculum adducebant. Caesar: „Navigia comparabo, latebras praedonum inquiram, praedones puniam." Caesar militibus: „Supplicium de praedonibus sumatis!" Caesar (optavit), ut milites supplicium de praedonibus sumerent.

Jugendlicher Cäsar, im Alter von 20–25 Jahren.

Römisches Segelschiff in voller Fahrt. Die Darstellung auf einem Steinsarkophag läßt auch technische Einzelheiten erkennen. Der Mast, der die Rahen und Segel trägt, wird durch Taue nach vorn und hinten gehalten. Vorder- und Hintersteven sind kunstvoll ausgebildet und erhöht. Unten sind die Wellen des Meeres angedeutet.

3. a) Übersetze die Gerundiva auf verschiedene Weise: Principis salutandi causa servus ad portam fuit. Imperator oppido expugnando operam dabit. Allucius ad condicionem sanciendam paratus erat. In civitate liberanda (bei) socii militibus Romanis adsunt.
   b) Setze die gerundivischen Verbindungen in den Plural!
4. Übersetze und beachte den Dativ des Urhebers: Haec oratio tibi audienda est. Multa Caesari agenda erant. Honestas Scipionis nobis laudanda est. Leges cunctis hominibus observandae sunt. Carthago nobis delenda est.
5. Beachte die Stellung des Subjekts: Civitas Romana, cum de salute sua desperaret, Scipionem imperatorem creavit. Pompeius, postquam oras Asiae liberavit, longinquas illas regiones ad imperium Romanum adiunxit.

E.

1. talentum: Eine ursprünglich griechische Bezeichnung für eine größere Gewichts- oder Geldeinheit. In Rom hatte das Talent den Wert von 100 römischen Pfund (= 32700 g oder 33 Kilo) Gold. Du kannst ermessen, wieviel Cäsar als Geisel den Piraten wert war (1 kg Feingold kostet heute 14.000 DM). Die Bedeutung von „Talent" als geistige Befähigung ist erst später aufgekommen, gilt aber auch im E., F. (talent) und I. (talento).
2. triumphum agere: Der Triumphzug in Rom, d. h. der Marsch des vom Feldzug heimkehrenden Feldherrn mit seinen Soldaten und der Kriegsbeute über das Forum zum Kapitol, war der Lohn für den Sieger.
3. Quirites: Anrede römischer Bürger im politischen Leben, wahrscheinlich abzuleiten vom Namen des Gottes Mars – Quirinus.
4. Demonstrativ- und Interrogativpronomen als Subjekt mit einem Substantiv als Prädikatsnomen: Hic est medicus meus. Haec sunt quinquaginta talenta. Hae sunt virtutes Scipionis. Illi sunt viri animosi. Audiatis, quae honestas Romana sit! Welche Form des Pronomens gebrauchst du im D.? Wird im D. oder L. das Prinzip der Übereinstimmung (Kongruenz) genauer beachtet?

F.

1. In dem Lesetext, dessen Ereignisse zehn Jahre auseinanderliegen – Cäsars Reise im Jahr 76, Pompejus' Feldzug im Jahre 66 v. Chr. –, treten uns die zwei bedeutendsten Männer der ausgehenden römischen Republik entgegen: Cäsar, damals 24 Jahre alt, am Anfang seiner Laufbahn, Pompejus, 40 Jahre alt, auf ihrem Höhepunkt.
2. intra ostium Oceani bedeutet von der Küste Vorderasiens bis zum Ausgang des Mittelmeeres in den Ozean. Dieser hieß Oceanus Atlanticus, weil er am nordwestlichen Gebirgszug Nordafrikas – nach dem Riesen Atlas genannt – seinen Anfang nimmt.
3. Seit den ältesten Zeiten bildete das Mittelmeer mit seinem guten Klima und fruchtbaren Randgebieten einen Mittelpunkt politischer und wirtschaftlicher Machtinteressen (Phönizier, Griechen, Karthager). Rom schuf aus dem Ganzen ein römisches Meer (mare nostrum). Im Mittelalter stritten Araber, Venezianer, Türken und andere um seine Beherrschung wie in der Gegenwart England, die USA und UdSSR. Seine Teilmeere mit ihren vielen Inseln und Buchten verlockten zur Piraterie, mochte es dabei um Geiselnahme oder Handelsgüter gehen.
4. Aus dem Pronomen ille ist in den romanischen Sprachen der Artikel entstanden: F. le (ille) roi, la (illa) France; I. il (ille) padre, la (illa) Traviata: Sp. el (ille) dorado, la (illa) doña (spr. nj).

XI. Ein römischer Kriminalfall

A.

I. C. Plinius Acilio suo salutem! Scelus [C1] nefarium eques Romanus nomine [C1] Larcius Macedo a servis suis passus est (er erlitt, erlebte). Hic vir, superbus alioqui (sonst) dominus et saevus, qui servivisse patrem suum parum (wenig) recordaretur [C3, 6] paulo ante hoc scelus praeturā functus erat [C3]. Larcius lavabatur [C2] in villa Formiana. Subito eum servi nefarii circumsistunt; alius caput et os pulsat, alius pectus et ventrem premit, alius ossa frangit. Et eum, cum exanimatum putarent, removerunt in fervefactum (glühend heiß) pavimentum, ut experirentur, an (ob) viveret.

II. Ille, sive quia non sentiebat, sive quia se [C4] non sentire simulabat, immobilis ima-

B.

1	I. scelus, eris, n. (scelerātus 5)	das Verbrechen, der Frevel	
	nefārius, a, um	ruchlos, frevelhaft	
	eques, itis, m.	der Reiter, Ritter	
	nōmen, inis, n.	der *Name*, das *Nomen*, (E. name, F. nom)	
2	superbus, a, um	stolz, hochfahrend (E. superb, F. superbe)	
3	saevus, a, um	wild, wütend, grausam	
	servīre, io, īvī, ītus (servus 1)	Sklave sein, dienen (E. to serve, F. servir)	
	pater, tris, m.	der Vater (E. father, F. père)	
	recordārī, or, ātus sum	sich erinnern an	
	paulus, a, um	gering, wenig	
	paulō ante	wenig, kurz vor(her)	
4	praetūra, ae	Amt des *Prätors*, des obersten Gerichtsbeamten, die Prätur	
	fungī, or, fūnctus sum (b. Abl.)	sich abgeben mit, verwalten	
	dēfungī, or, fūnctus sum (b. Abl.)	zu Ende erledigen, sterben	
	dēfūnctus, a, um	gestorben (E. defunct, F. défunt)	
	lavāre, o, lāvī, lautus	waschen (F. laver)	
	lavārī, or, lautus sum	sich waschen, baden	
	circumsistere, o, stitī	sich herumstellen, umstellen	5
	caput, capitis, n.	das Haupt, Oberhaupt, die Hauptstadt, der Hauptteil (E. chief, F. chef)	
	ōs, ōris, n.	der Mund, das Gesicht, die Mündung	
	pectus, oris, n.	die Brust	
	venter, tris, m.	der Bauch, Leib (F. ventre)	
	os, ossis, n.	der Knochen	6
	frangere, o, frēgī, frāctus	zerbrechen, zerschmettern	
	exanimātus, a, um	des Atems beraubt, halbtot	
	pavīmentum, ī	der Fußboden, Estrich (E., F. pavement)	7
	experīrī, ior, pertus sum	sich an etwas versuchen, erproben, erfahren	
	vīvere, o, vīxī, vīctus (vīta 4)	leben (F. vivre)	
	II. sīve . . . sīve	sei es (daß) . . . sei es (daß), entweder . . . oder	8
	quia	weil (F. que)	
	sentīre, io, sēnsī, sēnsus	fühlen, merken, meinen (F. sentir)	
	simulāre	zum Schein vorgeben, heucheln (E. to simulate, F. simuler)	

C.

1. Substantive der konsonantischen Deklination mit der Bildungssilbe-men (nōmen, nōminis), r-Stämme auf us mit dem Genetiv **o**ris oder **e**ris (corpus, corporis; scelus, sceleris), dazu wenige andere Wörter wie ōs, ōris; os, ossis; caput, capitis sind Neutra. Der Nominativ und Akkusativ im Singular sind wie bei allen Neutra gleich, der Nominativ und Akkusativ im Plural haben die Endung a (vgl. K. 3 C 1).
2. Verben können neben der aktiven Bedeutung (handelnd) und der passiven (leidend) noch eine dritte, in der Mitte stehende, haben: das Medium.
   Aktiv: Fēmina puerum lavat. Passiv: Puer ā fēminā lavātur. Medium: Puer lavātur.
   D.: Das Kind wäscht sich, das Kind badet.
3. Das L. kennt viele solcher medialen Verben, Deponentien genannt. Sie verbinden mit den passiven Formen eine reflexivische oder aktivische Bedeutung und haben drei Infinitive mit aktiver Bedeutung:
   recordārī; recordātus, a, um esse; recordātūrus, a, um esse
   verērī; veritus, a, um esse; veritūrus a, um esse
   experīrī, expertus, a, um esse, experturus, a, um esse etc.
   Beachte die Imperative: recordāre, recordāminī; experīre, experīminī; fungere, fungiminī etc.
4. Das Personalpronomen der 3. Person im a.c.i.
   Servī Lạrcium pressērunt; servī eum exanimātum esse putāvērunt (D. daß **er**).
   Lārcius sē exanimātum esse simulāvit (D. daß **er**).
   Bezieht sich im a.c.i. das Pronomen der 3. Person auf das Subjekt des Satzes, so steht im L. das Reflexivum. Im D. werden bei der Übersetzung mit „daß" zwei Sätze gebildet.
5. Der Ablativ des Mittels (instrumenti) und per

Servus dolō callidō dominum frūstrāvit.	Legiōnārius per silvam ad imperātōrem properāvit.
Larcius vōcibus fēminārum excitātus est.	Titus per multōs annōs amīcus noster est.
Imperātor nūntiō nōn terrētur.	Dētrīmentum tibī per nūntium explicābitur.
Ablativ bei Mittel und Ursache, D.: durch	per bei Raum, Zeit und vermittelnder Person, D: durch.

6. Lārcius superbus dominus erat, quī parum (wenig) dē patris servitiō recordārētur.
   Relativsätze, die eine Begründung (kausalen Nebensinn) enthalten, stehen im Konjunktiv. Sinn: superbus erat, cum parum dē servitiō patris recordārētur.

D.

1. Dekliniere: nomen clarum, corpus liberum.
   Ergänze: Multi homines de (die ruchlosen Verbrechen) disputaverunt. (Eure Namen) ignoramus. Incolae (durch harte Kälte) vexati sunt. (Deinen Körper) exerce, Quinte! (Eure Körper) exercete, pueri! (Wegen der Kälte) in aedificio maneamus! Imperatores Romani (mit vielen Namen) ornati sunt. Numerus (der ruchlosen Verbrechen) magnus est. Forma (deines Kopfes und Gesichts) pulchra est.
2. Übersetze lavari mit baden: Quintus lavabatur; pueri lavabuntur; pater interrogat, num filius lavetur. In fluvio lavarer, si liceret. Hodie non lauti sumus.
3. a) Bestimme und übersetze: experiuntur, experiebantur, experti sunt, experiantur, experientur, ut experirentur, experirer, experire. Fungimur, fungamur, functi eramus, fungeris, fungēris, fungaris, fungimini (!), functurus esse.

ginem defuncti praebuit. Tum demum quasi calore [C5] solutus deportatur. Inveniunt eum servi fidi; feminae cum clamore concurrunt. Ita et vocibus [C5] excitatus et loci frigore recreatus allevatis oculis agitatoque corpore vivere se confitetur. Dilabuntur servi, qui criminis arguuntur. Magna pars (Teil) iam comprehensa est, ceteri requiruntur. Comprehensi verbis expressis facinus confessi sunt. Larcius aegre (nur mit Mühe)

	mōbilis, e	beweglich
	immōbilis, e	unbeweglich (E. immovable, F. immobile)
	imāgo, inis, f.	das Bild, Abbild (E., F. image)
9	dēmum	erst, schließlich
	quasi	gleichsam, gewissermaßen
	calor, ōris, m.	die Wärme, Hitze (F. chaleur)
	solvere, o, solvī, solūtus	ein-, auflösen, schwächen
	dēportāre (portāre 7)	wegtragen, fortschaffen (F. déporter)
10	concurrere, o, currī, cursus	zusammenlaufen (F. concourir)
	vōx, vōcis, f.	die Stimme (E. voice, F. voix)
	excitāre	aufwecken, anspornen, steigern (E. to excite, F. exciter)
	frigus, oris, n.	die Kälte
11	agitāre (agere 10)	antreiben, bewegen, schütteln (E. to agitate, F. agiter)
	corpus, oris, n.	der Körper, Leib (E. corpse (!) F. corps)
	fatērī, eor, fassus sum cōnfitērī, eor, fessus sum	sich bekennen zu, eingestehen (E. to confess, F. confesser)
	lābī, or, lāpsus sum	gleiten, fallen
	dīlābī, or, lāpsus sum	auseinandergleiten, sich fortmachen, entweichen
12	crīmen, inis, n.	die Beschuldigung, das Verbrechen (E., F. crime)
	arguere, o, arguī (accūsātus)	beschuldigen, bezichtigen
	requīrere, o, quīsīvī, quīsītus	suchen, nachforschen, fragen
13	facinus, oris, n.	die Tat
	expressus, a, um	ausdrücklich, hervorgehoben, besonders (E. express, F. exprès)

Heizanlagen (Hypokausten) des römischen Soldatenbades in Baden-Baden. Unter dem heutigen Hotel „Römerbad" sind noch die Heizanlagen einer römischen Therme erhalten. Die Hypokausten sind die antike Zentralheizung, die sich seit Beginn der Kaiserzeit einbürgerte.

3. b) Ersetze timere durch vereri: Hunc adversarium timeo; periculum non timuimus; quis hunc hominem timebit?
   decedere durch defungi: Larcius decedit; decessit; cum Larcius decessisset.
   reportare durch fateri: Servi facinus non reportant; facinus reporta, serve! facinus reportate, servi! Denique servi facinus reportaverunt.
4. Setze das Pronomen der dritten Person ein: Larcius ab hominibus nefariis pressus est; ceteri servi (daß er) in pavimento fervefacto inventum esse nuntiaverunt; Larcius recreatus (daß er) ab hominibus nefariis pressum esse confessus est. Praedones, qui Caesarem comprehenderant, (ihm) auscultaverunt; postea Caesar (daß ihm) hanc condicionem non placuisse explicavit. Scipio Allucium advocavit et (daß seine Braut) pulchram esse dixit; Allucius (daß seine Braut) pulchram esse confirmavit.
5. Ergänze das D. „durch":
   Explorator (durch Felder und Wälder) in castra properavit. Caesar (durch den Späher) de insidiis Germanorum docetur. Romani (durch eine List) adversariorum frustrati sunt.

E.

1. balneum: Der Baderaum gehörte zunächst nur zur Wohnung der wohlhabenden Römer. Seit der Kaiserzeit konnten alle Volksschichten in den großen öffentlichen Badehäusern (Thermen) an der Wohltat des Badens teilhaben. Der Aufenthalt in den Thermen wurde Teil des mondänen Lebens in Rom.
2. Larcius eques: Larcius gehörte dem Stand der Ritter – ordo equester – an, die eine Mittelstellung zwischen den vornehmen Senatoren – ordo senatorius – und der Plebs einnahmen. Mit der Zeit wurde die Zahl der Ritter durch Neuaufnahme wirtschaftlich erfolgreicher Bürger vermehrt. Auch freigelassene Sklaven konnten seit der Kaiserzeit, besonders bei Regierungswechsel, in den Ritterstand erhoben werden. Der geschilderte Kriminalfall hat sich nach der Datierung des Briefes ungefähr im Jahre 100 n. Chr. zugetragen.
3. servus, serva, servire, servitium, servitus (Knechtschaft).
   Wörter bestehen in den meisten Sprachen aus Wurzeln (Lexemen), die durch Anhängen und Vorsetzen von Bildungssilben und Endungen (Morphemen) neue Wörter mit verwandter Bedeutung bilden. Solche im Kern (G. etymon, daher etymologisch) zueinander gehörige Wörter nennt man Wortsippe. Du kannst Wörter leichter behalten, wenn du ihre Zugehörigkeit zur Sippe kennst. Unterscheide im D. zwei Fremdwörter aus dieser Sippe: Servíce (F.) – Sérvice (E.).
4. Mehrdeutigkeit (syntaktische Valenz) der Verben praebere und putare.
   praebere mit Akkusativ und Dativ: geben, gewähren, bieten – mit Akkusativ und Prädikativum: zeigen, erweisen.
   Amici tibi bonum hospitium praebebunt (6 A 3); filia parentibus grātīs praebetur (9 A 3). Caesar se bonum imperatorem praebuit (9 D 6). Larcius imaginem defuncti praebet (11 A 1).
   putare mit Akkusativ oder a.c.i.: glauben, meinen – mit Akkusativ und Prädikativum: halten für.
   Quid putas? Barbaros territos esse puto (8 A 1). Servi nefarii Larcium exanimatum putant; Larcius a servis nefariis exanimatus putatur (11 A 1).

in vitam revocatus paulo post – non sine ultionis (der Vergeltung, der Sühne) solacio – decessit. Vides, quot periculis, quot contumeliis simus obnoxii. Vale!

Deum vereri initium sapientiae. Nomen est omen.
Römisches Gebet: Te Juppiter Capitoline, te Juno teque Quirine precor et oro.
As (der As, Kupfermünze) est librae pondus. Moderare linguam (die Sprache)!

14	paulō post	kurz danach
	revocāre (vocāre 3)	zurückrufen
	sine (b. Abl.)	ohne
	sōlācium, iī	der Trost
15	dēcēdere, o, cessī, cessus	fortgehen, sterben (E. to decease, F. décéder)
	quot	wie viele
	contumēlia, ae	die Mißhandlung, Beschimpfung
	obnoxius, a, um	unterworfen, abhängig von (E. obnoxious)
	valēre, eo, uī	stark sein, gesund bleiben
16	verērī, eor, veritus sum	sich scheuen vor, verehren, fürchten
	initium, iī	der Anfang, Beginn
	sapientia, ae	die Weisheit
	ōmen, inis, n.	das Vorzeichen, die Vorbedeutung
17	precārī, or, ātus sum (precēs 9)	anrufen, bitten (E. to pray, F. prier)
18	lībra, ae	die Waage, das Pfund
	pondus, eris, n.	das Gewicht, das Pfund (E. pound)
	moderārī, or, ātus sum	mäßigen, lenken

XII. Belagerung einer Stadt im Altertum

A.

I. Romani terrā marīque [C1] multa bella gesserunt, regiones fertiles vi [C1] et armis occupaverunt, per maria navigaverunt, oppida celebria [C2] obsederunt et expugnaverunt. Difficilis oppidi Gallorum obsidio a C. Iulio Caesare hoc modo describitur. Caesar ipse [C3] ad oppidum Avaricum, quod erat maximum in Biturigum fertili regione, profectus est. Eo oppido expugnato civitatem Biturigum se in potestatem redacturum esse

B.

1	I. mare, is, n.	das Meer (F. mer)
	terrā marīque	zu Wasser und zu Lande
	fertilis, e	fruchtbar (F. fertile)
	vīs, vim, vī Plural vīrēs, virium, f.	die Kraft, Gewalt
	arma, ōrum, n.	die Waffen (E. arms, F. arme)
2	celeber, bris, bre (celebrāre 1)	gefeiert, berühmt (E. celebrious, F. célèbre)
	obsidēre, eo, sēdī, sessus	belagern
3	obsidio, ōnis, f.	die Belagerung
	difficilis, e	schwer (zu tun), schwierig (E. difficult, F. difficile)
	(dē) scrībere, o, scrīpsī, scrīptus	(be)schreiben (E. to describe, F. déscrire)
4	ipse, a, um	selbst, persönlich, gerade
	proficīscī, or, fectus sum	sich aufmachen, abreisen, marschieren
5	redigere, o, ēgī, āctus	zurückbringen, bringen in

F.

1. Die Römer kannten seit dem 1. Jahrhundert n. Chr. die Erfindung der Zentralheizung, hypocaustum genannt. Im Kellergeschoß wurde mit Holz oder Holzkohle ein Feuer unterhalten, dessen Wärme man regulieren konnte. Die erhitzte Luft strich unter dem Fußboden der Bade- und Wohnräume hindurch (Fußbodenheizung) und stieg durch Schächte aus Hohlziegeln an den Wänden hoch (Wandheizung). Der moderne Wohnungsbau hat das Prinzip der Boden- bzw. Deckenheizung wieder aufgegriffen.
2. Sklaven, d. h. völlig rechtlose, im Besitz eines anderen stehende Menschen – oft Kriegsgefangene und ihre Nachkommen – sind bezeichnend für die Antike. Der Sklave wurde wie Ware auf dem Markt verkauft, sein Preis richtete sich nach Angebot und Nachfrage. Im christlichen Mittelalter wurde die Sklaverei gemildert; aber mit der Entdeckung Amerikas kam der Negerhandel wieder auf und wurde bis ins Ende des vorigen Jahrhunderts betrieben. Heute ist die Sklaverei völkerrechtlich verboten; doch denke an den Zustand der Menschen in Zwangsarbeitslagern! Karl Marx bezeichnete die antike Wirtschaftsform als Sklavenhaltergesellschaft: den lohnabhängigen Industriearbeiter der Neuzeit nannte er Arbeitssklaven. Was hältst du davon?
3. Die konsonantische Konjugation des L. besteht im I. mit vielen Verben auf -ere, zum Beispiel commettere, comprendere, premere etc., im F. mit den Verben auf -re: commettre, comprendre etc. Die Deponentien des L. sind in den romanischen Sprachen zu aktiven Verben geworden. L.: precari.: I.: pregare, prego = bitte! F.: prier, L.: confiteri, I.: confessare, F.: confesser.

C.

1. Zur i-Deklination gehören wenige weibliche Wörter auf -is (zum Beispiel turris) und Neutra auf -e und -al (wie mare, vectīgal).
   Endungen der Feminina Sing.: **is is ī im ī** Plur.: **ēs ium ibus ēs (īs) ibus**
   Neutra Sing.: **e is ī e ī** Plur.: **ia ium ibus ia ibus**
2. Viele Adjektive gehen nach der i-Deklination, nur daß die Endung im Akkusativ Singular Maskulin und Feminin -em lautet. Für die drei Geschlechter haben sie im Nominativ Singular entweder drei Endungen (celeber, celebris, celebre) oder zwei (fertilis, fertile) oder eine (prūdēns).
3. Das Pronomen ipse, ipsa, ipsum mit dem Genitiv ipsīus und dem Dativ ipsī bildet die übrigen Fälle wie ein Adjektiv der o-a-Deklination.
4. Auch einige Pronominaladjektive (ūnus, tōtus, alter, ūllus, neuter [keiner von beiden], nūllus, uterque) haben die gleiche Bildungsweise wie ipse.
5. Manche Verben bilden den Perfektstamm durch Verdoppelung (Reduplikation) der ersten Silbe:
   dare, do, **dedī** – dēdere, dēdo, **dē**didī – currere, curro, **cu**currī.
   Bei den Komposita (zusammengesetzten Verben) fällt die Verdoppelung oft weg: prōcurrere, prōcurro, prōcurrī
6. Parentēs ante Scīpiōnem māgnum pondus aurī collocāvērunt. Caesar constituit, quid vectīgāl**ium** oppidānī penderent.
   Nach Mengenbegriffen steht im L. der Genitiv (partitivus), im D. eine Präposition (an, von) oder Nebenstellung im gleichen Kasus. Vgl. E.: A lot of gold, what of taxes. F.: Une masse d'or, combien d'impôts.
7. In den Wörterbüchern (Lexika) werden Nomina im Nominativ Sing., Verben im Infinitiv oder 1. Person Sing. Präsens angegeben. Wo mußt Du suchen: tempora, turrium, agri, leges, celeritatem, redegerunt, confessi sunt, cucurri, dicentes, dando?

confidebat (er vertraute). Castris ad latus oppidi apertum positis aggerem (einen Damm) apparare, vineas agere, turres constituere coepit (er begann). Initio oppidani, ubi unam turrim procul constitui viderunt, ex moenibus illuserunt atque clamaverunt, quod tanta machinatio a tanto spatio (in so großem Abstand) constitueretur. Quibus (mit welchen) viribus Romani tam gravem turrim moenibus se admovere posse putarent?

II. Cum iam duae turres moenibus appropinquavissent, singulari militum Romanorum fortitudini consilia prudentia Gallorum occurrebant. Aggerem cuniculis (cuniculus, i Stollen, Tunnel) subtrahebant; totius [C4] autem oppidi moenia tabulis muniverant. Tum milites Romanos in opere occupatos oppugnabant moenibusque appropinquare prohibebant. Sed milites Romani, cum (obwohl) toto tempore imbribus (durch Regenfälle) et frigore tardarentur, tamen continenti labore omnia haec superaverunt et brevi tempore ingentem aggerem exstruxerunt. Cum is moenia adversariorum

6	latus, eris, n.	die Seite, Flanke
	apertus, a, um (aperīre 9)	offen, frei, offenbar (F. ouvert)
	pōnere, o, posuī, positus	hinsetzen, niederlegen, aufstellen (E. to pose, F. poser)
	apparāre, o, āvī ātus (parāre 1)	vor-, zubereiten, anlegen
	vīnea, ae	das Sturmdach, der Kampfwagen
	turris, is, ium f.	der Turm (E. tower, F. tour)
	cōnstituere, o, stituī, stitūtus	aufstellen, festsetzen, beschließen (E. to constitute, F. constituer)
8	ubī (prīmum), meist b. Perf.	sobald als
	ūnus, a, um, Gen. ūnīus, Dat. ūnī	einer, der einzige (E. one F. un)
	procul (ab)	in (aus) der Ferne, fern von
	vidēre, eo, vīdī, vīsus	sehen (E. to view, F. voir)
	moene, is, n., gewöhnlich moenia, ium	die Stadtmauern
9	māchinātio, ōnis f.	die mechanische Vorrichtung, Maschine
10	gravis, e	schwer, drückend, wuchtig
	admovēre, eo, mōvī, mōtus	heranbringen an
12	II. singulāris, e	einzeln, einzigartig (E. singular, F. singulier)
13	fortitūdo, inis f.	die Tapferkeit
	prūdēns, entis	klug (E., F. prudent)
	currere, o, cucurrī, cursus	laufen, eilen (F. courir)
	occurrere, o, occurrī, occursus	entgegeneilen, entgegenwirken
14	subtrahere, o, trāxī, tractus	unten wegziehen, untergraben (E. to subtract, F. soustraire)
	tōtus, a, um, Gen. tōtīus, Dat. tōtī	ganz (F. tout)
	autem (nachgestellt)	aber
	tabula, ae	das Brett, die Tafel (E. table)
15	opus, eris, n.	das Werk, Bauen, Belagerungswerk
16	tempus, oris, n.	die Zeit (E. tense (!), F. temps)
17	tardāre	zögern, verzögern
	tamen	dennoch
	continēns, entis	zusammenhängend, ununterbrochen
18	omnis, e	jeder, ganz, alle
	brevis, e	kurz
	ingēns, entis	gewaltig, groß
	exstruere, o, strūxī, structus	erbauen, errichten

D.

1. Dekliniere: turris alta, magnum vectigal.

2. a) Füge die Endung an das Adjektiv: princeps celeb-, regina celeb-, oppidum celeb-, gladius brev-, via brev-, tempus brev-, singular- puella, omn- imperium, numerus ingen-, insula ingen-, corpus ingen-,.
Setze die Verbindungen in den Akkusativ und Ablativ Singular, in den Nominativ und Genitiv Plural.

2. b) Ergänze: (Vom hohen Turm) multa navigia observamus. Numerus (berühmter Türme) magnus est. (Jenseits des tiefen Meeres) terra pulchra est. In mari (gewaltige Lebewesen) sunt. Romani multas terras (mit Waffengewalt = Gewalt und Waffen) expugnaverunt. Multi homines (wegen des Durstes) de salute desperaverunt. Magna virtus (der tapferen Soldaten) praedicata est. Maria (gewaltig groß) sunt. Oppidum (mit hohen Mauern) munitum est.

3. Übersetze: Consilium singulare imperatoris ipsius; consilia prudentia imperatorum ipsorum. Legionarius imperatori ipsi causam clamoris reportavit. Magnum animum feminae ipsius praedicamus. Rustici ipsi in foro merces (Waren) mutabant. Ego ipse vectigali gravi premor.

4. Pronominaladjektive: Unterscheide und übersetze: Viri feminaeque totius civitatis consulem imploraverunt. Unius hominis magnis viribus detrimentum prohibitum est. Uni equitis celebris filiae multi favent.
Sine ullo timore adversarios oppugnavimus. Neque tuam neque ullius hominis pecuniam desidero. Alter amicus cum altero disputat; alterius consilium mihi placet, cum altero non consentio. Uterque amicus mihi fidus est; utrique amico obtempero. Nulli homini magna vectigalia iucunda sunt. Vectigal et animal sunt nomina neque masculini neque feminini generis (genus, eris = das Geschlecht), sed neutrius.

5. Setze ins Perfekt: Bono amico donum do; amici fidi mihi dona dant. Incolae oppidum victoribus dedunt. Vectigalia pendimus; vectigal penditur. Praedones nefarii in silvam currunt; servi fidi eis occurrunt.

6. Ergänze die Mengenbegriffe: Caesar (eine große Menge Soldaten) in Galliam duxit. Tibi (genug Geld) est. (Eine große Anzahl treuer Sklaven) Larcium exanimatum in atrium portavit. Nemo (von uns [vgl. K. 5 D 2]) hanc regionem visitavit.

7. Satzbauplan von K. 12, AIII Z. 23-26 (Einrückmethode)

```
Iam Galli hoc apparabant
|               cum matres ... procurrerunt et viros oraverunt,
|               |              ne feminas et liberos ... dederent,
↓               ↓              ↓              quia fuga prohiberentur.
H. S.           N. S. 1.       N. S. 2.       N. S. 3.
```

E.

1. Begründe, weshalb im Abschnitt II des Lesetextes 12 A häufig das Imperfekt gebraucht wird. Beachte Zeile 20: erumpebant = sie versuchten auszubrechen. (vgl. K. 4 C 7)!

2. Wortbildung: Adjektive sind vom Stamm (Lexem) der Substantive abzuleiten.
Wortbildungssilbe (Morphem) __ius: pater, patrius; senator, ___; rex, regis ___.
__anus: oppidum, oppidanus; urbs__, Roma__.
__inus: vicus, vicinus; Alpes, __.
Wie lautet das Morphem bei corporeus, legionarius?
Die sogenannte Morphologie macht viele Wörter – auch ohne Lexikon – verständlich.

fortium paene attingeret, Galli paulo ante tertiam vigiliam duabus portis ab (auf) utroque[C4] latere turrium erumpebant. Diu aequo Marte (unentschieden) dimicatum est. Denique Galli siti inopiaque confecti (erschöpft) ex altero oppidi latere profugere (davonfliehen) constituerunt.

III. Iamque hoc primā luna apparabant, cum matres familiae cum infantibus repente procurrerunt et omnibus precibus viros suos oraverunt, ne adversariis feminas et communes liberos ad supplicium dederent[C5], qui naturae et virium infirmitate a fuga prohiberentur (vgl. K. 11 C 6). Postridie Caesar militibus intra vineas in occulto expeditis signum pugnae ipsius[C3] dedit. Illi subito procurrerunt et moenia ascenderunt. Caesar oppidanis superatis obsides imperavit et, quid vectigalium[C6] populo Romano penderent (bezahlen sollten), constituit.

Prónaque (gebeugt) cúm (während) spectént animália cétera térram,
ós hominí sublíme (nach oben gerichtet) dedít deus...
(Ovid, Metam. I 84)
Cōnsilia celeria nōn semper sunt tūta.

19	fortis, e	tapfer, stark (F. fort)
	paene (Adv.)	beinahe, fast
	attingere, o, tigī, tāctus	berühren, erreichen (E. to attain, F. atteindre)
	tertius, a, um	der dritte
20	uterque, utraque, utrumque, Gen. utrīusque, Dat. utrīque	jeder (von zweien), beide
	ērumpere, o, rūpī, ruptus	ausbrechen, einen Ausbruch machen
	dīmicāre	hitzig kämpfen
21	sitis, is, f.	der Durst (F. soif)
	inopia, ae	der Mangel, die Notlage
23	III. lūna, ae	der Mond
	māter, tris, f. (mātrimōnium 7)	die Mutter (E. mother, F. mère)
	īnfāns, antis	das Kleinkind (F. enfant)
	repente (Adv.)	plötzlich
24	prōcurrere, o, currī, cursus	voreilen, vorstürmen
	omnis, e	jeder, ganz, all
25	commūnis, e	gemeinsam, allgemein (E. common, F. commun)

dare, dō, dedī, datus	geben, preisgeben	
dēdere, o, dēdidī, dēditus	übergeben, ausliefern	
nātūra, ae	die *Natur* (E., F. nature)	
īnfīrmitās, ātis, f. (fīrmus 10)	die Schwäche	
postrīdiē	am folgenden Tag	26
occultus, a, um	versteckt, verborgen	
expedīre	fertig-, bereitmachen, ermöglichen (E. to expedite, F. expédier)	27
sīgnum, ī	das Zeichen, *Signal* (E. sign, F. signe)	
ascendere, o, scendī, scēnsus	be-, ersteigen (E. to ascend)	
imperāre	befehlen (zu liefern), anordnen	28
vectīgal, ālis, n.	die Abgabe, Steuer	
pendere, o, pependī, pēnsus	abwiegen, (be)zahlen	29
animal, ālis, n.	Lebewesen, Geschöpf (E., F. animal)	30
celer, is, e	rasch, schnell	

3. Erkläre aus den Vokabeln der Kapitel 10 bis 12 folgende Wörter des D.: (10) Akt, Akte, Aktion, aktiv, Apparat, Autorität, Dekret, Deserteur, firm, Inquisition, Mission, Mine (nicht Miene!), Null, Presse, Rettich, Radieschen, Talent, (11) Kalorie, Kapuze, Konfession, Konkurrent, Krimi(nal), Rekord, requirieren, revozieren, sentimental, sensibel, servieren, Simulant, Valuta, Experiment, Exzeß, Expreß, Funktion, Fraktur, Fraktion, Image. (12) Armee, gravierend, Kommunist, Kommission, Kontinent, Marine, neutral, Omnibus, Opus, Orient, Pensum, Pension, Position, redigieren, Redakteur, Singular, subtrahieren, cum (sine) tempore, total.

4. Avaricum am Fluß Avara war Hauptstadt der Bituriger in Mittelfrankreich. Der Name der Stadt ist später durch den des Stammes ersetzt worden: Bituriges > Bourges.

F.

1. Die geschilderte Belagerung spielte sich im Laufe der Feldzüge ab, die Cäsar in den Jahren 58 bis 51 v. Chr. in Gallien unternahm. Diese endeten mit der Eroberung des Landes und leiteten die Romanisierung der keltischen Bevölkerung ein.

2. Weshalb haben viele französische Stadtnamen am Ende ein s? Wie das Beispiel Avaricum = Bituriges = Bourges zeigt, wurden Stadtnamen durch den des Stammes im Plural ersetzt (im Akkusativ oder Ablativ): Ambianis > Amiens, Arelates > Arles, Calatis > Calais, Carnutes > Chartres, Nannetes > Nantes, Nemausios > Nîmes, Parisiis > Paris, Suessiones > Soissons, Treveris > Trèves (D. Trier).

3. Tertia vigilia: Die Römer teilten die Nacht von 18 Uhr abends bis 6 Uhr morgens aus militärischen Gründen in vier Wachen ein, die auch im zivilen Leben als Zeitangaben genügten. Den Tag unterschied man genauer nach Stunden, horae, die je ein Zwölftel (altes babylonisches Duodezimalsystem) des Tages ausmachten. Zum Zeitmessen diente die Sonnenuhr oder Sanduhr (vgl. unsere Eieruhr) oder Wasseruhr. Die durch die Jahreszeit bedingte verschiedene Tageslänge wurde durch Skalen an der Sonnenuhr ausgeglichen. Aus hora wurde D. Uhr, F. heure, I. ora. Räderuhren wurden erst Ende des Mittelalters, Pendel- und Federuhren zu Beginn der Neuzeit erfunden. Damals bildeten die Humanisten die Wörter hora minūta (minuere = verkleinern) = die verkleinerte Stunde = Minute, und hora secundum (zum zweitenmal) minūta = Sekunde.

4. Die Eroberung einer durch Natur und mit Mauern befestigten Stadt machte bis zur Erfindung des Schießpulvers besondere Schwierigkeiten. Die praktischen Römer benutzten dazu vor allem zwei Mittel der Kriegstechnik: Belagerungstürme und Sturmwagen. Belagerungstürme wurden auf einem aufgeschütteten Damm an die feindliche Mauer herangeschoben. Das ermöglichte den Angreifern, von oben auf die Stadtmauer zu steigen und so einzudringen (vgl. damit die Einnahme einer Stellung durch Fallschirmtruppen). Sturmwagen (vinea = Laube oder testudo = Schildkröte – weshalb? – genannt), in denen sich nach oben und seitlich geschützte Gruppen von Soldaten befanden, ermöglichten gedecktes Herangehen an die Mauern (ähnlich modernen Panzerwagen).

Das Forum von Pompeji mit dem rauchenden Vesuv im Hintergrund.

XIII. Der Ausbruch des Vesuvs und der Tod des Plinius

A.

I. C. Plinius Tacito suo salutem!

Petis, ut tibi avunculi mei mortem scribam. Avunculus erat Miseni (in M.) classemque navium[C2] longarum imperio regebat. Ante nonum kalendas Septembres (24. August) horā septimā mater mea ei nuntiat apparēre nubem ingenti magnitudine.

B.

2	I. petere, o, petīvī, petītus (ab)	erstreben, erbitten von, aufsuchen
	avunculus, ī	der Onkel (E. uncle, F. oncle)
	mors, mortis f.	der Tod (F. mort)
	classis, is, ium f.	die Abteilung, Flotte, *Klasse* (E. class, F. classe)
3	nāvis, is, ium f. (nāvigium 5)	das Schiff (E. navy!)
	nāvis longa	das Kriegsschiff
	regere, o, rēxī, rēctus (regīna 7)	lenken, leiten (F. régir)
	nōnus, a, um	der neunte
4	septimus, a, um	der siebente
	appārēre, eo, uī	sich zeigen, erscheinen (E. to appear, F. apparaître)
	nūbēs, is, ium f.	die Wolke
	māgnitūdo, inis f. (māgnus 1)	die Größe, Macht (E. magnitude)

C.

1. Adjektive lassen sich von der Grundstufe (Positiv) zur Höher- oder Vergleichsstufe (Komparativ) und Höchststufe (Superlativ) steigern.
   Im Komparativ tritt **-ior, -ius** an den Stamm: long-ior, long-ius; crēbr-ior, crēbr-ius; vehement-ior, vehement-ius.
   Im Superlativ folgt **-issimus:** long-issimus, vehement-issimus. Bei Adjektiven auf -er tritt an den Nominativ **-rimus**: pulcher-rimus, crēber-rimus.
   Beachte: similis, simillimus; difficilis, difficillimus. Der L. Superlativ bezeichnet den eigentlichen Superlativ (der längste) und den Elativ (sehr lang).
   Die Deklination des Komparativs entspricht den konsonantischen Substantiven:

Nom.	longior	wie	imperātor	longius	wie	corpus
Gen.	longiōris	wie	imperatōris	longiōris	wie	corporis etc.

2. Eine Gruppe Substantiva, scheinbar der konsonantischen Deklination angehörend, haben im Genetiv Plural in Anlehnung an die i-Deklination die Endung **-ium.** Wir lernen die Wörter einfach mit den drei Formen: (Nom. Sing.) nūbēs, (Gen. Sing.) nūbis, (Gen. Plur.) nūbium; mons, montis, montium.
   Die Gruppe wird gemischte Deklination genannt.

3. Verben haben im L. gewöhnlich drei Partizipien (Mittelwörter), zwei im Aktiv, eins im Passiv (wieviele hat das D., E., F.?). Das P.P.P. ist seit K. 4 C 6 bekannt (parātus). Von derselben Stammform wird das Partizip Futur des Aktivs mit -ūrus abgeleitet (parātūrus, von esse: futūrus). Das Partizip Präsens des Aktivs besteht aus dem Präsensstamm und der Bildungssilbe -(e)ns, -(e)ntis: trepidā**-ns,** trepida-ntis; imminē**-ns**, immine-ntis; audi-**ēns,** audi-entis, quiesc-**ēns** quiesc-entis. Das Partizip Präsens wird nach der gemischten Deklination dekliniert.
   Auch die Deponentien haben drei Partizipien, die alle aktive oder mediale Bedeutung haben:

auxiliāns, antis	auxiliātus, a, um	auxiliātūrus, a, um
helfend	einer, der geholfen hat	einer, der helfen wird
nītēns, entis	nīxus, a, um	nīxūrus, a, um
sich stützend	einer, der sich gestützt hat	im Begriff, sich zu stützen

4. Partizipien werden im L. oft als Attribute oder Prädikative mit einem Nomen verbunden, das meist im Nominativ oder Akkusativ, seltener im Genitiv oder Dativ steht (vgl. K. 8 C 7). Dieses verbundene Partizip (participium coniunctum) ist bezeichnend für die Knappheit und Präzision des L. Gewöhnlich ist eine wörtliche Übersetzung möglich (vgl. K. 8 C 7), besser ist die in einen D. Nebensatz. Im Einzelfall kann das Partizip mehr attributiv oder mehr prädikativ aufgefaßt werden. Die im 2. Fall erforderliche Konjunktion bzw. Präposition richtet sich nach dem Sinnzusammenhang.

   Plinius cubāns aquam petīvit.

attributive Übersetzung	prädikative Übersetzung
Der liegende P. bat um Wasser	P. bat, während (als) er lag, um Wasser.
P., der lag, bat um Wasser.	Im Liegen bat P. um Wasser.
	P. lag da und bat um Wasser.

5. Rectīna Plinium ōrāvit, ut (er = Plinius) sē (sie) ex perīculō līberāret.
   Ähnlich wie im a.c.i. (s. K. 11 C 4) setzt der L. im konjunktivischen Nebensatz, um die gedankliche Verbindung zum übergeordneten Satz auszudrücken, für das Pronomen der 3. Person das Reflexivum, wenn dieses sich auf das Subjekt des Hauptsatzes bezieht (innerliche Abhängigkeit). Der D. kennt diesen indirekten Bezug nicht.

Nubes – ut postea (später) cognitum est – ex monte Vesuvio oriebatur. Haec nubes longissimo[C1] velut (gleichsam) trunco allevata[C4] in altum ramis diffundebatur (verbreitete sich), alba interdum, interdum nigra.

Propius eam cognoscendam esse avunculo ut (wie, als) eruditissimo viro visum est. Iubet Liburnicam navem apparari, excedebat aedificio; accipit (er erhält) epistulam Rectinae, Tasci coniugis, imminente[C3, 4] periculo territae[C4], quae orabat, ut se[C5] (sie) ex tanto periculo liberaret. Vertit ille consilium et deducit naves quadriremes (mit vier Ruderbänken).

Ascendit ipse non Rectinae modo, sed multis auxiliaturus[C4], rectaque gubernacula (die Steuerruder) in periculum tenet, ut omnes illius cladis formas observaret. Iam navibus cinis (cinis, -eris Asche) incidebat, quo propius appropinquarent, eo calidior[C1] et densior. Cunctatus[C4] paulum, an (ob) retrorsum renavigaret, mox gubernatori: „Fortes“, inquit, „fortuna adiuvat. Pomponianum pete!“

II. Ad eum tum avunculus meus secundissimo vento navigavit. Complectitur trepidantem. Ut timorem eius sua securitate leniret, cubat, cenat laetus vel simillimus[C1]

5	ut (b. Indik.)	wie
	cōgnōscere, o, nōvī, nitus	kennenlernen, erkennen (F. connaître)
	mōns, montis, ium m.	der Berg (E. mountain, F. mont)
	orīrī, ior, ortus sum	entstehen, sich erheben
6	truncus, ī	der Stamm (E. trunk, F. tronc)
	rāmus, ī	der Zweig
7	interdum	manchmal, mitunter
	niger, gra, grum	schwarz, düster (F. noir)
8	propius (Adv.)	näher
	ērudītus, a, um	gebildet
	vidērī, eor, vīsus sum	scheinen, gut scheinen
9	iubēre, eo, iussī, iussus (mit a.c.i.)	veranlassen, heißen, befehlen
	excēdere, o, cessī, cessus (b. Abl.)	herausgehen aus (E. to exceed)
	epistula, ae	der Brief
10	coniūnx, coniugis f.	die Ehefrau
11	vertere, o, vertī, versus	wenden, verändern
13	nōn modo ... sed	nicht nur ... sondern
	auxiliārī, or, ātus sum	helfen
	rēctus, a, um	*richtig*, gerade (E. right)
14	clādēs, is, ium f.	die Vernichtung, Niederlage, das Unglück
15	incidere, o, cidī	hinein-, darauffallen
	quō ... eō	je ... desto
	calidus, a, um (calor 11)	heiß (I. caldo (!), F. chaud)
16	dēnsus, a, um	dicht (F. dense)
	cūnctārī, or, ātus sum	zögern
	retrōrsum	rückwärts, umgekehrt
	gubernātor, ōris m.	der Steuermann (E. governor, F. gouverneur)
17	adiuvāre, o, iūvī, iūtus (b. Akk.)	unterstützen helfen (F. aider)
18	II. secundus, a, um	günstig
	ventus, ī	der Wind (E. wind, F. vent)
	complectī, or, plexus sum	umfassen, umarmen
19	sēcūritās, ātis, f.	die Sicherheit (E. security, F. sécurité)
	lēnīre	besänftigen, beruhigen
	cubāre, o, cubuī, cubitus	ruhen, zum Essen lagern
	cēnāre (cēna 7)	speisen
	similis, e	ähnlich

6. Zweifelsfälle beim participium coniunctum.
Virī in ōrā vagantēs nāvēs ascendērunt.
Partizip vagantes auf viri bezogen (umherstreifende Männer) oder auf naves (umherfahrende Schiffe)?
Merke: Das Partizip schließt den partizipialen Block meist ab, sogenannte Sperrstellung; also gehört vagantes zu?

D.

1. Steigere: beatus, pulcher, prudens, similis.
2. Dekliniere: nubes densa, urbs celebris, classis ingens.
Setze diese Beispiele in den Komparativ und Superlativ, dekliniere sie im Komparativ.
3. Bilde die Partizipien von parare, delere, munire, mittere; precari, vereri, experiri, defungi.
4. Übersetze die Partizipialkonstruktionen auf verschiedene Weise: Obsides liberati in patriam remigraverunt. Milites pugnaturi arma expediunt. Plinius Rectinam nube ingenti territam adiuvare constituit. Servi Plinium super linteum cubantem aqua recreaverunt. Plinius multis hominibus auxiliaturus navem ascendit. Plinius paulum cunctatus gubernatorem ad navigandum excitavit. Praedones crimina confessi ad supplicium ducti sunt. Caesar in Galliam profectus Avaricum obsidere constituit.
5. Direkter und indirekter Bezug des Reflexivpronomens:
Plinius imperavit, ut servus sibi aquam apportaret; servus ei aquam apportavit. Plinius aquā se recreavit.
Ergänze: Multi incolae oraverunt, ut dei (sie) ex periculo liberarent. Rectina Plinium interrogavit, num is (ihr) auxiliari posset. Plinius (ihr) auxiliatus est. Feminae Biturigum viros oraverunt, ne hi (sie) adversariis ad supplicium dederent. Post pugnam vehementem milites (sich) cibo recreaverunt. Post victoriam imperator milites monuit, ut omnia arma adversariorum (bei ihm) comportarentur.
6. Zeitverhältnis der Partizipien und Sperrstellung: Pater coniugem complexus aedificio excessit. Pater aedificio excedens „vale“ dixit. Pater campos perlustraturus aedificio excessit.

E.

1. Wortbildung (Verben – Substantive):
imperare, imperat-us, imperat-or. Das P.P.P. des Verbums mit dem Morphem -or bezeichnet einen Täter. Wie heißen die entsprechenden Substantive von orare, creare, liberare, expugnare, recuperare und von docere, movere, scribere, agere, regere?
2. Gajus Plinius Secundus, eine interessante Persönlichkeit! Er nahm als Reiteroffizier an Feldzügen in Germanien teil, wurde Admiral der römischen Flotte und betrieb naturwissenschaftliche Studien. Sein erhaltenes Hauptwerk ist die „Naturalis historia“ in 37 Bänden über Geographie, Zoologie, Botanik, Heilmittel u.a. (vgl. K. 30 A). Beim Ausbruch des Vesuvs wird er ein Opfer seines Forscherdrangs. Gaius Plinius Caecilius Secundus, sein Neffe mütterlicherseits, gibt in zahlreichen Briefen ein anschauliches Bild vom Leben jener Zeit (vgl. K. 11 A), darunter auch die Beschreibung vom Tode seines Onkels.
3. Die römischen Kriegsschiffe waren aus Holz gebaut und wurden von Ruderern fortbewegt, die in drei oder vier Bänken schräg übereinander saßen und im gleichen Takt die Ruder bedienten. Denke an die Galeeren des Mittelalters! Die Liburner-Schiffe, die nach einem Stamm an der Adria benannt sind, waren leichter gebaut und schneller.
4. Das P.P.P. wird in den modernen Sprachen sehr oft in Verbindung mit Hilfsverben gebraucht (wozu?). Auch als verbundenes Partizip kommt es vor, aber seltener als im L.

laeto. Interea a Vesuvio monte latissimae flammae relucebant (relucēre = aufleuchten), quarum claritas (deren Helligkeit) tenebris noctis excitabatur. Avunculus quievit gravissimo somno. Sed area (der Hof) ita iam cinere oppleta erat, ut, si longior in cubiculo mora esset, exitus (der Ausgang) impediretur. Excitatus excedit seque Pomponiano ceterisque reddit. In commune (in Gemeinschaft) consultant, utrum intra tecta maneant an in aperto vagentur. Nam creberrimis[C1] tremoribus aedificia nutabant (schwankten). Iam alibi (anderswo) sol, ibi nox erat, nigrior densiorque quam omnes noctes. Placuit excedere et ex proximo observare mare. Sed hoc adhuc turbidissimum erat, et adversus ventus vehementissimus permanebat. Ibi avunculus super linteum (die Decke, das Tuch) cubans iterum atque iterum aquam petivit poculumque hausit. Deinde flammae et odor sulphuris (des Schwefels) alios in fugam vertunt, excitant illum. Servis duobus nixus surrexit (er erhob sich) et statim concidit. Tertio die (am dritten Tag) corpus inventum est. Habitus (der Zustand) corporis quiescenti quam defuncto similior erat.

Periculum in morā. Cave canem (canis = der Hund)!

Urbs Roma, quae una cunctarum gentium[C2] patria est.

20	flamma, ae	die *Flamme* (E. flame, F. flamme)
21	tenebrae, ārum f.	die Dunkelheit
	nox, noctis, ium f.	die Nacht (E. night, F. nuit)
22	quiēscere, o, quiēvi	sich ausruhen
	somnus, ī	der Schlaf (F. sommeil)
	opplēre, eo, plēvī, plētus	an-, erfüllen
23	cubiculum, ī	das Schlafgemach
	mora, ae	die Verzögerung, der Aufenthalt
	impedīre (expedīre 12)	hindern, versperren
24	reddere, o, reddidī, redditus	zurück-, freigeben, zurückbegeben (E. to render, F. rendre)
25	utrum . . . an	ob . . . oder
	tēctum, ī	das Dach, Haus (F. toit)
	vagārī, or, ātus sum	umherstreifen, umherfahren
	crēber, bra, brum	häufig
26	tremor, ōris, m.	das Zittern, Erdbeben
27	quam (b. Komparativ)	als
28	turbidus, a, um	unruhig, aufgewühlt (E. turbid)
	vehemēns, entis	heftig, stürmisch
	permanēre, eo, mānsī, mānsus	fortdauern, anhalten
29	iterum	wiederum, zum zweitenmal
30	pōculum, ī	der Becher, *Pokal*
	odor, ōris, m.	der Geruch (E. odour, F. odeur)
31	nītī, or, nīxus sum (b. Abl.)	sich stützen auf
32	cadere, o, cecidī, cāsus	fallen
	concidere, o, cidī	zusammenfallen, hinstürzen
34	cavēre, eo, cāvī, cautus (b. Akk.)	beachten, sich hüten vor
35	urbs, urbis, ium f.	die Stadt
	gēns, gentis, ium f.	die Sippe, der Stamm, das Volk (F. gens(!))

F.

1. Ante nonum Kalendas Septembres = am 24. August. Wir rechnen heute im allgemeinen vorwärts, d.h. am 24. August bedeutet 24 Tage nach dem 1. August. Der Römer rechnete in umgekehrter Richtung: am 9. Tag vor den Kalenden des September, d.h. vor dem 1. September. Dabei wurden der erste und letzte Tag mitgezählt. Ähnlich sagen wir z.B. noch: 14 Tage vor Weihnachten. Der römische Kalender kennt drei Festdaten im Monat: die Kalenden (der erste Tag), die Iden in der Monatsmitte (15. bzw. 13. Tag) und die Nonen (7. bzw. 5. Tag). Zur Woche vgl. K. 21 F 2.
2. Der Vesuvausbruch im Jahre 79 n. Chr. begrub die römischen Landstädte Pompeji, Herkulaneum und Teile von Stabiae unter Asche, Bimsstein und Schlamm. Lange vergessen, wurden sie im 18. Jahrhundert durch Zufall wieder entdeckt. Seitdem systematisch ausgegraben, geben sie uns eine lebendige Anschauung von der römischen Wirklichkeit und bilden heute einen besonderen Anziehungspunkt für den italienischen Fremdenverkehr.
3. Der Unterschied der einander ähnlichen konsonantischen, i- und gemischten Deklination ist in den romanischen Sprachen weggefallen. Die Substantive gehen darin zum Teil auf den Nominativ, zum Teil auf den Akkusativ zurück (du erkennst dies leicht) und haben im allgemeinen ihr Geschlecht behalten. Dazu einige Beispiele:

L.	I.	F.	Sp.
imperator, m.	imperatore m.	empereur, m.	emperador, m.
regio, f.	regione, f.	région, f.	region, f.
tempus, n.	tempo, m.	temps, m.	tiempo, m.
mare, n.	mare, m.	mer, f.	mar, m.
turris, f.	torre, f.	tour, f.	torre, f.

4. Scherzfrage für Italienreisende: L. aqua calida, I. acqua calda: D.: kaltes oder warmes Wasser?

Cave canem, Mosaik aus einem Haus in Pompeji. Die Darstellung des Hundes ist so wirklichkeitsgetreu, daß er Diebe verscheuchen könnte.

XIV. Von den Abenteuern des Odysseus

A.

I. Ulixes, cum ab Ilio in patriam Ithacam renavigaret, tempestate ad Cicones est delatus[C2], quorum[C1] oppidum Ismarum expugnavit praedamque sociis distribuit. Inde Ulixes et socii eius ad Cyclopem Polyphemum, Neptuni filium, venerunt eiusque speluncam intraverunt. Huic Cyclopi oraculum (Weissagung) quoddam[C1] datum erat, ut caveret Ulixem. Polyphemus media in fronte unum oculum habebat et carne humana vescebatur. Qui[C4], postquam sole[C3] occidente[C3] pecora in speluncam suam redegit, saxum ingentis[C5] ponderis ad ianuam opponebat. Quo[C4] modo Ulixem cum sociis inclusit duosque socios statim consumpsit. Ulixes, cum videret eius feritati se resistere non posse, vino, quod secum attulerat, eum inebriavit (inebriare = betrunken machen). Interrogantique Cyclopi se „Neminem" nominari rettulit. Cum Ulixes oculum inebriati Cyclopis baculo ardenti (ardēns = brennend, glühend) exureret, ille clamorem ingentem sustulit[C2] et ceteros Cyclopes convocavit; quibus causam

B.

1	I. tempestās, ātis f.	der Sturm, das Unwetter, Wetter (F. tempête)
2	ferre, fero, tulī, lātus	tragen, er-, davontragen, bringen
	dēferre, o, tulī, lātus	wegtragen, verschlagen, überbringen
	praeda, ae	die Beute
	distribuere, o, tribuī, tribūtus	ver-, zu-, austeilen (E. to distribute, F. distribuer)
4	spelunca, ae	die Höhle
	quīdam, quaedam, quoddam	ein gewisser
5	frōns, frontis, ium f.	die Vorderseite, Stirn (E., F. front)
	caro, carnis f.	das Fleisch (F. chair)
	hūmānus, a, um	menschlich (E. human, F. humain)
6	vescī, vescor (b. Abl.)	sich nähren von, essen
	occidere, o, occidī, occāsus (cadere 13)	niederfallen, untergehen
	pecus, pecoris n. (pecūnia 10)	das Vieh, das Schaf
7	saxum, ī	der Stein, Felsen
	oppōnere, o, posuī, positus	hinstellen vor, entgegenstellen (E. to oppose, F. opposer)

claudere, o, clausī, clausus	(ab)schließen (E. to close)	8
inclūdere, o, clūsī, clūsus	einschließen	
cōnsūmere, o, sūmpsī, sūmptus	verbrauchen, verzehren (E. to consume, F. consumer)	
feritās, ātis f.	die Wildheit, das wilde Wesen	
resistere, o, restitī	sich widersetzen (E. to resist, F. résister)	9
vīnum, ī n.	der *Wein* (E. wine, F. vin)	
afferre, fero, attulī, allātus	herbeibringen, überbringen	
nēmo, inis (nē + homo 8)	niemand	10
nōmināre (nōmen 11)	nennen (F. nommer)	
referre, fero, rettulī, relātus	zurückbringen, melden, zurückführen (F. référer)	
baculum, ī	der Stab, die Stange	11
exūrere, o, ussī, ustus	ausbrennen	
tollere, o, sustulī, sublātus	hoch-, erheben, wegnehmen, beseitigen	12
convocāre (vocāre 3)	zusammenrufen (E. to convoke, F. convoquer)	

C.

1. Das Relativpronomen quī, quae, quod hat im Genitiv und Dativ Singular (cuius, cui) und im Dativ und Ablativ Plural (quibus) nur eine Form für die drei Geschlechter. Die anderen Fälle kannst du leicht aus der Ähnlichkeit mit der Deklination der Substantive erkennen.
   quīdam (ein gewisser) bildet seine Formen wie das Relativum mit angehängtem -dam: quīdam oppidānus, quaedam oppidāna, quoddam oppidum.

2. Das konsonantische Verbum ferre mit seinen Komposita hat im Indikativ Präsens einen Aussprechvokal (s. K. 10 C 2) nur vor m **(i)** und n **(u).** Sonst tritt das Personenzeichen an den reinen Stamm fer.
   Aktiv: fer**s,** fer**t,** fer**tis,** Passiv: fer**ris,** fer**tur;** Imperativ: fer, ferte. Die übrigen Formen des Präsensstamms sind regelmäßig gebildet. Für die zwei anderen Stammzeiten liegen besondere Wurzeln vor: tul-ī, lāt-us. Die Komposita erfahren durch Angleichung der Vorsilbe an den Stamm einige Änderungen, zum Beispiel afferre (aus adferre), attulī, allātus; auferre (aus abferre), abstulī, ablātus; nur aus den Stämmen tul- und lāt- gebildet ist tollere, tollo, sustulī, sublātus.

3. Der „Ablativ mit Partizip" (vgl. K. 9 C 5) mit dem Partizip des Präsens:
   Sōle occidente Polyphēmus pecora in speluncam ēgit.
   Versuche, wie in 9 C 5, den Ausdruck zunächst wörtlich als Adverbiale zu verstehen: bei untergehender Sonne ... Übersetze dann durch
   a) konjunktionalen Nebensatz: als (während, da) die Sonne unterging ...
   b) präpositionalen Ausdruck: beim Untergang (wegen des Untergangs) der Sonne...
   c) Hauptsatz: die Sonne ging unter und ...
   Verfahre ebenso: Caesare absente nūntius allātus est.
   Das Partizip Präsens drückt die Gleichzeitigkeit zum Hauptsatz aus. Die treffende Konjunktion (a) bzw. Präposition (b) ergibt sich aus dem Sinnzusammenhang.

4. Relativischer Satzanschluß:
   Polyphēmus carne hūmānā vescēbātur; quī (= et hic) statim duōs virōs cōnsūmpsit.
   Polyphēmus pecora exēgit; quōrum sub ventrem (= sub ventrem eōrum) Ulixēs sociōs alligāvit.
   Zur engeren Verknüpfung zweier Sätze setzt der L. an den Anfang des zweiten Satzes statt eines Bindewortes mit Demonstrativpronomen einfach das auf das vorangehende Substantiv bezogene Relativpronomen.
   Leucothea balteum eī obtulit; cuius dōnō cum pectus vīnxisset, natāvit.
   Ist der angeschlossene zweite Satz ein konjunktionaler Nebensatz, so tritt die Konjunktion hinter das Relativum. Ordne so: Leucothea balteum eī obtulit; cum dōnō eius pectus vīnxisset, natāvit.

5. virgo praeclārā fōrmā; nūbēs ingentī māgnitūdine; vir māgnā auctōritāte – saxum ingentis ponderis.
   Der Ablativ, der mit einem Adjektiv einem Substantiv beigefügt ist, drückt eine Eigenschaft aus, ebenso – besonders bei Zahl- und Gewichtsangaben – der Genitiv (abl. bzw. gen. qualitatis).

6. Erkennen der Satzstruktur

Ita	omnibus sociis amissis	cum solus undis iactaretur,
verbindendes Adverb	Ablativ m. Partizip, nähere Umstände	temporaler Nebensatz, Subjekt im Prädikat.

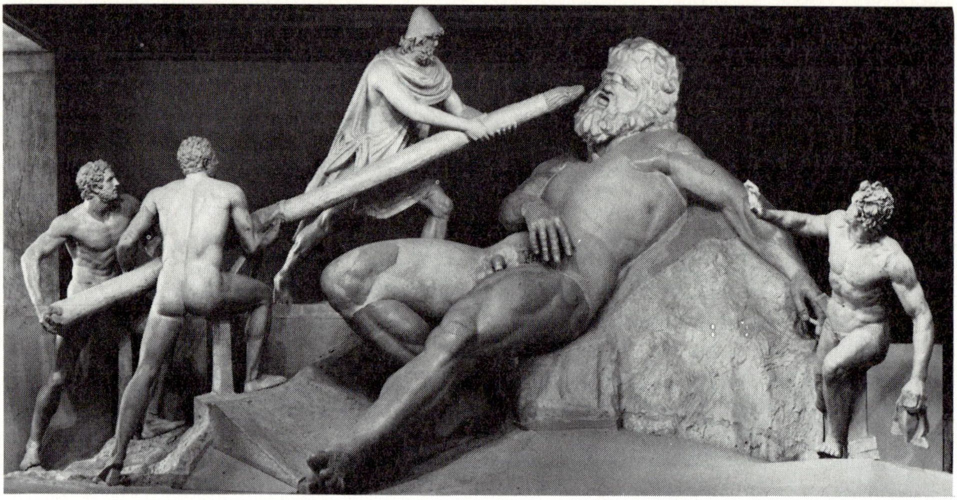

Polyphemgruppe von Sperlonga (Rekonstruktionsversuch, Ruhruniversität Bochum)
In Sperlonga, südlich von Rom, wurden im Jahre 1957 hinter einer Villa des Kaisers Tiberius Marmorfragmente großer Skulpturen gefunden. In mühevoller archäologischer Arbeit gelang es, einige Gruppen wieder zusammenzusetzen, darunter die Blendung Polyphems.

quaerentibus ex spelunca clausa clamavit: „Nemo me excaecat (er blendet)". Illi credentes eum illudendi causa hoc dicere clamorem neglexerunt et in speluncas suas se contulerunt. Postridie mane Polyphemus in ianuā sedens apertā exegit pecora; quorum [C4] sub ventrem Ulixes socios et ipse se alligaverat. Et ita evaserunt.
II. Postea Ulixes ad Sirenas pervenit. Quarum mulierum fatum erat carminibus suis nautas orae appropinquantes allicere (anlocken) et naufragio dare. Ulixes autem, qui

13	quaerere, o, quaesīvī, quaesītus (ex)	suchen, zu erfahren suchen, fragen
14	crēdere, o, crēdidī, crēditus	(an)vertrauen, glauben, halten für (F. croire)
	neglegere, o, lēxī, lēctus	vernachlässigen, unbeachtet lassen (E. to neglect, F. négliger)
15	cōnferre, fero, contulī, collātus	zusammentragen, verwenden zu
	sē cōnferre	sich begeben
	māne	morgens, in der Frühe
	sedēre, eo, sēdī, sessus	sitzen (E. to sit)
	exigere, o, ēgī, āctus (agere 10)	heraustreiben, beitreiben
16	sub (b. Akk.)	unter (Frage: wohin)
	(al)ligāre	ver-, anbinden (E. to ally, F. allier)
	ēvādere, o, vāsī, vāsus	herausgehen, entkommen
17	II. posteā	später
	pervenīre, io, vēnī, ventus	hinkommen, gelangen (F. parvenir)
	mulier, erịs f.	die Frau, das Weib
	fātum, ī	das Schicksal, Verhängnis (E. fate)
	carmen, inis n.	das Zauberlied, der Gesang (E. charm [!], F. charme [!])
18	nauta, ae m.	der Seemann
	naufragium, iī	der Schiffbruch
	naufragiō dare	dem Schiffbruch preisgeben, scheitern lassen

Leucothea dea,	quae in mari agit vitam,	misero favit et balteum obtulit,
Nominativ, Beginn des Hauptsatzes	Relativsatz, Attribut zum Subjekt	Fortführung des Hauptsatzes mit den Prädikaten favit, obtulit

quo sibi pectus vinciret,	ne submergeretur.
Relativsatz im Konjunktiv (final), Attribut zu balteum	finaler Nebensatz, adverbiale Ergänzung zu pectus vinciret.

Bei umfangreichen Satzgefügen (Perioden) ist es oft notwendig, den Satz durchzukonstruieren, d.h. nach einem Überblick über das Satzganze und Feststellen der unbekannten Wörter die einzelnen Satzglieder nach grammatischer Form und syntaktischer Beziehung zu erschließen, den Hauptsatz herauszulösen, Nebensätze, Partizipialkonstruktionen, Wortblöcke zu erkennen und in Verbindung mit dem Sinn den Satz zu erfassen.

D.

1. Setze das Relativpronomen ein:

a) Ulixes, – Ilium cum Graecis expugnaverat,
Ulixes, – doli celebres sunt,
Ulixes – Leucothea balteum obtulit,
Ulixes, – Alcinous donis decoraverat,
Ulixes, a – Polyphemus inebriatus erat,
} in patriam navigavit.

b) Nautae, – Ulixes princeps regebat,
Nautae, – dei non favebant
Nautae, – ab Ilio in patriam renavigabant,
Nautae, – navigia insulam Sirenarum praetervecta erant,
Nautae, de – multae fabulae referuntur,
} tempestate delati sunt.

c) Illi feminae Stabianae, – multi servi erant,
Illi feminae Stabianae, – tremore Vesuvii territa erat,
Illi feminae Stabianae, – aedificium nutabat (schwankte)
Illi feminae Stabianae, a – nuntius missus erat,
Illi feminae Stabianae, – tota civitas laudabat,
} Plinius opem tulit.

d) Oppidum, – copiae adversariorum appropinquaverant,
Oppidum, – ad ripam fluvii situm est,
Oppidum, in – magna inopia erat,
Oppidum, – incolae aedificia pulchra habebant,
Oppidum, – adversarii diu obsidebant,
} exustum est.

Setze in c) und d) die Beziehungswörter in den Plural.

2. a) Unterscheide die Formen von ferre: ferat, feret, ferret, ferris, fertis, ferte, feruntur, ferimini, ferebatur, ferreris; tulerunt, tulissent, affers, aufers, abstulit, attulit, obtulit, oblatus est, ablatus est, allatus; tollit, tulit, sustulit.

b) Verwandle ins Passiv: Ventus adversus navem detulit. Leucothea homini misero balteum offert. Ulixes ex oppido Ilio magnam praedam contulerat. Polyphemus clamorem ingentem sustulit.

3. a) Übersetze den Ablativ mit Partizip des Präsens verschieden: Alcinoo regente Ulixes ad insulam Phaeacum delatus est. Tempestate oriente naves orae appropinquant. Nullo adversario resistente milites oppidum expugnaverunt. Nautis carmina Sirenarum non audientibus navis sine detrimento insulam praetervecta est.

b) Bei Gleichzeitigkeit kann statt des Partizips auch nur ein Substantiv oder Adjektiv stehen (Ablativ mit Attribut):
Alcinoo rege (= regente) Ulixes ad insulam Phaeacum delatus est. Caesare duce (= ducente) legiones Romanae Galliam expugnaverunt. Hannibale vivo

timebat, ne (daß) socii allicerentur, omnibus cerā (mit Wachs) aures obturavit (verstopfte) seque ad mālum (Mast) alligari iussit; et ita praetervectus est. Inde ad Scyllam venit, quae superiorem corporis partem muliebrem, inferiorem piscis (piscis, is = Fisch) habebat. Ea sex socios Ulixis e nave ablatos consumpsit. Cum ad Charybdim propinquam delatus esset, quae ter die (dreimal täglich) homines obsorbebat eructabatque (einschlürfte und ausspie), sine detrimento evasit. III. Omnibus sociis naufragio amissis cum solus undis iactaretur, Leucothea dea, quae in mari aeternam agit vitam, misero favit et balteum (einen Gürtel) obtulit, quo sibi pectus vinciret (... sollte), ne submergeretur[C6]. Cuius[C4] dono cum pectus vinxisset, natavit (er schwamm) et vivus evasit. Deinde in insulam Phaeacum defertur, quos Alcinous regebat, nudusque (nudus = nackt) in ora arborum foliis se operuit. Quā (dort) cum Nausicaa, Alcinoi regis filia, vestem ad fluvium lavandam ferret, ille apparuit et a virgine petivit: „Opem mihi misero fer, pulchra domina"! Illa misericordiā mota eum veste operuit et ad patrem suum adduxit. Denique Alcinous rex Ulixem, quem multis donis decoraverat, in patriam Ithacam dimisit.

In vino veritas (Wahrheit). Mens sana in corpore sano.

19	auris, is, ium f.	das Ohr, (E. ear)
20	praetervehī, or, vectus sum	vorbeifahren an
21	suprā (b. Akk.)	oberhalb, über ... hinaus
	superior, ius	der obere, frühere (E. superior, F. supérieur)
	pars, partis, ium f.	der Teil
	muliebris, e	weiblich
	īnfrā (b. Akk.)	unterhalb
	īnferior, ius	der untere, niedere (E. inferior, F. inférieur)
22	sex	*sechs* (E. six)
	auferre, fero, abstulī, ablātus	davontragen, fortreißen
25	III. āmittere, o, mīsī, missus (mittere 10)	verlieren
	sōlus, a, um (G. sōlīus, D. sōlī)	allein (F. seul)
	unda, ae	die Welle, Woge (F. onde)
	iactāre	hin- und herwerfen
26	aeternus, a, um	ewig (E. eternal, F. éternel)
	favēre, eo, fāvī, fautus	gewogen sein
	miser, misera, miserum	elend, arm, unglücklich
	offerre, fero, obtulī, oblātus	vorhalten, anbieten (E. to offer, F. offrir)
27	vincīre, io, vīnxī, vīnctus	umgürten, fesseln
	submergere, o, mersī, mersus	untertauchen, versenken, Pass. ertrinken (E. to submerge, F. submerger)
28	vīvus, a, um (vīvere 11)	lebend, unbeschadet (F. vif)
29	folium, iī	das Blatt (F. feuille)
	arbor, oris f.	der Baum (F. arbre)
	operīre, io, operuī, opertus	bedecken, verhüllen
30	rēx, rēgis m. (regere 13)	der König (F. roi)
	vestis, is, ium f.	die Kleidung, das Kleid (F. veste)
32	(com)movēre, eo, mōvī, mōtus	bewegen, erregen (E. to move, F. mouvoir)
33	decorāre	schmücken, auszeichnen (E. to decorate, F. décorer)
34	mēns, mentis, ium f.	die Gesinnung, der Geist, Verstand (E. mind)
	absēns, absentis (P. Präs. von abesse)	abwesend

(= vivente) Romani non sine timore erant. Iulio Caesare (et) Calpurnio Bibulo consulibus: Als Julius Cäsar und Calpurnius Bibulus Konsuln waren (Jahresangabe).

c) Unterscheide die zeitliche Beziehung der Partizipien des Präsens und Perfekts: Sole oriente milites profecti sunt; sole orto milites oppido appropinquaverunt.

4. Häufige relativische Satzanschlüsse:
Bituriges imperio Romano restiterunt. Qua de causa – quo nuntio allato – quae cum ita essent – quod cum audivisset, Caesar Avaricum oppidum obsidere constituit.

5. Der Ablativ bzw. Genitiv der Eigenschaft kann auch prädikativ bei esse gebraucht werden. Übersetze treffend: Virgo praeclarā formā erat; nubes ingenti magnitudine est; Pompeius et Caesar magna auctoritate erant; saxum ingentis ponderis erat.

E.

1. Odysseus, alias (sonst) Ulixes: Der vom griechischen Dichter Homer im jonischen Dialekt gebrauchte Name Odysseus lautet im Westgriechischen Olysseus oder Oulisses, daraus entstand L. Ulixes.
2. Über den Kurs der Fahrten des Odysseus haben sich schon die für Seefahrt interessierten Griechen des Altertums ebenso Gedanken gemacht wie die Gelehrten der Neuzeit. Die Fahrt muß den abenteuernden Helden von der Küste Kleinasiens (Ilium = Troja) nach Nordgriechenland (Stadt des Ismarus) und durch das Ägäische und Mittelländische Meer nach Italien gebracht haben. Die Blitz und Donner schmiedenden Zyklopen sind am Ätna zu lokalisieren. Die Insel der Sirenen glaubt man im Tyrrhenischen Meer zu finden. Skylla und Charybdis gehören in die Meerenge zwischen Italien und Sizilien. Die Insel der Phäaken (Korfu) und Ithaka, die Heimat des Helden, liegen im Adriatischen Meer. Der Aufenthalt an der Küste Nordafrikas bei den Lotophagen – Menschen, die von süßen Beeren leben –, beim Windgott Äolus westlich von Sizilien, bei der Zauberin Circe, die den Helden ein Jahr lang „bezirzte" (in Kampanien), bei der Nymphe Kalypso (auf Kreta?) und der Besuch in der Unterwelt sind in unserer Kurzfassung ausgelassen. Mach dir selbst auf der Landkarte eine Vorstellung!

F.

1. Zwischen „Skylla und Charybdis" ist eine uns noch geläufige Redensart für einen Menschen in schwieriger Lage.
2. Die Stimmen der „Sirenen" sind von unserer Technik mechanisiert worden.
3. Hygin (2. Jahrhundert n. Chr.) übersetzte in knapper Form griechische Sagenstoffe ins L. Die Griechen, mit Geist und Phantasie begabt, haben die Welt der Menschen mit Fabelwesen und Ungeheuern, mit Göttern des Olymps und der Unterwelt belebt. Diese Vorstellungen finden in zwei großen Epen (Ilias und Odyssee) des Dichters Homer ihren Niederschlag. Die nüchternen Römer haben die literarische und künstlerische Leistung der Griechen in ihr Bildungsgut aufgenommen. Auch im geistigen Schatz des Abendlandes sind die Stoffe bis heute lebendig geblieben (Deutsche Dichter (J. H. Voß, A. Schröder, Th. von Scheffer) haben die Werke Homers übersetzt, der Romantiker G. Schwab hat die „Klassischen Sagen des Altertums" für unsere Jugend nacherzählt.
4. Hotelnamen in Deutschland.
Was dachten sich die Hotelbegründer bei der Namensgebung ihres Hauses: Alpina, Atlantik, Carmen, Concordia, Excelsior, Fortuna, Imperator, Interkontinental, Intermare, International, Italia, Maritim, Merkator, Merkur, Minerva, Patria, Regent, Regina, Rex, Terminus, Viktoria.

XV. Entscheidende Augenblicke im Leben Cäsars

A.

I. C. Iulius Caesar cursum[C1] honorum vel magistratuum[C1] feliciter[C2] et honeste[C2] percurrit et celeriter ad summos gradus ascendit. Stipendia prima in oriente meruit. Sed morte Sullae adversarii nuntiata Romam[C5] (nach Rom) cito rediit[C4]. Nonnullis annis post (einige Jahre später) ei quaestori ulterior Hispania obvenit. Ubi (relativischer Anschluß) cum conventus circumiret Gadesque (nach C.) venisset, animadversa apud Herculis templum Magni Alexandri imagine ignaviam suam doluit, quod nihildum (noch nichts) a se memorabile actum esset in aetate, qua Alexander felicius[C2] iam orbem terrarum subegisset. Paulo post missionem (die Entlassung) flagitavit et Romam se contulit. Conciliato populi favore Caesar pontificatum maximum petivit. Cum mane ad comitia se conferret, matri praedixisse dicitur (er soll):

B.

1	I. cursus, ūs (currere 12)	der Lauf, die Laufbahn (F. cours)
	honor, ōris m.	die Ehre, das Ehrenamt
	magistrātus, ūs	die Behörde, das Staatsamt, der Beamte
	fēlīx, īcis	glücklich
	honestus, a, um	ehrenvoll
2	percurrere, o, currī, cursus	durchlaufen, eilig durchziehen
	gradus, ūs	die Stufe, der Rang, *Grad* (E. grade)
	stipendium, iī	der Sold, Kriegsdienst
	(sōl) oriēns, entis m.	die aufgehende Sonne, der Osten, *Orient* (E., F. orient)
3	merēre, eo, uī, itus	dienen, verdienen, sich verdient machen
	stipendia merēre	Kriegsdienst leisten
	citus, a, um (Adv. citō)	rasch, eilig
	īre, eo, iī, itus	gehen
	redire, eo, iī, itus	zurückgehen, zurückkehren
4	quaestor, ōris m.	einer der obersten Finanzbeamten, *Quästor*
	ulterior, ius	jenseitig, entfernter
	ultimus, a, um	entferntester, äußerster, letzter
	obvenīre, io, vēnī, ventus	begegnen, anheim-, zufallen
5	conventus, ūs	die Versammlung, der Gerichtstag
	circumīre, eo, iī, itus	umhergehen, besichtigen
6	animadvertere, o, vertī, versus	die Aufmerksamkeit richten auf, wahrnehmen
	īgnāvia, ae	die Untätigkeit, Mutlosigkeit
	dolēre, eo, uī	Schmerz empfinden, bedauern
7	memorābilis, e (memor 5)	erwähnenswert, denkwürdig (E. memorable, F. mémorable)
	aetās, ātis f.	das Lebensalter (E. age, F. âge)
8	orbis, is, ium, terrārum m.	der Erdkreis
	subigere, o, ēgī, āctus (agere 10)	unterwerfen
	flāgitāre	dringend verlangen
9	favor, ōris m. (favēre 14)	die Gunst, Zuneigung (E. favour, F. faveur)
	pontificātus (ūs) maximus	oberstes Priesteramt
10	comitia, ōrum	der Versammlungsplatz, die Wahlen

C.

1. Substantive auf -us mit dem Genitiv auf -ūs gehören zur u-Deklination.
   Endungen Singular: **us ūs uī um ū** Plural: **ūs uum ibus ūs ibus**
   Die meisten Substantive der u-Deklination sind Maskulina. Feminina sind: domus, manus; cornu ist Neutrum (Plur. cornua).
2. Adverbien (Umstandswörter) werden meist von Adjektiven gebildet.
   o-, a-Adjektive: honest-us, Adverb: honest-**ē** (vgl. E. honest-ly)
   i-Adjektive: fēlīx, fēlīc-**is,** Adverb: fēlīc-**iter,** celer, celeris, Adverb: celer-iter
   Adjektive auf ēns: vehemēn-s, Adverb: vehemen-**ter.**
   Adverbien im Komparativ: honestius, fēlīcius, celerius, vehementius. Welcher Form entspricht dieses Adverb?
   Adverbien im Superlativ: honestissimē, celerrimē, vehementissimē, simillimē.
   Ungewöhnliche Bildungen: bene (zu bonus), facile (zu facilis), tūtō (zu tūtus), cito (zu citus), inopīnātō (zu inopīnātus).
3. longē fortissimus: bei weitem der tapferste.
   Das Adverb longē steigert den Superlativ.
4. Das Verbum **īre** und seine Komposita verwandeln den Stammvokal **i** vor den Vokalen a, o, u zu e; also Präsens: eo, īs ... eunt, Konjunktiv: eam. Die zwei i im Perfektstamm werden vor s kontrahiert (verschmolzen): īsti, īstis, īssem. Vokalwechsel im Partizip Präsens und in den nd-Formen: **i**ēns, **e**untis; **e**undī. Futurbildung mit b: ībo, ībis.
5. Ortsangaben mit Städtenamen stehen ohne Präposition
   Wohin = Akk. (D. nach):
   Rōmam, Mediolānum, Carthāginem Novam sē cōnferre;
   Woher = Ablativ (D. von, aus):
   Rōmā, Misēnō, Gādibus proficīscī;
   Wo (D. in) = im allgemeinen Ablativ: Stabiīs, Gādibus, Carthāgine habitāre. Bei den Singularia der o-a-Deklination steht der scheinbare Genitiv: Rōmae, Mediolānī vīvere. – Letzteres ist ursprünglich ein besonderer Kasus, der Lokativ, mit der Endung ī, vgl. domī, ibī, ubī.
6. Ubi Caesar constitit? Ad quod flumen (ad quem fluvium) constitit? Quos homines appellavit? Quae verba eius fuerunt? Das Relativpronomen dient auch als adjektivisches Fragepronomen .

D.

1. a) Dekliniere: saltus altus, conventus celeber, manus dexter__.
   b) Unterscheide verschiedenartige Substantive mit dem Nominativ -us, füge das Adjektiv magnus hinzu und bilde den Genitiv von: hortus, corpus, virtus, successus, manus.
2. a) Bilde die Adverbien von superbus, commodus, miser, fortis, similis, prudens. Setze in den Komparativ und Superlativ.
   b) Unterscheide das Adjektiv als Prädikatsnomen vom Adverb:
   pueri celeres sunt; pueri celeriter in campum currunt.
   (vgl. E. the lads are quick; the lads quickly run to the field.)
   Setze ein: Vita huius hominis beat- est; hic homo beat- vivit; hic homo beat- vivit quam ille. Milites Romani fort- erânt; milites Romani fort- cum adversariis pugnabant; milites Romani fortissim- erant; milites Romani fortissim- pugnabant. Naves longae Romanorum celer- erant; nostris temporibus naves celernavigant quam aetate Columbi.
   c) Vergleiche L. und D.: Hic homo beatus est; vita huius hominis beata est; hic homo beate vivit. D. unverändert!
   d) Prädikatives Adjektiv – Adverb Alii timidi resistunt, alii celeriter fugam parant.

Römische Offiziere. Im ersten Glied stehen drei Offiziere im vollen Waffenschmuck: den Helm mit Backenstücken und mächtigem Helmbusch auf dem Kopf, den reichgezierten ovalen Schild in der Linken. Dahinter zwei weitere (niederen Ranges?) mit Speer (pilum) in der Hand, die neben dem Legionsadler Wache halten. Das Relief drückt in imponierender Weise die Macht des römischen Heeres aus.

3. Verstärkung des Superlativs: Quis longe celeberrimus Romanus est? Caesar omnium Romanorum longe celeberrimus fuit.
4. a) Unterscheide: it, iit, imus, iimus, eunt, ierunt, ibimus, ibamus, cum eat, ne iret, istis, issent, abis, abes, abeas, abires, abierunt, adfuerunt, adierunt, aderant, transii, transi, hiems iniens, hieme ineunte.
   b) Ersetze durch eine Form von redire: remigra, remigrat, remigremus, remigrarent, remigrandi, remigravisset.
5. Ergänze die Ortsangaben:
   Mercator ex Asia (nach Rom, nach Karthago) rediit. Discipuli (nach Hause) se contulerunt. Pomponianus, amicus Plinii, (in Stabiae) habitabat. Caesar (in Mailand) conventum habuit. (In Rom), in maxima urbe Italiae, multae familiae nobiles habitant. Pater vicinos adiit, mater (zu Hause) mansit. Viri Biturigum (aus Avaricum) evadere constituerunt. Caesar (aus Ravenna), ex oppido Galliae cisalpinae, ad flumen Rubiconem profectus est. Amicus meus (aus der Heimat) in Helvetiam (die Schweiz) ibit.
6. Konstruiere, wie in 14 C 6 angegeben, den Satz im Anfang von 15 A 1: Ubi cum conventus . . .

E.

1. Im republikanischen Rom gab es eine festgelegte Reihenfolge im Bekleiden der wichtigsten Staatsämter: Militärdienst, Quästor, Ädil, Prätor, Konsul – ähnlich dem Aufstieg in den leitenden Berufen der modernen Demokratie (Beamtenhierarchie).
2. Cäsar, im Jahr 100 v. Chr. geboren, war mit 31 Jahren Quästor in Spanien, mit 42 Konsul in Rom. Der von ihm beneidete Alexander der Große hatte bereits im Alter von 30 Jahren das griechisch-mazedonische Weltreich gegründet.
3. Der junge Cäsar, ein Neffe des Kimbernsiegers Marius, hatte sich in den Osten abgesetzt, weil er sich von Sulla bedroht fühlte. Dieser unterdrückte die Marianer, erneuerte die Senatsautorität und ließ sich zum Diktator ernennen (83-78). Sulla wird zwiespältig beurteilt: „blutbeflecktes Ungeheuer“ – „Staatsmann ersten Ranges“.
4. Der pontifex maximus war der Vorsteher der verschiedenen römischen Priesterschaften. Heute ist es der Titel des Papstes, I.: sommo pontifice seine Amtszeit heißt Pontificat.
5. Cäsar: In älterer Zeit Käsar gesprochen > D. Kaiser; in späterer Zeit Zäsar gesprochen > Zar. Wichtige Wesenszüge Cäsars kannst du aus Stellen im Lesetext belegen: Volkstümlichkeit, militärische Tüchtigkeit, Entschlußkraft, Ehrgeiz, Herrsch- und Ruhmsucht.
6. Die meisten geographischen Bezeichnungen Italiens gehen auf die alten lateinischen Namen zurück. Du wirst die früheren und heutigen leicht einander zuordnen.

L.	I.	L.	I.
Barium	Modena	Regium	Vesuvio
Bononia	Brindisi	Tarentum	Tivoli
Brundisium	Napoli	Tibur	Verona
Mediolanum	Padova	Tridentinum	Tevere
Messana	Ravenna	Verona	Adriatico
Mutina	Bari	Tiberis	Reggio
Neapolis	Bologna	Vesuvius	Trento
Patavium (tav > dov)	Milano	Hadriaticum mare	Tirreno
Ravenna	Messina	Tyrrenum mare	Taranto

7. Erkläre aus den Vokabeln der Kapitel 13 bis 15 folgende Wörter des D.: (13) Exzeß, Indikativ, Montenegro, Neger, regieren, Regent, Rektor, Vagant, Vagabund; (14) Ablativ, Eternit (ae > e), Fatalismus, Inferiorität, inklusiv, Karneval

„Domum non nisi pontifex creatus (als g. Priester) redibo.“ Atque ita potentissimos duos competitores (Mitbewerber) multum aetate et dignitate anteeuntes superavit, ut longe[C3] plurima suffragia (Wählerstimmen) tulerit.

II. Consul cum Marco Bibulo creatur. Inito consulatu primus omnium constituit, ut et senatūs et populī diurna acta (Tagesgeschehnisse) scriberentur et publicarentur. In consulatu collegam resistentem armis e foro expulit et in eam redegit desperationem, ut, dum (bis) magistratu abiret, domi se contineret. Ex eo tempore Caesar unus omnia in civitate ad suum arbitrium decrevit, ut nonnulli per iocum non Caesare et Bibulo, sed Iulio et Caesare consulibus actum esse scriberent.

Functus consulatu Romā[C5] (von Rom) in provinciam Galliam abiit. Gessit autem ibi novem annis, quibus exercitui octo legionum praeerat, haec fere: Omnem Galliam, quae saltibus Pyrenaeis Alpibusque, lacu Lemano, fluminibus Rheno ac Rhodano continetur, in provinciae formam redegit. Germanos, qui trans Rhenum incolunt, et Britannos antea ignotos fortissime aggressus est (er griff an), superatis pecunias et obsides imperavit. In tot successibus nullum fere adversum casum expertus est.

11	domus, ūs f.	das Haus
	domum (Akk.)	nach Hause, in die Heimat
	domō	von Hause, von der Heimat
	domī	zu Hause, daheim
	nisi	wenn nicht, außer
	pontifex, icis m.	der Priester
	potēns, ntis (b. Gen.) (posse 6)	mächtig, Herr über (F. puissant)
12	dīgnitās, ātis f.	die Würde, das Ansehen, die Bedeutung (E. dignity, F. dignité)
	anteīre, eo, iī, itus	vorangehen, übertreffen
13	plūs, plūris	mehr (F. plus)
	plūrimus, a, um	der meiste
14	II. inīre, eo, iī, itus	eingehen, beginnen
	cōnsulātus, ūs	das Konsulat
15	senātus, ūs (senātor 9)	der Senat
	pūblicāre (pūblicus 6)	veröffentlichen (E. to publish, F. publier)
16	collēga, ae m.	der Amtsgenosse, *Kollege*
	expellere, o, pulī pulsus (pulsāre 5)	vertreiben, hinausstoßen
	dēspērātio, ōnis f. (dēspērāre 9)	die Hoffnungslosigkeit, Verzweiflung
17	abīre (b. Abl. oder ab)	weggehen, abtreten von
	continēre, eo, uī, tentus	zusammenhalten, einschließen (E. to contain, F. contenir)
	sē continēre	sich aufhalten
18	arbitrium, iī	die Entscheidung
21	novem	*neun*
	exercitus, ūs (exercēre 4)	das Heer
	praeesse, sum, fuī (b. Dativ)	vorstehen, führen
	octō	*acht*
	ferē (nachgestellt)	ungefähr, beinahe, fast
22	saltus, ūs	das (bewaldete) Gebirge
	lacus, ūs	der See (F. lac)
	flūmen, inis n.	der Fluß
23	incolere, o, uī, cultus (incola 4)	wohnen, bewohnen
24	īgnōtus, a, um	unbekannt
25	tot	so viele
	successus, ūs	das Vorangehen, der Erfolg (E. success, F. succès)
	cāsus, ūs	der Fall, Zufall, Unfall (E. case, F. cas)

Die idealisierende Statue stellt Cäsar ganz als Feldherrn und Herrscher dar. Über dem Brustpanzer, der mit Reliefbildern verziert ist, trägt er den Feldherrnmantel leicht über die Schultern geworfen. Der linke Arm ist ergänzt.

III. Denique cum senatu Pompeioque de principatu decertavit. Transiit cum exercitu in Galliam cisalpinam et conventibus Mediolani[C5] (in M.) habitis Ravennae[C5] (in Ravenna) mansit bello vindicaturus, si quid (etwas) gravius contra se a senatu constitutum esset. Cum senatum resistere reportatum esset, clam cum parvo comitatu Ravenna[C5] (aus Ravenna) profectus est. Ad flumen Rubiconem, qui provinciae eius finis erat, constitit. Conversus (umgewandt) ad proximos comites: „Huc", inquit, „mecum istis. Etiam nunc redire possumus. Quodsi (wenn aber) pontem transierimus, omnia armis agenda erunt." Cunctanti bonum auspicium datum est. Tum Caesar: „Eatur", inquit, „quo deorum auspicium et inimicorum iniquitas vocat. Iacta (gefallen) alea est."

Manus manum lavat. Fama crescit eundo.
Quot capita, tot sensūs (sensus, ūs Meinung).
Cornu Indicum (Elfenbein) ex cornibus elephantorum cōnstat.

26	III. prīncipātus, ūs (prīnceps 9)	der Vorrang, die kaiserliche Macht (E. principality, F. principat)
	trānsīre, eo, iī, itus	hinübergehen
27	cis (b. Akk.)	diesseits
	cisalpīnus, a, um	diesseits der Alpen
28	vindicāre	sicherstellen, einschreiten, ahnden, befreien (E. vindicate, F. venger)
	contrā (b. Akk.)	gegen, gegenüber
29	clam (Adv.)	heimlich
30	comitātus, ūs	die Begleitung (E. county (!), F. comté (!))
31	fīnis, is, ium m. (fīnīre 10)	das Ende, die Grenze (F. fin)
	cōnsistere, o, stitī	sich aufstellen, halt machen
	comes, itis m. (īre)	der „Mitgänger", Begleiter
32	pōns, pontis, ium m.	die Brücke (F. pont)
34	inīquitās, ātis f.	die Unbilligkeit, Ungerechtigkeit (E. iniquity)
35	ālea, ae	der Würfel
36	manus, ūs f.	die Hand, Handvoll, Schar (F. main)
	fāma, ae	das Gerücht, Gerede, der Ruf
	crēscere, o, crēvī, crētus	wachsen, zunehmen
38	cornu, ūs, n.	das Horn
	cōnstāre, cōnsto, cōnstitī	bestehen

Das Münzbild Cäsars auf einem Silberdenar aus dem Jahr 44 vor Chr. zeigt den frühgealterten Herrscher. Umschrift: DICT(ator) PERPETUO CAESAR.

(caro!), Klause, Konsum, Kredit, Liga, Lokomotive, Motor, Motiv, offerieren, Offerte, Oblate, Partei, Referent, Referendar, referieren, Referat, Spelunke, Weste; (15) Container, Dom, Favorit, Grad, Interlaken, Kasus, Konvent, Kursus, Meriten, Opposition, Prinzipat, pluralistisch, Stipendien, Suffragette, Transitverkehr, Ultimo.

F.

1. Iacta est alea: Dieser schicksalhafte Ausruf, den Cäsar bei Eröffnung des Kampfes gegen die Republik und Pompejus am 10. 1. 49 v. Chr. machte, ist bis heute geflügeltes Wort beim Vollzug einer wichtigen Entscheidung.
2. Acta diurna: Die von Cäsar begründeten „täglichen Geschehnisse" sind die früheste uns bekannte Zeitung. Die acta diurna wurden handschriftlich von Sklaven in einer Schreibanstalt (= Verlag) vervielfältigt und bestanden bis ins 4. Jahrhundert. Moderne Zeitungen, wichtiges Kommunikationsmittel neben Radio und Fernsehen, gibt es erst – nach Erfindung des Buchdrucks – seit dem 17. Jahrhundert. In der Sache gehen sie auf die römische Einrichtung zurück. Aus dem L. diurna, Adjektiv diurnalis, entstand I. giornale (= Zeitung), F. journal, D. Journal.
3. Die Bezeichnung Senat für ein beratendes oder verantwortliches Staatsorgan und Senatoren für dessen Mitglieder wird vielfach in modernen Gemeinwesen gebraucht, zum Beispiel in den Stadtstaaten Bremen und West-Berlin, in Italien, Frankreich und den USA; das maßgebende Organ der Universitäten heißt akademischer Senat, die Kardinäle der römischen Kirche I.: senatori della Chiesa. Konsul und Konsulat nennt man die wirtschaftliche Vertretung eines Staates im Ausland; in der Bundesrepublik Deutschland bestehen in Hamburg die meisten (über achtzig) ausländischen Konsulate.
4. Auch die Eisenbahn fährt Züge mit lateinischen Namen: TEE = Trans-Europa-Express.
   Ordne die Zugnamen sinngemäß den unterstrichenen Ausgangsbahnhöfen zu (Beachte E 4 und F 3!):

Adriatico TEE 92	Zürich – Hamburg	Konsul D 591	Neapel – Rom – Mailand
Austria D 217	Rom – Kopenhagen	Lemano TEE 24	Bukarest – Paris
Cisalpino TEE 22	Bari – Rimini – Mailand	Mediolanum TEE 84	Genf – Mailand
Helvetia TEE 72	Venedig – Turin – (Paris)	Orient D 262	Hamburg – Stuttgart
Hispania D 377	Klagenfurt – Hoek van Holland	Senator D 671	Mailand – München
Italia D 271	Barcelona – Port Bou – Hamburg	Vesuvio TEE 94	Bremen – Wiesbaden

Werbespruch der Bundesbahn: commode, tuto, celeriter.

5. Die L. Adverbialbildungen sind in den romanischen Sprachen verlorengegangen (Ausnahme: L. bene > I. bene, F. bien) und durch Zusammensetzung mit dem Ablativ von mens ersetzt worden. L. firma mente (wörtlich?), I. fermamente, F. fermement: L. facili mente, I. facilmente, F. facilement. Gibt es im D. eine besondere Adverbform?

XVI. Die Römer in Germanien, die Schlacht im Teutoburger Wald

A.

I. Missus in Germaniam Drusus primos (als erste) domuit Usipetes. Inde Tencteros percurrit et Chattos. Tum Marcomannorum spoliis quendam tumulum in tropaei (eines Siegesdenkmals) modum excoluit. Inde validissimas nationes, Cheruscos Suebosque et Sugambros, pariter aggressus[C2] est, qui viginti centurionibus captis[C1] et in crucem actis hōc velut (gleichsam) sacramentō sumpserant bellum. Hi tam certā victoriae fiduciā affecti erant, ut praedam in antecessum (im voraus) pacto diviserint. Cherusci equos, Suebi aurum et argentum, Sugambri captivos elegerant. Sed omnia retrorsum fiunt[C3].

II. Victor enim Drusus equos, pecora, aurum cepit et praedam divisit ipsosque sub corona vendidit. Praeterea in tutelam (zum Schutz) provinciae Romanae praesidia atque custodias ubique disposuit per (entlang) Mosam flumen, per Albim, per Visurgim.

B.

1	I. domāre, o, uī, domitus	zähmen, bezwingen
2	spolium, iī	die feindliche Rüstung, das Beutestück (E. spoil)
	tumulus, ī	der Hügel, Grabhügel
3	excolere, o, coluī, cultus	ausbilden, bilden, ausschmücken
	validus, a, um (valēre 11)	gesund, stark, wirksam
4	pār, is	gleich (an Größe, Kraft und Zeit)
	aggredī, ior, gressus sum (gradus 15)	sich wenden gegen, angreifen
	vīgintī	zwanzig (F. vingt)
	centurio, ōnis m.	der Führer einer Hundertschaft, Hauptmann
	capere, io, cēpī, captus	(gefangen) nehmen, ergreifen
5	crux, crucis f.	das Marterholz, *Kreuz* (E. cross, F. croix)
	sacrāmentum, ī (sacer 6)	der Fahneneid, die Verpflichtung
	certus, a, um	gewiß (E., F. certain)
6	fīdūcia, ae	das Vertrauen, die Zuversicht
	afficere, io, fēcī, fectus	versehen, erfüllen (mit) (E. to affect, F. affecter)
	pactum, ī	die Übereinkunft, Verabredung, der *Pakt*
7	dīvidere, o, vīsī, vīsus	ein-, verteilen (E. to divide, F. diviser)
	argentum, ī	das Silber (F. argent)
	captīvus, ī	der Gefangene
	ēligere, o, lēgī lectus (= dēligere)	auslesen, auswählen (E. to elect, F. élire)
8	fierī, fio	werden, gemacht werden, geschehen
9	II. enim (nachgestellt)	nämlich
	sub (wo ? b. Abl.)	unter
10	corōna, ae	der Kranz, die *Krone* (E. crown, F. couronne)
	vēndere, o, didī, ditus	verkaufen (zum Verkauf geben)
	vēnīre, eo, iī	verkauft werden (zum Verkauf gehen)
	sub corōnā vēndere	(durch Kranz gekennzeichnet) als Sklaven verkaufen
	praetereā	außerdem, überdies
11	cūstōdia, ae (cūstōdīre 9)	die Bewachung, der Posten, das Gewahrsam
	dispōnere, o, posuī, positus (pōnere 12)	aufstellen, ein-, verteilen (E. to dispose, F. disposer)

C.

1. Einige Verben, die im Infinitiv Präsens konsonantischen gleichen (z. B. capere), erweitern Formen des Präsensstamms durch ein i (capio) und ähneln damit der i-Konjugation. Diese Verben werden als gemischte Konjugation bezeichnet.
   1. Person Sing. Aktiv: capio Passiv: capior
   3. Person Plur: Aktiv: capiunt Passiv: capiuntur
   In den übrigen Zeiten des Präsensstammes erscheint das i durchgehend:
   Konjunktiv Präsens Aktiv: capiam, Passiv: capiar
   Indikativ Imperfekt Aktiv: capiēbam, Passiv: capiēbar;
   Futur I Aktiv: capiam, Passiv: capiar
   aber Konjunktiv Imperfekt (von Infinitiv capere!): caperem, Passiv: caperer
2. Auch einige Deponentien gehören der gemischten Konjugation an, z.B. aggredī, aggredi-or, aggressus sum.
3. fierī, fīo, (factus sum) ersetzt mit aktiven Personenzeichen das Passiv zu facere;
   Präsens Indikativ fīo, fīs ... fiunt Konjunktiv fīam, fīās ...
   Imperfekt Indikativ fīēbam, fīēbās Konjunktiv fierem, fierēs
   Futur I: fīam, fīēs.
   facere mit dem Prädikativum certiōrem = benachrichtigen,
   ducem certiōrem facio = ich benachrichtige den F.; dux certior fit = der F. wird benachrichtigt.
   Die Komposita von facere mit dem Stammvokal a (z.B. patefacere) bilden das Passiv mit fierī: patefīo. Komposita mit dem abgeschwächten Stammvokal i (z.B. afficere) haben die regelmäßige Passivbildung: afficior.
4. nōvī = ich kenne, ōdī = ich hasse, meminī = ich erinnere mich, treten nur im Perfektstamm auf, haben aber präsentische Bedeutung (Perfektopräsentien).
5. Germānī, quī iam prīdem gladiōs inertēs dolērent, arma corripiunt.
   Relativsätze stehen im Konjunktiv, wenn sie einen adverbialen Nebensinn (kausal, final, konsekutiv, konzessiv) enthalten (vgl. K 11 C 6).
6. Germānī arma corripiunt, cum Vārō māgna fīdūcia erat.
   cum beim Indikativ gibt einen genauen Zeitpunkt an: D.: „in dem Augenblick, als", „dann, wenn".

D.

1. a) Unterscheide, ob die Verbformen nach der konsonantischen, der i- oder der gemischten Konjugation gebildet sind! Nenne die Infinitive zu: duco, haurio, rapio; eligimus, capimus, audimus; dicunt, dormiunt, capiunt; munitur, dividitur, percutitur; cum corripias, vincas, vincias!
   b) Setze in den Indikativ des Imperfekts und Perfekts: portam pulsat, percutit, claudit, aperit, pulsare incipit.
2. a) Vergleiche die unterschiedlichen Formen: experiris, aggrederis, proficisceris (!); experirer, aggrederer, proficiscerer; experire, aggredere, proficiscere.
   b) Bilde die entsprechenden Formen von experiri und aggredi zu:
   proficiscuntur, proficiscebar, proficisceretur, profecti erant;
   ebenso von mori zu defungi: defungitur, defungetur, defungens, defunctus.
3. Setze ins Passiv: Milites pontem in flumine faciunt (facient, fecerunt). Legionarius Caesarem certiorem facit; nuntius vicinos certiores faciet. Portas patefaciamus! Iners servus portam non patefaceret (patefecisset). Tu me fiduciā afficis (afficiebas, affecisti).

In Rheni quidem ripa quinquaginta amplius castella munivit. Inaccessum (unzugänglich) in id tempus Hercynium saltum patefecit.

III. Sed difficilius est provincias obtinere quam facere. Viribus pariuntur[C1], iure retinentur. Germani enim victi magis quam subacti erant, moresque nostros magis quam arma sub imperatore Druso suspiciebant[C1]. Postquam ille mortuus[C2] est, Vari Quintili superbiam haud minus quam saevitiam (Grausamkeit, Wut) odisse[C4] coeperuunt. Audet ille agere conventum, quasi feritatem barbarorum lictoris fascibus et praeconis (des öffentlichen Ausrufers) voce possit domare. Sed illi, qui iam pridem gladios equosque inertes dolerent[C5] (vgl. K. 11 C. 6), duce Arminio arma corripiunt, cum[C6] (zu einer Zeit, als) interea Varo tanta erat pacis fiducia, ut ne patefactā quidem coniuratione concuteretur. Itaque improvidum et nihil suspicientem[C1] inopinato (unvermutet) aggrediuntur[C2], cum ille – o securitas! – ad tribunal citaret. Undique impetum faciunt. Castra rapiuntur; tres legiones oppri-

12	quidem	zwar, jedoch
	amplius	weiter, überdies, mehr
	castellum, ī (castra 8)	der befestigte Platz, das Kastell (E. castel, F. château)
13	patefacere, io, fēcī, factus	öffnen, erschließen, aufdecken
14	III. facere, io, fēcī, factus	machen, tun (F. faire)
	parere, io, peperī, partus (parentēs 9)	gebären, erwerben, gewinnen
	iūs, iūris n.	das Recht
15	vincere, o, vīcī, victus	siegen, besiegen (F. vaincre)
	magis (Adv.)	mehr, in höherem Grade
16	suspicere, io, spēxī, spectus	mißtrauisch betrachten, (be)argwöhnen
	morī, ior, mortuus sum	sterben (F. mourir)
17	superbia, ae (superbus 11)	der Hochmut, Übermut
	minus (Adv.)	weniger (F. moins)
	ōdisse, ōdī (nur im Perfekt)	hassen
18	incipere, io, coepī, inceptus	beginnen, anfangen
	quasi	wie wenn
	līctor, ōris m.	der bewaffnete Polizist, *Liktor*
19	fascis, is, ium m.	das Rutenbündel, die (Hülle für die) blanke Waffe
20	prīdem	längst
	iners, inertis	untätig, träge
	dux, ducis, m. (dūcere 10)	der Führer (E. duke [!], F. duc [!])
21	corripere, io, ripuī, reptus	hastig ergreifen
	cum (temporale, b. Indikativ vgl. K 6 B)	zu einem Zeitpunkt (damals), als
22	nē . . . quidem	nicht . . . einmal
	coniūrātio, ōnis f.	die Verschwörung
	itaque	daher
	concutere, io, cussī, cussus	erschüttern, erregen, erschrecken
	improvidus, a, um	unbesorgt, nichts ahnend
	nihil	nichts
24	tribūnal, ālis n.	der Richterstuhl, das Gericht (E., F. tribunal)
	citāre	herbeirufen, vorladen (E. to cite, F. citer)
	undique	von allen Seiten
	impetus, ūs (petere 13)	der Andrang, Angriff, das Ungestüm
	rapere, io, rapuī, raptus	*raffen*, schleppen, plündern (E. to ravish, F. ravir)

4. Übersetze: Quis Arminium, ducem Cheruscorum, non novit? Germani, qui Drusi, benigni imperatoris, meminissent, Varum superbum oderant.
5. Relativsätze im Konjunktiv:
Leucothea Ulixi balteum obtulit, quo pectus suum vinciret (K. 14 A III). Caesar ceteros servos dimiserat comparandae pecuniae causa, qua redimeretur (K. 10 A I). Matres viros oraverunt, ne se et liberos, qui infirmitate a fuga prohiberentur, victoribus dederent (K. 12 A. III). Qui mercator his annis navigavit, qui non se summo periculo committeret (K. 10 A. II)?
Untersuche, ob die Relativsätze einen finalen, kausalen oder konsekutiven Nebensinn enthalten.

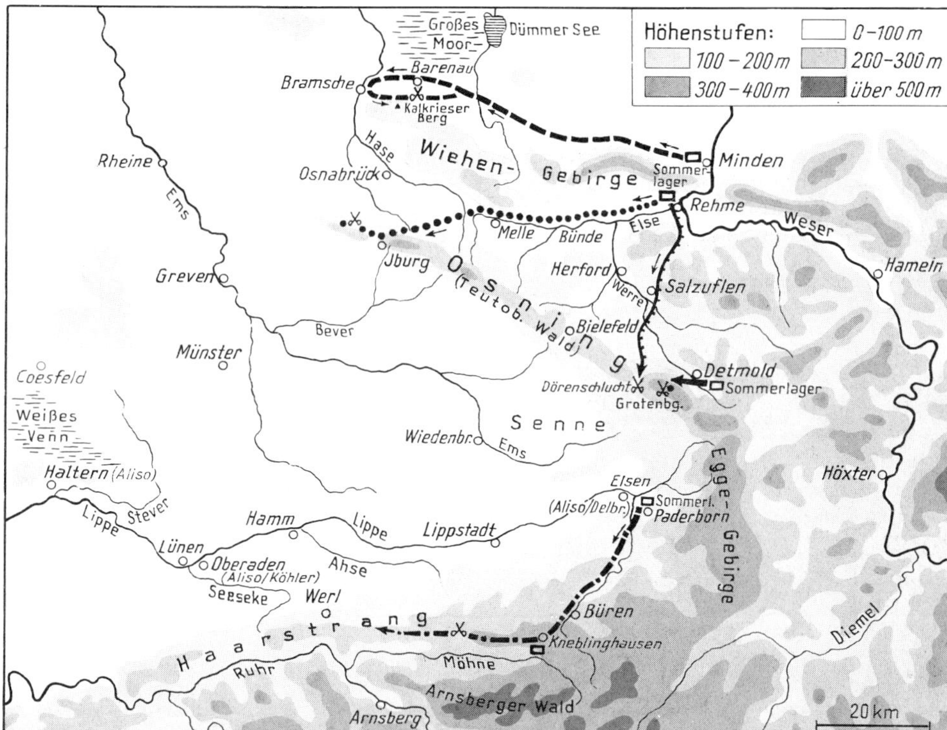

Ansicht 1	*Sommerlager*	*bei Minden*	▬ ▬ ▬ ▬
,, *2a*	,,	*bei Rehme*	•••••••••
,, *2b*	,,	*bei Rehme*	┬┬┬┬┬
,, *2c*	,,	*bei Detmold*	▬▬▬▬
,, *3*	,,	*bei Paderborn*	▬•▬•▬•

Alle antiken Berichte über die Schlacht im „Teutoburger Wald" entbehren einer klaren Ortsangabe. Der Name „saltus Teutoburgiensis" (germ. Ursprungs: Teuto = diet, also Volksburg) besagt nichts, da er erst im 17. Jahrhundert wieder dem sog. Osning gegeben wurde. Aus der großen Anzahl der Ansichten über den Kampfplatz sind auf der Karte die charakteristischen wiedergegeben.

Ansicht 1: saltus Teutoburgiensis = Wiehengebirge, gestützt auf den Münzfund von Barenau (vertreten von Mommsen und neuerdings L. Schmidt).

Ansicht 2: a–c: saltus T. = Osning, gestützt auf die Angabe des Tacitus von der Nähe der Ems und Lippe. Populär geworden durch das Hermannsdenkmal bei Detmold.

Ansicht 3: saltus T. = Ruhr- u. Möhnehöhenzug, gestützt auf das Römerlager bei Kneblinghausen.

muntur. Nihil illa clade (als jene Niederlage) per paludes perque silvas cruentius fuit. Duci plus ad moriendum quam ad pugnandum animi fuit; nam se ipse gladio percussit. Ipsius ducis corpus, quod militum pietas humī (im Boden) abdiderat, a barbaris effoditur. Hac clade factum est, ut imperium, quod in litore Oceani non steterat (Halt gemacht hatte), in ripa Rheni fluminis staret.

Non accipimus bonam vitam, sed facimus (Seneca). Memento[C4] mori! Amici mores noveris[C4], non oderis! (Unglückliche Liebe) : Odi et amó.

	trēs, tria (Gen. trium, Dat. tribus)	*drei* (F. trois)	(ef)fodere, io, fōdī, fossus	graben, ausgraben	
	opprimere, o, pressī, pressus (premere 10)	niederdrücken, überwältigen (E. to oppress, F. opprimer)	lītus, oris n.	das Gestade, Ufer	
			stāre, sto, stetī, status	fest-, stillstehen (E. to stay, F. être)	29
25	palūs, ūdis f.	der Sumpf (E. pool)	accipere, io, cēpī, ceptus	annehmen, empfangen	30
	cruentus, a, um	blutig	meminisse, meminī (nur im Perfekt, Imperativ: mementō, -ōte)	sich erinnern	
27	percutere, io, cussī, cussus	durchstoßen, kräftig klopfen			
28	abdere, o, didī, ditus	verstecken	nōvisse, nōvī (nur im Perfekt)	kennen	31
			amāre (amīcus)	lieben (F. aimer)	

Grabstein des Cälius, gefunden zwischen Xanten (Colonia Traiana) und Birten (Castra Vetera) am Niederrhein, stellt einen römischen Hauptmann dar, der im Feldzug des Varus gefallen ist. Seitlich die Büsten seiner zwei Freigelassenen. Cälius gehörte zum Bezirk Lemonia und stammte aus Bononia (Bologna); er war triarius ordo, d. h. ein Offizier des dritten Gliedes.

Inschrift: M. ĊAELIO, T(iti) F(ilio), LEM(onia), BON(onia), [t(riario)] O(rdini) LEG(ionis) XIIX, ANN(orum) L III [ce]CIDIT BELLO VARIANO. OSSA [l(iberto-rum) i] NFERRE LICEBIT. P. CAELIUS T(iti) F(ilius) LEM(onia) FRATER FECIT.

E.

1. afficere, besonders das P.P.P. affectus, wird oft mit einem Substantiv im Ablativ verbunden und bezeichnet den körperlichen und seelischen oder geistigen Zustand: morbō, dolore, fiduciā, irā affectus (im Affekt!); D.: aus, wegen.
2. Drusus captivos magnā pecuniā sub corona vendidit. Passiv: Captivi magnā pecuniā (magnō pretiō, pretium = Preis) sub corona venierunt.
   Das Passiv zu vēndere (vēnum dare, zum Verkauf geben) bildet vēn-īre, ein Kompositum von ire (vēnum īre zum Verkauf gehen) verkauft werden. Preis im Ablativ.
3. Überdenke die Wertveränderung zweier Wörter:
   minus: L. minister, minister regis, D. Minister
   magis: L. magister, D. Meister, I. maestro (?), E. mister (Mr).
4. Nachdem Cäsar den Rhein zur Grenze zwischen Römern und Germanen gemacht hatte, beschloß der Kaiser Augustus, Germanien bis zur Elbe ins Römerreich einzubeziehen. So drangen seine Stiefsöhne Drusus und Tiberius vom Rhein, der Donau und der See her siegreich in germanisches Gebiet ein. Ihre Erfolge wurden zunichte gemacht durch die Unfähigkeit des römischen Statthalters Publius Quintilius Varus und die Tatkraft des Cheruskerfürsten Arminius. Über Einzelheiten der Schlacht bleiben trotz mehrfacher Überlieferung Unklarheiten bestehen.
5. Wortbildung: Verben, die ein Veranlassen bezeichnen, sind oft aus dem Stamm (Lexem) von Substantiven oder Adjektiven abgeleitet.
   a-Konjugation: firmus > firmare. Wie heißen die Verben zu liber, nudus, sanus, ebenso zu nomen, comes?
   i-Konjugation: finis > finire. Wie heißen die Verben zu vestis, custodia, servus?

F.

1. Der Ort der Schlacht im Teutoburger Wald liegt wahrscheinlich im Bereich Eggegebirge, Osning, Wiehengebirge, die zusammengefaßt von den Römern „saltus Teutoburgiensis" genannt wurden, An das Ereignis erinnert das von Bandel entworfene und im Jahre 1875 auf der Grotenburg bei Detmold errichtete Hermannsdenkmal. Hermann ist eine unzutreffende Verdeutschung des Namens Arminius. Überlege die Bedeutung der Schlacht für die germanisch-deutsche Geschichte!
2. Drusus und seine Nachfolger in der Verwaltung der römischen Provinzen am Rhein (Germania inferior und superior) legten zur Sicherung der Grenze Kastelle an, aus denen Städte entstanden sind. Schließe aus den L. Namen auf die daraus hervorgegangenen heutigen und ordne entsprechend zu:

Basilia	Mainz	Antumnacum	Köln
Mogontiacum	Koblenz	Ricomagus	Neuß
Bingium	Basel	Bonna	Andernach
Confluentes	Bingen	Colonia	Remagen
(confluere = zusammenfließen)		Novaesium	Bonn

   Überlege: Weshalb können andere bedeutende Städte in der Rheinebene wie Karlsruhe, Mannheim, Heidelberg, Frankfurt, Düsseldorf, Duisburg weder der Lage noch dem Namen nach auf römischen Ursprung zurückgehen?
3. Wahlspruch der Olympischen Spiele: altius, citius, fortius.
4. Du kennst aus dem E. die germanische und romanische Steigerung der Adjektive. Unterschied? Die romanischen Sprachen haben die L. Bildung mit ior, issimus verloren und steigern mit plus bzw. magis.

L. altus	F. plus haut,	I. piu alto,	Sp. mas alto
fortis	plus fort	piu forte	mas fuerte

XVII. Scipio diskutiert mit Lälius und Philus über den Staat

A.

I. Laelius: Eas artes discamus, quae efficiant, ut usui rei[C1] publicae simus! Quam ob rem[C1], ut hi dies feriarum nobis ad utilissimas rei publicae disputationes potissimum conferantur, Scipionem rogemus, ut explicet nobis, quem existimet optimum[C2] statum civitatis. Memineram enim persaepe (sehr oft) te, Scipio, de hac re disseruisse cum Panaetio et Polybio, duobus Graecis peritissimis rerum civilium. Qua in disputatione quoniam tu paratior[C3] es, nobis omnibus gratum feceris (du wirst eine Gefälligkeit erweisen), si de re publica, quid sentias, explicaveris.

Scipio Africanus minor: Non possum dicere me ullā in rē diligentius versari quam in ista ipsa, quae mihi a te, Laeli, proponitur. Sed non his contentus sum, quae de ista

B.

1	I. ars, artis, ium f.	die Kunst, Fertigkeit (E., F. art)
	discere, o, didicī (discipulus 1)	lernen, erfahren
	efficere, io, fēcī, fectus	bewirken, erreichen
	ūsus, ūs	der Nutzen, Gebrauch, die Erfahrung (E. use)
	ūsuī esse	zum Nutzen dienen, nützen
	rēs, reī f.	die Sache, Angelegenheit, das Ding
	rēs pūblica, reī pūblicae	der Staat, die *Republik* (E. republic, F. république)
2	ob (b. Akk.)	entgegen, wegen
	diēs, diēī m. (cottīdiē 3)	der Tag
	fēriae, ārum	die Ferien, Freizeit
	ūtilis, e (b. Dat.)	nützlich für (F. utile)
	disputātio, ōnis f. (disputāre 2)	die Erörterung, das Gespräch
	potius – potissimum (Adv.)	lieber, eher – am liebsten, hauptsächlich
3	rogāre	bitten
	exīstimāre	erachten, halten für
	bonus, melior, melius	gut, besser (F. meilleur)
	optimus, a, um	sehr gut, am besten
4	status, ūs (stāre 16)	der Zustand, die Verfassung, der *Staat* (E. state, F. état)
	disserere, o, seruī, sertus	auseinandersetzen, eingehend besprechen
5	cīvis, is, ium m.	der Bürger
	cīvīlis, e (cīvitās 9)	bürgerlich, öffentlich (E., F. civil)
	rēs cīvīlis	die öffentliche Angelegenheit, politische Frage, Politik
6	quoniam	weil, da ja
	parātior, -ius	bereiter, recht bereit, ziemlich bewandert
8	minor, minus	kleiner,
	minor (nātū)	kleiner (von Geburt), jünger
	minimus	der kleinste, sehr klein
	dīligēns, ntis	sorgfältig, gewissenhaft, genau (E., F. diligent)
	versārī, or, ātus sum	sich aufhalten in, sich beschäftigen mit
	iste, ista, istud (Deklin. wie ille)	dieser da
9	prōpōnere, o, posuī, positus	vorlegen, (als Ziel) vornehmen, vorschlagen (E. to propose, F. proposer)

C.

1. Substantive auf **-ēs,** Genitiv **-eī** gehören zur e-Deklination.
   Geschlecht: Feminina; nur diēs = der Tag ist Maskulinum.
   Ausgänge der e-Dekl.: Sing. **ēs, eī, eī, em, ē;** Plur.: **ēs, ērum, ēbus, ēs, ēbus.**
2. Einige häufig gebrauchte Adjektive verwenden bei der Steigerung verschiedene Stämme:
   bonus, a, um gut, melior, melius besser, optimus der beste;
   malus, a, um schlecht, pēior, pēius schlechter, pessimus der schlechteste;
   māgnus, a, um groß, māior, māius größer, māximus der größte;
   parvus, a, um klein, minor, minus kleiner, minimus der kleinste;
   multum viel, plūs, plūris mehr, plūrimum am meisten.
   (Vgl. D. gut, besser; E. good, better)
3. In hāc disputātiōne parātior es = Du bist in dieser Erörterung ziemlich bewandert.
   Der Komparativ ohne Vergleichsglied hat die Bedeutung „ziemlich, recht".
4. Quā (et hāc) lībertāte certē nihil potest esse dulcius = Et certē nihil potest esse dulcius quam haec lībertas.
   Statt quam mit dem Nominativ oder Akkusativ kann auch ein – meist vorangestellter – Ablativ den Gegenstand des Vergleichs ausdrücken. Dieser Ablativ des Vergleichs (abl. comparationis) beinhaltet den Ausgangspunkt des Vergleichs: „Von dieser Freiheit aus betrachtet" oder „im Vergleich zu dieser Freiheit" kann es nichts Angenehmeres geben.

D.

1. a) Dekliniere res publica, magna progenies, natalis dies.
   b) Unterscheide Parva res, parva re, parvae rei (!), parvas res; multos dies, multos deos, multis diebus (!), multis deis (!), multorum dierum, multarum dearum, diem, autem (!), hominum, dominum, rei (2), populi (2).
   c) Ablativ Sing.: amicō, vitā, magistratū, marī, rē––consule. Alle vokalischen Deklinationen enden im Abl. Sing. mit dem gelängten Stammvokal, die konsonant. – ohne Stammvokal – mit e.
2. Setze den Komparativ bzw. den Superlativ ein:
   Consilium tuum (besser) fuit quam patris; consilium matris (der beste) est. Aedificia oppidana (größer) sunt quam villae rusticae; templa deorum (am größten) sunt. Insula Sardinia paulo (kleiner) est quam Sicilia; insula Rhodus (sehr klein) est. Familia illa (mehr) pecuniae habet quam nostra; mercator ille (sehr viel) auri et argenti habet. Aliquando condicio feminarum (schlechter) quam nostra aetate erat; condicio servorum (am schlechtesten) erat.
3. Übersetze den Komparativ ohne Vergleichswort:
   Oratio tua longior fuit. Verba huius viri saepe vehementiora sunt. Rebus civilibus diligentius studeo. Somnus Plinii gravior erat.
4. a) Ersetze das quam nach dem Komparativ durch den Ablativ des Vergleichs:
   Terra minor est quam sol. Urbs Roma maior fuit quam Mediolanum. Nihil cruentius fuit quam illa clades (vgl. K. 16 A III).
   b) Entscheide, ob der Ablativ des Vergleichs den Nominativ oder Akkusativ mit quam ersetzt:
   Romani nihil illa clade cruentius experti sunt. Nihil pace melius dei rebus publicis praebere possunt. Nox omnibus noctibus nigrior densiorque erat (vgl. K. 13 A II).

consultatione scripta nobis sapientissimi homines Graeci reliquerunt. Quam ob rem peto a vobis, ut me audiatis ut (wie, als) civem Romanum usu et domesticis rebus magis et melius[C2] eruditum quam litteris Graecis.

Philus: Non hercule, Scipio, dubito, quin (daß) tibi ingenio praestiterit nemo. Usu quidem in re publica rerum maximarum[C2] facile omnes viceris (du übertriffst wohl).

Scipio: Discutiam, quod desideratis, ut potero. Ingrediar disputationem ea lege, ut eius rei, de qua quaeretur, explicetur nomen et quid declaretur et intellegatur eo nomine. Neque vero ita disseram de re tam illustri tamque notā, ut ad illa elementa sive (oder) elementarias illas res revolvar, quibus docti homines his in rebus uti solent: ut a prima congressione maris et feminae, deinde a progenie ordiantur. Ego potius ad usum popularem atque civilem de re publica disseram.

Laelius: Istud vero ipsum genus orationis, quod polliceris, exspecto.

II. Scipio: Est igitur res publica res populi, populus autem non omnis hominum

	cōnsultātio, ōnis f. (cōnsultāre 6)	die (An)frage, das Thema
10	sapiēns, entis (sapientia 11)	weise (F. savant)
	relinquere, o, līquī, lictus	zurück-, hinterlassen, aufgeben
11	domesticus, a, um (domus 15)	häuslich, einheimisch (E. domestic, F. domestique)
12	ērudītus, a, um	ausgebildet, unterrichtet
13	dubitāre dē	zweifeln an, Bedenken haben
	nōn dubitāre, quīn (b. Konjunktiv)	nicht zweifeln, daß
	praestāre, o, stitī (b. Dat.)	voranstehen, übertreffen
14	māgnus, māior, māius	groß, größer
	māximus, a, um	sehr groß, am größten
	facile (Adv.)	leicht
15	discutere, io, cussī, cussus (percutere 16)	zerstoßen, erörtern, *diskutieren* (E. to discuss, F. discuter)
	ingredī, ior, gressus sum (aggredī 16)	eintreten, eindringen, beginnen
16	dēclārāre (clārus 6)	deutlich machen, dartun
	intellegere, o, lēxī, lēctus	verstehen, begreifen
17	illūstris, e	klar, angesehen, wichtig (E. illustrious, F. illustre)
	nōtus, a, um	bekannt
	elementum, ī	Uranfang, Grundbegriff, Urstoff (E. element, F. élément)
18	elementārius, a, um	zu den Anfangsgründen, Grundbegriffen gehörig
	revolvere, o, volvī, volūtus	umwälzen (E. to revolve)
	Passiv: revolvī	zurückgehen auf
	ūtī, or, ūsus sum (b. Abl.)	Gebrauch machen von, gebrauchen
19	congressio, ōnis f.	die Verbindung, Zusammenkunft (E. congress, F. congrès)
	mās, maris m.	der Mann
	prōgeniēs, ēī f.	die Abstammung, Nachkommenschaft
	ōrdīrī, ior, ōrsus sum (ab)	anfangen, beginnen (mit)
20	populāris, e (populus 4)	zum Volk gehörig, Volks... (E. popular, F. populaire)
21	vērō	aber, in der Tat
	genus, eris n. (gēns 13)	das Geschlecht, *Genus*, die Art (E. gender [!], F. genre)
	pollicērī, eor, citus sum	versprechen

E.

1. Markus Tullius Cicero, Zeitgenosse von Cäsar und Pompejus, einer der gebildetsten Römer, war Rechtsanwalt und Redner, Politiker und Schriftsteller. Er versuchte, durch das Bekanntmachen und Übersetzen griechischer Schriftwerke die Römer auf einen höheren geistigen Stand zu bringen. Als sein Vorbild sah er den jüngeren Scipio an, der schon ein Jahrhundert vorher im berühmten Scipionenkreis gebildete Griechen und Römer zusammengeführt hatte. So benutzt Cicero die Gestalten dieses Kreises – Scipio selbst, die Griechen Polybius und Panaetius und die Römer Laelius und Philus –, um sie seine eigenen Gedanken und die seiner griechischen Vorbilder über den Staat erörtern zu lassen.
2. Die kunstvolle Sprache Ciceros bevorzugt
   a) Satzperioden

Quam ob rem,	ut hi dies feriarum . . . conferantur,	Scipionem rogemus,
Beginn des Hauptsatzes	eingeschobener Finalsatz	Kern des Hauptsatzes
ut explicet nobis		quem existimet optimum statum civitatis.
Konjunktionalsatz (Objekt zu rogemus)		indirekter Fragesatz (Objekt zu explicet).

   Löse ähnlich folgenden Satz auf:
   Qua in disputatione, quoniam . . . paratior es, nobis gratum feceris, si de re publica, quid sentias, explicaveris.

   b) logischen Aufbau (schrittweises Vorgehen)
   (1) Ingrediar disputationem ea lege, (2) ut eius rei, (3) de qua quaeretur, explicetur nomen, (4) et quid declaretur (5) et intellegatur eo nomine.
   (1) Cum penes unum est summa, regem illum nominamus; (2) cum autem est penes delectos, illa civitas optimatium arbitrio regitur; (3) illa autem est civitas popularis, in qua in populo sunt omnia.

   c) kunstvolle Wortverbindungen
   usu in re publica rerum maximarum (objektiver Genitiv, vgl. K. 4 C 8), coetus multitudinis iuris consensu et utilitatiis communione sociatus.

   d) Wortspiel
   est res publica res populi. Die Wörter publicus und populus gehören zum gleichen Stamm: populus > poplicus > publicus.
   Cicero gab in seinen Schriften und Reden der lateinischen Sprache ihre kunstvolle Ausbildung. Noch heute nennt der Italiener einen wortgewandten Fremdenführer „Cicerone" (spr. tsch).
3. Eine „sprechende" Wortsippe (vgl. K. 11 E 3):
   Wurzel fa, Verbum: fārī, for, fātus sum = sprechen, verkünden, erzählen; fāns, fantis das sprechende Wesen; īnfāns, īnfantis das Kleinkind; īnfandus, a, um (K. 17 A); fāma = das Gerücht, Gerede; fābula (K 5 A); fātum (K 14 A); fatērī (K 11 A); confitērī (K 11 A); fānum (K 6 A); profānus vor (= außerhalb) des Heiligtums, weltlich; fānāticus = von heiliger Begeisterung erfaßt.

F.

1. Auswertung des Textes: Was gilt – von Cicero nebenbei erwähnt – als Keimzelle einer Bürgerschaft? Welche vier wichtigen Aufgaben des Staates sind mit iuris consensus, utilitas, constitutio populi, consilium gemeint? Welches ist die klassisch gewordene Dreiteilung der Staatsformen? Warum gebraucht Cicero nicht die uns geläufigeren Wörter Monarchie, Aristokratie, Demokratie? Wie, glaubst du, steht Cicero (= Scipio) mit seinen Ansichten über den Staat zu Cäsars politischen Zielen?

coetus quoquo modo (auf beliebige Weise) congregatus, sed coetus multitudinis iuris consensu et utilitatis communione sociatus (sociare verbinden). Omnis autem civitas, quae est constitutio populi, omnis res publica, quae populi res est, consiliō quōdam regenda est, ut diuturna sit.

Id consilium aut uni tribuendum est aut delectis quibusdam aut suscipiendum est multitudini atque omnibus. Qua re cum penes unum est omnium summa rerum, regem illum unum vocamus et regnum eius rei publicae statum. Cum autem est penes delectos, tum illa civitas optimatium arbitrio regitur. Illa autem est civitas popularis – ita enim appellant –, in qua in populo sunt omnia.

Talis est quaeque (jede) res publica, qualis natura aut voluntas eius est, qui illam regit. Itaque nulla alia in civitate, nisi in ea, in qua populi potestas summa est, ullum domicilium libertas habet. Quā libertate[C4] certe nihil potest esse dulcius.

Dies diem docet. Rerum omnium magister est usus.
Nefārium est pēiōre exemplō pessimum facinus admittere.
ínfandúm (unsagbaren) renováre iubés, regīna, dolōrem.
(Worte des aus dem zerstörten Troja geflüchteten Äneas an die Königin Dido)

22	II. igitur (nachgestellt)	also
23	coetus, ūs	das Zusammentreffen, die Versammlung
24	cōnsēnsus, ūs (cōnsentīre 9)	die Übereinstimmung
	ūtilitās, ātis f.	die Brauchbarkeit, der Nutzen (E. utility, F. utilité)
	commūnio, ōnis f. (commūnis 12)	die Gemeinsamkeit
25	cōnstitūtio, ōnis f. (cōnstituere 12)	die Einrichtung, Bestimmung (E., F. constitution)
27	aut	oder
	aut . . . aut	entweder . . . oder
	(at)tribuere, o, buī, būtus	zuteilen, gewähren, erweisen
	dēlēctus, ī (dēligere 16)	der Auserwählte
	suscipere, io, cēpī, ceptus	über-, aufnehmen, wahrnehmen
	cum (iterātīvum) m. Indikativ	immer wenn (wiederholend)
	penes (b. Akk.)	im Besitz von, bei
	summa, ae	die höchste Stelle, oberste Gewalt, Gesamtheit (E. sum, F. somme)
29	rēgnum, ī (regere 13)	das Königtum, Reich, der Thron (E. reign, F. règne)
30	optimātēs, ium	die Vornehmen, Aristokraten
32	tālis, e – quālis, e	so beschaffen – wie (beschaffen) (F. tel-quel)
	voluntās, ātis f.	der Wille (F. volonté)
34	dulcis, e	süß, angenehm (F. doux)
	pēior, pēius, pessimus, a, um	schlechter, der schlechteste
	admittere, o, mīsī missus (mittere 10)	in Gang setzen, veranlassen, zulassen (E. to admit, F. admettre)
	renovāre (novus 5)	erneuern (E. to renew)
	dolor, ōris m. (dolēre 15)	der Schmerz (F. douleur)

2. Im Spanischen heißt infante das Königskind, der Prinz; seine bewaffneten Beschützer „infantria". Welche Bedeutung hat das Wort im Deutschen?
3. Welchen Sinn haben die Namen der zwei Fernsehpuppen Maxifant und Minifant? Was bezeichnet die Mode mit Maxi und Mini?
4. Wenn du ein Fußballanhänger bist, erkläre die Wörter: Fan, Libero, Liga, Favoriten, Amateure, Pokalspiel, Semifinale (vgl. Semideponentien; K. 20 C 2), Finalspiel, Fortuna, Arminia, Borussia.
5. Die wenigen Substantive der L. e-Deklination sind in den roman. Sprachen in die weibliche a-Deklination (fides > I. la fide, F. la foi) übergegangen, die der u- in die o-Deklination: cursus > I. corso, F. cours; casus > I. caso, F. cas; lacus > I. lago, F. lac.

Römischer Redner, sog. „Arringatore", gekleidet in der römischen Nationaltracht, der Toga. Der Mann, der den Arm und den Blick auf die Zuhörer gerichtet hat, ist offenbar gewöhnt, die Menschen mit Worten zu beherrschen.

XVIII. Neugier römischer Frauen

A.

I. Historia lepida (niedlich) de Papirio Praetextato a M. Catone in oratione cum multa venustate (Anmut) atque luce dicta scriptaque est: Quodsi rem ipsam scire vis[C1], res ad (in) hunc fere modum est. Mos antea senatoribus Romae fuit in curiam cum praetextatis filiis introire. Tum, cum in senatu res maior quaepiam (irgendeine) consultata eaque in diem posterum prolata est, placuit, ne[C4] quis (jemand) eam rem, de qua tractavissent, enuntiaret, priusquam decreta esset. Sed mater Papirii pueri, qui cum patre suo in curia fuerat, comperire[C3] voluit[C1], quid nam in senatu patres egissent. Puer respondit tacendum esse. Neque id dicere voluit. Mater, cum puer narrare nolit[C1], fit audiendi cupidior[C4]. Secretum rei et silentium pueri animum feminae ad inquirendum excitat.

II. Sed puer enuntiare non vult. Quaerit mater igitur violentius. Tum puer matre urgente lepidi mendacii consilium capit. ,,Actum est in senatu'', inquit, ,,quid rei publicae utilius videretur; utrum unus vir duas uxores habere an una mulier apud duos viros nupta fieri mallet[C1]. Illa ubi hoc audivit, pavorem non retinet, domo trepidans egreditur, ad ceteras matronas refert.

B.

1	I. historia, ae	die Geschichte (E. history, story, F. histoire)
2	lūx, lūcis f. (lūna 12)	das Licht, der Glanz
	quodsī	wenn also, wenn aber
3	velle, volo, voluī	*wollen* (E. will, F. vouloir)
	nōlle, nōlo, nōluī	nicht wollen
	mālle, mālo, māluī	lieber wollen
4	praetextātus, ī	Jugendlicher (unter 17 Jahre, der noch die purpurbesetzte Toga trägt)
	introīre, eo, iī, itus	hineingehen
5	posterus, a, um	der folgende, der Nachfahre
	prōferre, fero, tulī, lātus	vorwärtstragen, vor-, aufschieben
6	ēnūntiāre (nūntiāre 8)	ausplaudern, verraten
	priusquam (b. Indik. und Konj.)	bevor
7	comperīre, io, perī, pertus	erfahren
8	respondēre, eo, spondī, spōnsus	antworten (F. répondre)
	tacēre, eo, uī, itus	schweigen, verschweigen (F. se taire)
9	nārrāre	erzählen
	cupidus, a, um (b. Gen.)	begierig (nach) (F. cupide)
	sēcrētus, a, um	abgesondert, geheim
	sēcrētum, ī	das Geheimnis (E., F. secret)
10	silentium, iī	das Schweigen (E., F. silence)
11	II. violēns, entis	ungestüm (E., F. violent)
12	urgēre, eo, ursī	bedrängen (E. to urge)
	mendācium, iī	die Lüge
13	uxor, ōris f.	die Ehefrau, Gattin
14	nūpta, ae	verheiratet, die Ehefrau
	nūpta fierī	ge-, verheiratet werden
	pavor, ōris m. (impavidus 10)	die Angst (F. peur)
	egredī, ior, gressus sum	hinausgehen
15	mātrōna, ae	die (ältere) Frau

C.

1. velle: Präsens volo, vīs, vult ... Perfekt voluī
   nōlle (nē + volo): Präsens nōlo, nōn vīs, nōn vult ... Perfekt nōluī
   mālle (magis + velle): Präsens mālo, māvīs, māvult ... Perfekt māluī
   Diese Verben haben im Präsens ungewöhnliche Formen. Der Stamm wechselt bei velle zwischen vel und vol, vul (vīs ist kontrahiert aus vol-s > vois > vis); nolle hat zum Teil mit der Negation zusammengesetzte, zum Teil getrennte Formen nōlo, nōn vīs; mālle ist immer zusammengesetzt.
   Der Konjunktiv Präsens wird mit i gebildet (vgl. sim): velim, nōlim, mālim.
   Die übrigen Zeiten sind wie die eines konsonantischen Verbums gebildet.
2. Nōlī tangere! Nōlīte īnspicere!
   Mit den Imperativen von nōlle (nōlī, nōlīte) und folgendem Infinitiv drückt der L. einen verneinten Befehl aus.
3. Infinitiv oder a.c.i. nach velle, nōlle, mālle?
   Māter: „Cōnsulta senātōrum scīre volo.“ Māter: Tē cōnsulta senātōrum mihī ēnūntiāre volo.“
   Prüfe, ob das Prädikat des Hauptsatzes und der Infinitiv das gleiche Subjekt oder verschiedene haben! Daraus ergibt sich, ob velle, nōlle, mālle als Modalverben mit dem Infinitiv oder als Vollverben der Willensäußerung mit dem a.c.i. stehen.
   Was setzt der Deutsche im ersten, was im zweiten Fall?
4. Nebensätze, eingeleitet mit ut und nē:
   a) Parentēs Scipiōnem ōrāvērunt, ut aurum acciperet dōnum (als G.) virginis recuperātae (K. 9 A III). Fēminae virōs ōrāvẹrunt, nē adversāriīs līberōs dēderent (K 12 A III).
   b) Parentēs māgnum pondus aurī apportāverant, ut fīliam aurō recuperārent (K. 9 A III). Leucothea dea Ulixī balteum obtulit, nē submergerētur (K. 14 A III).
   c) Area (der Hof) ita cinere opplēta erat, ut exitus (der Ausgang) impedīrētur (K. 13 A II). Tanta fīdūcia Vārō erat, ut patefactā coniūrātiōne non percuterētur (K 16 A III). Caesar anteeuntēs competītōrēs ita superāvit, ut plūrima suffrāgia tulerit (K. 15 A I).
   ut mit dem Konjunktiv leitet ein:
   a) Wunsch- und Begehrssätze (D. daß)
   b) Absichts- oder Finalsätze (D. daß, damit, um zu), } beide verneint mit nē
   c) Folge oder Konsekutivsätze (D. [so]daß), verneint mit ut nōn.
5. memor, cupidus, perītus, potēns
   Trānio semper dominī memor erat (K. 5 A). Scīpio amīcīque eius rērum cīvīlium perītissimī erant (K. 17 A). Māter Papīriī audiendī cupida est (K. 18 A). Deī fātōrum potentēs sunt.
   Welche Kasusergänzung haben die vier Adjektive im L.?
   Gib sie im D. besser verbal wieder: sich erinnern, sich auskennen, verlangen, beherrschen.

D.

1. Unterscheide vīs (!), non vis, mavis, non vult, mavult, volebat; velim, cum nolim, vultis, voluistis, maluistis, vellet, volet, cum nollet, nolet, voluerunt, maluerunt!

III. Venit ad senatum postridie matrum caterva. Lacrimantes atque obsecrantes oraverunt, ut[C4] una potius ab duobus nupta fieret, quam ut uni viro duae essent. Senatores ingredientes in curiam, quae illa mulierum intemperantia (die Maßlosigkeit) et quid postulatio ista sibi vellet[C1], mirabantur. Puer Papirius in medium curiae progressus, quid mater audire voluisset, quid ipse matri dixisset, rem, sicut fuerat, narrat. Senatus fidem atque ingenium pueri laudat; consultum facit, ne[C4] posthac (hinfort) pueri cum patribus in curiam introeant praeter illum unum Papirium. Atque puero postea cognomen honoris causa attributum est „Praetextatus" ob tacendi loquendique in hac aetate prudentiam.

16	III. caterva, ae	die Schar
	lacrimāre	weinen
	obsecrāre	beschwören
19	postulātio, ōnis f.	die Forderung, das Anliegen
	sibī velle	bedeuten
	(ad)mīrārī, or, ātus sum	bewundern, sich wundern (E. to admire, F. admirer)
	medium, iī	die Mitte, das Mittelstück, die Vermittlung
20	prōgredī, ior, gressus sum	vorrücken, vortreten (E. to progress)
21	sīcut(i)	so wie, gleichwie
	fidēs, eī f. (fidus 1)	die Treue, Zuverlässigkeit, der Glaube (E. faith, F. foi)
	cōnsultum, ī	der Beschluß
22	praeter (b. Akk.)	außen entlang, außer
23	cōgnōmen, inis n.	der Beiname
24	loquī, or, locūtus sum	sprechen
	prūdentia, ae	die Klugheit, Umsicht, Kenntnis (E., F. prudence)

Römische Kurie. Das Innere der Kurie ist heute von erhabener Einfachheit. Der Raum hat bei 27 zu 18 m Fläche und 20 m Höhe auf den Seiten drei breite Stufen, auf denen einst die Sessel für die Senatoren standen und im Hintergrund ein Podium für den Vorsitzenden des Senats (vgl. Bild S. 160).

2. Forme die Befehle verneint: intra! intrate! inquire causas! praedam dividite! in curiam introi! in curiam ingredimini!
3. Unterscheide bei velle, nolle, malle den Infinitiv und den a.c.i.:
   Discipulus: „Primus esse volo." Parentes: „Te primum esse volumus." Varus feritatem Germanorum domare voluit. Germani mores suos a Romanis mutari noluerunt. Plinius amicos oppressos adiuvare maluit quam procul tremorem observare. Pomponianus, amicus Plinii, feminas liberosque servari voluit.
4. Gib die Art des Nebensatzes an, setze die einleitende Konjunktion und gegebenenfalls die Negation ein:
   Decretum est, (daß nicht) senatores eam rem enuntiarent. Rectina orabat, (daß) Plinius se liberaret. Senatus consultum facit, (daß nicht) pueri curiam introeant. Animus Papirii tam firmus erat, (daß er nicht) precibus matris commoveretur. Caesar collegam in eam desperationem redegit, (daß nicht) domum relinqueret. Socii Ulixem ad mālum (Mast) alligaverunt, (damit nicht) carminibus Sirenarum allliceretur. Ulixes socios obsecravit, (daß sie nicht) spectaculo Sirenarum terrerentur (und nicht) perturbarentur. Explorator properat, (um zu) imperatori insidias Germanorum nuntiet. Varo tanta pacis fiducia erat, (daß er nicht einmal) media in Germania impetum Germanorum timeret.
5. Ergänze: Cicero peritissimus (im Recht und den Wissenschaften), Caesar (im Kriegführen) erat. Barbari capti (nach Wasser und Speise) cupidi erant. Quis non libenter (schöner Stunden) memor est? Ille vir (seinen Körper) non potens est.

E.

1. Weshalb ist in dem Sprichwort „Ést spes ín dubiís sempér comes óptimus rébus" trotz der freien Wortfolge der Sinn des Satzes eindeutig?
2. Die Vorsilbe in- (im- vor m, b und p) hat eine zweifache Bedeutung:
   a) als Präposition = in, zu, nach, hin (E. [in]to, F. en)
   b) als verneinende Partikel = un- (E. un, F. in, im)
   Wiederhole die Bedeutung und begründe sie:
   imprimis, impetus, ingredi, inire, inquirere, insidiae, invenire, invocare; – impavidus, improvidus, immobilis, infirmitas, infandus, inimicus, iniuria, inopia, ignorare (vgl. noscere)
   Wie heißt die Verneinung zu certus, firmus, gratus, memor, validus?
3. Erkläre aus den Vokabeln der Kapitel 16 bis 18 folgende Wörter des D.: (16) Affekt, Aggression, Amateur, Argentinien, disponieren, Faktum, Faktotum, Fazit, Individuum, Invalide, Jura, kapern, Korrektur, Majorität, Manufaktur, Nihilist Optimismus, Pessimismus, Paar, Parität; (17) Artist, Attribut, Deklaration, Effekt, in medias res, Kommunion, Kongreß, Konsens, Konstitution, Konsultation, Maximum, Minimum, populär, Relikt, Reliquien, Rebus, Revolution, Revolver, zivil, Zivilist; (18) Dentist, Inspektor, Sekretär, Takt, Tangente, Traktor.

F.

1. Eine staatsbürgerliche Unterweisung kennt die Antike nicht. Das wirksamste Mittel der politischen Erziehung war für die Römer das Vorbild der Ahnen (exempla maiorum), das Ziel die Leistung für die res publica. Wie dies praktiziert wurde, davon gibt die Geschichte des Papirius ein anschauliches Bild. Was hältst du davon, daß unsere Jugend an den Sitzungen der Volksvertretungen (Bund, Land, Gemeinde) teilnehmen darf?

Ducunt volentem fata, nolentem trahunt. – Noli[C2] me tangere!
Magna voluisse magnum est. – Nolite[C2] dentes inspicere equi donati!
Sic volo, sic iubeo – Ést spes ín dubiís sempér comes óptimus rébus.

25	trahere, o, trāxī, tractus	(weg)ziehen, vorwärtsziehen (E. to train)	
	tangere, o, tetigī, tāctus	berühren	
26	dēns, dentis, ium m.	der Zahn, die Spitze (E. tooth, F. dent)	
	īnspicere, io, spēxī, spectus	hineinschauen, besichtigen	
	sīc	so	27
	spēs, speī (dēspērāre 9)	die Hoffnung	
	dubius, a, um (dubitāre 17)	zweifelhaft, bedenklich, gefährlich (E. dubious)	

XIX. Augustus, Mehrer des Reiches und Friedensfürst

A.

I. Annos undeviginti[C1] natus privatō consiliō et privatā impensā exercitum comparavi, per quem rem publicam a dominatione factionis oppressam in libertatem vindicavi. Bella terrā et marī (zu Wasser und zu Lande) civilia externaque toto (in) orbe terrarum saepe gessi victorque omnibus veniam petentibus civibus peperci. Milia[C2] civium Romanorum sub sacramento meo fuerunt circiter quingenta[C1]. Ex quibus deduxi in colonias aut remisi in municipia sua stipendiis emeritis milia aliquanto (etwas) plura quam trecenta. Iis omnibus agros assignavi aut pecuniam pro

B.

1	I. nāscī, or, nātus sum	geboren werden (F. naître)	
	nātus, a, um	geboren, alt (F. né)	
	prīvātus, a, um	persönlich, *privat* (E. private, F. privé)	
	impēnsa, ae	der Aufwand, die Kosten	
2	dominātio, ōnis f. (dominus 3)	die Gewalt, Herrschaft (E., F. domination)	
	factio, ōnis f. (facere 16)	das Tun, die Tatgemeinschaft, Partei	
3	extrā (b. Akk.)	außerhalb, über ... hinaus	
	externus, a, um	außerhalb, auswärtig (E. external, F. externe)	
	venia, ae	die Verzeihung	4
	parcere, o, pepercī, temperātum (b. Dat.)	Schonung gewähren, schonen	
	mīlle, Plural mīlia, ium	tausend, Tausende, *Meilen* (F. mille)	
	circā = circum = circiter (b. Akk.)	um . . . herum, ungefähr	5
	colōnia, ae	die Ansiedlung, *Kolonie* (E. colony, F. colonie)	6
	remittere, o, mīsī, missus	zurückschicken, nachlassen	
	mūnicipium, iī	die Landstadt (F. municipe)	
	ēmerēre, eo, uī, itus (merēre 15)	ausdienen, zu Ende bringen	
	assīgnāre (sīgnum 12)	zuweisen, zuteilen	7

2. Der erwähnte Papirius bekleidete drei Jahrzehnte später in Rom das am höchsten geachtete Staatsamt, die Zensur (censura). Unabhängig von den übrigen Beamten (Konsul etc.) besorgte der Zensor die Veranlagung der Bürger zur Steuer, die Aushebung für den Wehrdienst, die Ergänzung des Senats durch neue Mitglieder, die moralische – nicht die richterliche! – Überwachung der Bürger im öffentlichen Leben. Welche Bedeutung hat demgegenüber unsere heutige „Zensur"?
3. Auch das Fernsehen gebraucht viele lateinische Wörter. Erkläre Audivision, Diskussion, Infra-test, Krimi, Medien, Moderator, Monitor, Plus-Minus, Pro – Contra, Regionalsendung, Report, Reportage, Video-Rekorder!
4. Was bedeutet der Ausdruck „nolens volens"?
5. Folgende lustigen Verse (W. Busch) kennst du sicher im D. Wortlaut:

   Dolo primo vix finito
   alter comparatur cito.

   Istud factum est narratum,
   et iam novum fit paratum.

C.

1. Der L. unterscheidet Grund- (Kardinal-) und Ordnungs- (Ordinal-)zahlen. Beide Gruppen sind von 1 bis 10 bereits bekannt. Die Zahlen 11 bis 17 sind Zusammensetzungen der Einer mit zehn. Die beiden letzten Werte vor den folgenden Zehnern und Hundertern zieht der L. ab: duo-dē (zwei von) und ūn-dē (eins von). Die Zehner 30 bis 90 und Hunderter 200 bis 900 sind Erweiterungen der Grundzahlen 2 bis 9. Dazu treten vīgintī (20), centum (100) und mīlle (1000). Tabelle der Zahlen im Anhang.
2. Dekliniert werden von den Grundzahlen ūnus, duo, trēs, die Hunderter und Tausender. Mīlia hat den Genitiv (vgl. K. 12 C 6) hinter sich, wenn dieser unmittelbar folgt: tria mīlia mīlitum, aber tria mīlia quīngentī mīlitēs.
3. Für Jahresdaten und Stundenangaben werden die Ordnungszahlen gebraucht: hōrā sextā, ab urbe conditā (seit Gründung der Stadt) annō centēsimō vīcēsimō.
4. Außer Grund- und Ordnungszahlen kennt der L. Einteilungs-(Distributiv-)zahlen (z. B. singuli einzelne, je einer) und Zahladverbien (semel einmal, bis zweimal, ter dreimal). Andere Zahladverbien werden aus den Ordnungszahlen gebildet: primum zum erstenmal, tertium zum drittenmal.
5. Zahlzeichen oder Ziffern im L.: Die kleineren Werte werden durch Striche bezeichnet: I, II, III, IIII, durch zwei gekreuzte Striche die zehn = X, die Hälfte davon, fünf = V. Die Zeichen C und M sind die Anfangsbuchstaben von centum und mille, die Hälfte von M ist D (500); das Zeichen für 50 = L ist griechischen Ursprungs. Die Bezeichnungen der Rechenvorgänge benutzen wir noch: numerāre; computāre oder addere; subtrahere oder dēdūcere; multiplicāre und dīvidere.

D.

1. Zähle mit Grund- und Ordnungszahlen: 1 bis 10, 11 bis 20, 20 bis 30, 70 bis 80, 100 bis 110, 111 bis 120, 150 bis 160.
   Führe die Reihe fort: 110, 220, 330 . . . 990.
2. a) Übersetze: triginta vel triginta unus dies mensis; trecenti sexaginta quinque dies anni; viginti quattuor horae diei; mille nongenti septuaginta sex anni; duodetriginta discipuli unius classis; quadraginta unus viri; cum quinquaginta

Der Friedensaltar des Augustus (Ara Pacis), jüngst in Rom wiederaufgebaut, ist das bedeutendste Zeugnis klassisch-römischer Baukunst. Der Ausschnitt aus dem Fries zeigt die fruchtbare Erdgöttin Tellus mit Kindern auf dem Arm und mit Früchten im Schoß. Ihr zu Füßen lagern ein Rind und ein Schaf; hinter ihr blühen Ähren. Seitlich schweben Gedeihen bringende Windgöttinnen heran.

praemiis militiae dedi. Dies autem, per quos ex senatus consulto supplicatum est, fuere (= fuerunt) octingenti nonaginta[C1] (DCCCLXXXX)[C5]. II. Dictaturam et absenti et praesenti mihi a populo et a senatu delatam non recepi. Princeps senatus usque ad eum diem, quo scripseram haec, per annos quadraginta fui. Complures census feci. Secundo[C3] censu censa sunt civium Romanorum capita quadragiens (40×) centum milia et ducenta triginta tria milia. Legibus novis me auctore latis multa exempla maiorum exolescentia (verschwin-

8	praemium, iī	die Belohnung, *Prämie*
	mīlitia, ae (mīles 9)	der Kriegsdienst, *Militär*(zeit) (F. milice)
	supplicāre (supplicium 10)	Dankgebete darbringen, beten (E. to supplicate)
10	II. dictātūra, ae	die Stellung des unbeschränkten Herrschers, *Diktatur* (E. dictatorship, F. dictature)
	praesēns, entis	gegenwärtig, anwesend (E. present, F. présent)
11	recipere, io, cēpī, ceptus	annehmen, einnehmen (E. to receive, F. recevoir)
	usque ad	bis zu
12	complūrēs, a, ium	mehrere
	cēnsus, ūs (cēnsēre 8)	die Schätzung, Volkszählung
14	lēgem ferre	ein Gesetz einbringen, beantragen
	auctor, ōris m. (auctōritās 10)	der Urheber, Veranlasser, Verfasser (E. author, F. auteur)
	māiōrēs, um m.	die Ahnen, Vorfahren

uno viris; sexaginta duae feminae; cum septuaginta tribus incolis; duodeviginti naves; in viginti duabus navibus.

b) Beachte mille und milia: mille quingentae quinquaginta duae feminae; tria milia sescenti homines; cum duobus milibus sescentis hominibus; duo milia hominum; cum tribus milibus incolarum.

3. Gib die römischen Ziffern mit Zahlwörtern wieder und übersetze: Caesar ab urbe condita anno DCXCVI Helvetios vicit. Legio illa vigiliā IV. profecta erat. Anno post urbem conditam DCCLXVII Octavianus Augustus mortuus est. Imperium Romanum a Germanis anno p. Chr. n. CDLXXVI deletum est.
4. Octavianus Augustus primum consul fuit post urbem conditam anno septingentesimo vicesimo quarto, quintum anno septingentesimo quadragesimo secundo. Non semel, sed iterum et tertium hoc dixi.

E.

1. Gajus Oktavianus, mit dem Beinamen Augustus (63 v. Chr. bis 14 nach Chr.), Neffe und Adoptivsohn Cäsars, wurde in blutigen Kämpfen gegen die Partei der Cäsarmörder und den Cäsarfreund Markus Antonius Herr des Reiches. Er knüpfte unter Ablehnung der Diktatur an die Tradition der res publica an, ließ die republikanischen Ämter und Einrichtungen bestehen und nannte sich „princeps". Seine Staatsform (principatus) hat man als Doppelherrschaft von Prinzeps und Senat bezeichnet.

Augustus
Die Statue des Kaisers (Vatik. Museum, Rom) mit Panzer und Feldherrnmantel hat eine Gesamthöhe von über 2 m. Augustus ist dargestellt, wie er mit erhobener Rechten eine Rede an das Volk oder Heer hält. (s. Bild auf S. 123 – Kap. 20)

Antikes Wagenrennen im Circus Maximus. Das Relief stellt ein Rennen zwischen 8 Quadrigen dar. Rechts oben hat der Sieger soeben die zwei Zielsäulen durchfahren. Herolde im Hintergrund verkünden den Sieg. In der Ehrenloge links oben Zuschauer.

dende) iam ex nostro saeculo reduxi et ipse multarum rerum exempla imitanda posteris tradidi. Cum ex Hispania Galliaque rebus in iis provinciis prospere gestis Romam redii Tiberio Nerone et Publio Quintilio consulibus, aram (den Altar) Pacis Augustae senatus pro reditu meo consecrandam censuit. Consul undecimum [C4] (zum elftenmal) duodecim frumentationes frumento privatim coempto emensus sum. Consul duodecimum (zum zwölftenmal) trecentis et viginti milibus plebis urbanae sexagenos (je sechzig) denarios viritim dedi. Ter [C4] munus gladiatorium

15	saeculum, ī	das Zeitalter, Jahrhundert, die vergängliche Welt (F. siècle)
	redūcere, o, dūxī, ductus	zurückführen, wiedereinführen (F. réduire)
	imitārī, or, ātus sum	nachahmen (E. to imitate, F. imiter)
16	trādere, o, didī, ditus	übergeben, überliefern
	prosper, era, erum	glücklich, erfolgreich
18	reditus, ūs (redīre 15)	die Rückkehr
	cōnsecrāre (sacer 6)	(ein)weihen
19	frūmentātio, ōnis f.	die Getreidespende
	frūmentum, ī	das Getreide, Korn (F. froment!)
	prīvātim (Adv.)	im eigenen Namen, persönlich
	(co)emere, o, ēmī, ēmptus	kaufen, aufkaufen
	ēmētīrī, ior, mēnsus sum	zumessen, aus-, zuteilen
21	urbānus, a, um	städtisch, großstädtisch (E. urban, F. urbain)
	dēnārius, iī	Silbermünze, der *Denar* (etwa 80 Pf.)
	virītim (Adv.)	Mann für Mann, einzeln
	ter (Adv.)	dreimal
	mūnus, eris n.	die Leistung, das Geschenk, das Schauspiel
	gladiātōrius, a, um (gladius 2)	Fechter … *Gladiatoren*

Römisches Wagenrennen aus dem Film „Ben Hur"

2. Der von Augustus selbst verfaßte Rechenschaftsbericht wurde nach seinem Tod an seinem Mausoleum in Rom und in allen Provinzhauptstädten als Inschrift aufgestellt. Am besten erhalten ist das Exemplar von Ancyra – heute Ankara –, monumentum Ancyranum genannt. Man vergleiche es mit den Erinnerungen anderer Politiker wie Bismarck, Adenauer, Churchill. Überlege, aus welchem Grund die in K. 16 A 3 geschilderten Ereignisse im Bericht des Augustus nicht erwähnt sind (Absicht? Zeit der Niederschrift?)!
3. Rechne die erwähnten 890 Feste auf die 45 Regierungsjahre des Augustus um! Bedenke: Unser Sonntag, d.h. jeder 7. Tag als Ruhetag, war nicht bekannt. Die Zahl der regelmäßigen Staatsfeste betrug im Jahr etwa 45, von denen die Vestalia (9. Juni zu Ehren der Göttin Vesta) und Saturnalia (17.–19. Dezember zu Ehren Saturns) die bedeutsamsten waren.
4. Ziehe aus den Zahlenangaben der zweiten Volkszählung des Augustus Rückschlüsse auf die gesamte Bevölkerung. Frauen, Kinder, Einwohner ohne Bürgerrecht und Sklaven sind in der Zahl nicht enthalten! Welche Verbindung ergibt sich zu der am Schluß des Textes zitierten Stelle des Lukas-Evangeliums?

dedi meo nomine, quinquiens (fünfmal) filiorum meorum aut nepotum nomine; quibus muneribus pugnaverunt hominum circiter decem milia.

III. Omnium provinciarum populi Romani, quibus finitimae fuerunt gentes, quae non parērent imperio nostro, fines auxi. Gallias et Hispanias provincias, item Germaniam, qua (wo) claudit Oceanus, a Gadibus ad ostium Albis fluminis pacavi. Classis mea per Oceanum ab ostio Rheni usque ad fines Cimbrorum navigavit, quo neque terrā neque marī quisquam (irgendeiner) Romanus ante id tempus adiit. Meo auspicio ducti sunt duo exercitus eodem fere tempore in Aethiopiam et in Arabiam; maximae hostium copiae caesae sunt in acie et complura oppida a praefectis meis capta. Pannoniorum gentes, quas antea populi Romani exercitus nunquam adiit, Tiberii Neronis ducatu victas imperio populi Romani subegi protulique fines ad ripam fluminis Danuvii. Cum scripsi haec, annum agebam septuagesimum sextum (LXXVI).

Bis dat, qui cito dat. Cito pede labitur aetas.
Exiit edictum a Caesare Augusto, ut describeretur universus orbis (Lukas 2,2)

22	nepōs, nepōtis m.	der Enkel, *Neffe* (E. nephew, F. neveu)
25	III. parēre, eo uī	gehorchen
	augēre, eo, auxī, auctus	vergrößern, erweitern
	item	ebenso, ebenfalls (E., F. item)
26	pācāre (pāx 9)	befrieden, unterwerfen (F. apaiser)
30	hostis, is, ium m.	der Feind
	caedere, o, cecīdī, caesus	niedermachen, töten
	aciēs, ēī f.	die Schärfe, Frontlinie, Schlacht
31	praefectus, ī	der Befehlshaber, Kommandant
32	ducātus, ūs (dux 16)	die Feldherrenwürde, Führung
35	pēs, pedis m.	der Fuß (F. pied)
36	exīre, eo, iī, itus	herausgehen
	ēdictum, ī	der Erlaß, das Gebot (E. edict, F. édit)
	ūniversus, a, um	alle zusammen, gesamt (E. universal, F. universel)
C	condere, o, didī, ditus	gründen, erbauen

Abacus. Zwei Kaufleute rechnen mit Hilfe des Abacus. Rechensteine (calculi) werden in den Hunderter-, Zehner- und Einerspalten verschoben (calculare). Links gibt ein Fingerrechner offenbar Hilfestellung.

5. Wortbildung:
   a) Substantive auf -io bezeichnen eine Tätigkeit (D. Morphem: -ung): deliberatio, desperatio, disputatio, obsidio, statio. Gib die zugrunde liegenden Verben an!
   b) Substantive auf -atus bezeichnen ein Amt oder eine Würde: consulatus, comitatus, ducatus, magistratus, pontificatus, principatus, senatus.
6. Zahlwörter des L. im D.:
   Uniform, Dualismus, Duett, Trio, Trinität, Tertial, Quartal, Quartett, Quintett, Oktav, Dezimeter, Dezimalsystem, Duodezimalsystem, Zentner, Zentimeter, Pro Mille.

F.

1. Zeitrechnung: Bei den meisten Kulturvölkern werden heute die Jahre nach dem Abstand von der Geburt Christi gerechnet. Die Römer kannten vor allem zwei Arten der Jahreszählung: 1. Die Angabe der zwei Konsuln des Jahres (z.B. oben Tiberio Nerone et Publio Quintilio consulibus = 13 v. Chr.); 2. Die Zählung des Abstands von der Gründung Roms. Die erste Art endete mit dem Untergang des römischen Reiches, die zweite wurde bis ins 18. Jahrhundert noch gebraucht. Die heutige christliche Zeitrechnung, von dem kirchlichen Schriftsteller Dionysius Exiguus im 6. Jahrhundert begründet, bürgerte sich erst langsam ein, nachdem auch die vorchristliche Zeit darauf umgestellt war.
2. Das Rechnen mit römischen Zahlen war sehr umständlich. Multipliziere du einmal CLXXXVI und XXXI oder dividiere sie: Die Römer benutzten dazu ein Rechenbrett (L. abacus), auf dem in getrennten Spalten für Einer, Zehner und Hunderter kleine Steine (L. calculus!) herauf- bzw. heruntergeschoben wurden (calculare). Das Ergebnis stand auf der obersten (!) Querlinie (linea), daher „summa" genannt. Diese schwerfällige Rechenart wurde im Abendland angewandt, bis sich vom Beginn der Neuzeit an die einfacheren indisch-arabischen Zahlzeichen (mit der Null und dem Stellenwert) durchzusetzen begannen. Erkläre die sprachlich abweichenden Wörter, D.: Null, E.: zero, F.: zéro.
3. Viele heutige Münzbezeichnungen entstanden aus folgenden L. Wörtern: centum, centesimus, corona, crux (crucis), denarius, ducatus, libra, moneta, pensum (von pendere = das Abgewogene), pondus, scutum. Führe auf die L. Wörter zurück:
   E.: money, pound (Abkürzung: £), crown; Abkürzung d (= denarius) für penny
   F.: monnaie, centime; früher: livre, ducat (D.: Dukaten!)
   I.: moneta, lira, centesimo, denaro (Geld!)
   Sp.: peso, peseta, centimo, moneda
   Portugal: (e)scudo, centavo
   Argentinien, Mexiko: peso, centavo
   Brasilien: cruzeiro, centavo
   Dänemark, Schweden: Krone
   Tschechoslowakei: Koruna
   Jugoslawien, Tunesien: Dinar
4. Die gemeinsame Abhängigkeit der romanischen Sprachen vom L. ist an den Zahlwörtern gut zu erkennen, z.B.

L.:	F.:	I.:	Sp.:
unus	un	uno	uno
viginti	vingt	venti	veinte
centum	cent	cento	ciento

   Im romanischen Ausland wirst du die Zahlen schnell begreifen.

XX. Ein Attentat auf den Kaiser Augustus

A.

I. Cum imperator Augustus annum quadragesimum transisset, delatum est ad eum indicium Cn. Cinnam, stulti ingenii virum, insidias principi struere. Dictum est, et ubi et quando et quem ad modum aggredi vellet. Unus ex consciis deferebat. Constituit Augustus se ab eo vindicare. Nox illi inquieta erat, cum cogitaret adulescentem patricium, Cn. Pompei nepotem, damnandum esse. Gemens subinde voces varias emittebat (gab von sich) et inter se contrarias. Quid ergo faciam? Ego percussorem (den Mörder) meum securum ambulare patiar? Ergo non dabit poenas, qui caput tot civilibus bellis frustra petitum, tot navalibus, tot pedestribus proeliis incolume, postquam terrā marīque pax parata est, occīdere constituit?

II. Interpellavit tandem illum Livia uxor et: „Admittis", inquit, „muliebre consilium? Fac[C6], quod medici solent[C2], qui, ubi usitata remedia non prosunt[C1], temptant

B.

2	I. indicium, iī	die Anzeige, das Anzeichen
	(cōn)struere, o, strūxī, strūctus	aufschichten, bereiten, bauen
3	quandō	wann (F. quand)
	cōnscius, a, um (scīre 9)	mitwissend, der Mitwisser (E. conscious)
4	inqiētus, a, um	unruhig
5	patricius, a, um (pater 11)	*patrizisch*, adelig (E. patrician, F. patricien)
	damnāre, condemnāre	verurteilen, *verdammen* (E. to condemn, F. condamner)
	gemere, o, uī itus	seufzen, stöhnen (F. gémir)
	subinde	wiederholt
	varius, a, um	verschieden, bunt (E. various)
6	contrārius, a, um	gegenüberliegend, entgegengesetzt (E. contrary, F. contraire)
	ergō	also
7	sēcūrus, a, um (sēcūritās 13)	sorglos, sicher (E. secure, sure, F. secur, sûre)
	ambulāre	umhergehen (F. aller)
	pati, ior, passus sum	leiden, dulden, (zu)lassen
	poena, ae (pūnīre 10)	das Strafgeld, die Strafe, Buße, *Pein*
	poenās dare	Bußgeld zahlen, bestraft werden
8	nāvālis, e (nāvis 13)	zu Schiff, zur See
	pedester, tris, tre (pēs 19)	zu Fuß, zu Lande
	proelium, iī	das Treffen, Gefecht
	incolumis, e	unversehrt
9	occīdere, o, cīdī, cīsus (caedere 19)	niederschlagen, töten
10	II. interpellāre (appellāre 9)	unterbrechen, lebhaft fragen (F. interpeller)
	tandem	endlich
11	solēre, eo, solitus sum	pflegen, gewohnt sein
	ūsitātus, a, um (ūsus 17)	gebräuchlich, üblich
	remedium, iī	das Heilmittel (E. remedy, F. remède)
	prōdesse, prōsum, prōfuī	nützen
	temptāre	versuchen (F. tenter)

C.

1. Bei prōdesse, einem Kompositum von esse, fällt das d der Vorsilbe vor Konsonanten weg:

Präsens Indikativ	prōsum, prōd-es	Konjunktiv	prō-sim, prō-sīs
Imperfekt Indikativ	prōd-eram	Konjunktiv	prōd-essem
Futur I	prōd-ero	Perfekt	prō-fuī

2. Die drei Verben audēre, gaudēre, solēre sowie (cōn)fīdere haben im Präsensstamm aktive, im Perfektstamm passive Formen wie Deponentien. Man nennt sie deshalb Halb- oder Semideponentien.
3. Nē mē interpellāveris, nē prōclāmāveritis; nē dīxeris, nē dīxeritis. nē mit dem Konjunktiv Perfekt drückt den verneinten Imperativ aus. (Welche andere Möglichkeit hat das L.?)
4. Augustus diū locūtus esse dīcitur (fertur).
   Augustus et Cinna diū locūti esse dīcuntur (trāduntur).
   Die persönlich gebrauchten Passivformen von dīcere, ferre, trādere, putāre mit beigesetztem Infinitiv (sogenannter Nominativ mit Infinitiv, n. c. i.) drücken eine Annahme, ein Gerücht, einen Glauben aus: Man sagt (überliefert, berichtet, glaubt) von ihm, daß...; er steht im Rufe...; der Überlieferung, dem Bericht nach...
   Vergleiche dazu im Englischen: The Emperor Augustus is said (Augustus and Cinna are said) to have had a long speech.
5. iubēre und vetāre mit a. c. i. Aktiv und n. c. i. Passiv.
   a) Augustus servōs alteram cathedram pōnere iubet; imperātor servum iānuam aperīre vetat. Servī alteram cathedram pōnere iubentur. Servus īanuam aperīre vetātur. (Vgl. E.: The slaves are ordered to set a chair).
   iubēre und vetāre sind transitive Verben und stehen mit dem a.c.i. bzw. n.c.i. Übersetze zunächst wörtlich mit „auffordern" und „durch Verbot hindern" (D.: Infinitiv), dann als a.c.i. mit „befehlen" und „verbieten" (D.: daß-Satz).
   b) Augustus cathredam pōnī iubet; iānuam aperīrī vetat.
   Wenn beim Infinitiv keine tätige Person genannt wird, an die sich der Befehl (das Verbot) richtet, setzt der L. der Eindeutigkeit wegen den passiven Infinitiv (D.: daß-Satz im Passiv, freier „lassen, nicht lassen" mit dem Infinitiv Aktiv.
6. Die Verben dīcere, dūcere, facere verlieren im Singular des Imperativs (wie ferre K. 14 C 2) das auslautende e: dic, duc, fac, fer.

D.

1. a) Konjugiere im Präsens: Homini misero prosum.
   b) Unterscheide prosumus, profuimus, prodes, prodesses, prosimus, proderat, profuerat; prodesse potest; amici nobis aderunt et proderunt; vicino aegro remedium prodesse non potuit, nobis saepe profuit.
   c) Ersetze durch prodesse: amicitia firma omnibus usui est. Illa societas populo nostro usui erit. In convivio proclamamus: hoc tibi usui sit!
2. a) Ersetze durch gaudere: laeti sumus, laetus erit, laeti simus, laeti fuerunt, laetus es (!).
   b) Unterscheide audere und audire: audiunt, audent, ausi sunt, audiverunt, auditi sunt, audite, audete.
   c) solere: Augustus, ut facere solebat (= ut faciebat), adversario ignovit. Augustus consilia Liviae uxoris admittere solet.

contraria. Severitate nihil adhuc profecisti. Nunc tempta, quomodo tibi cedat clementia. Dic[C6] Cinnae te ignoscere. Deprehensus est; nocere tibi non iam potest; prodesse famae tuae potest." Augustus gavisus[C2] est, quod sibi advocatum (Anwalt) invenerat; uxori quidem gratias egit.

III. Cinnam unum ad se arcessivit dimissisque omnibus e cubiculo, cum Cinnae alteram cathedram poni[C5] iussisset: „Hoc", inquit, „primum a te peto! Ne me loquentem interpellaveris[C3]! Ne in medio sermone meo proclamaveris! Dabitur tibi loquendi liberum tempus. Ego te, Cinna, cum in hostium castris invenissem, servavi; patrimonium (das väterliche Erbe) tibi universum concessi. Hodie tam felix et tam dives es, ut victo tibi victores invideant. Cum (obwohl) sic de te meruerim, occīdere me constituisti."

IV. Ne totam, eius orationem repetam – diutius enim quam duabus horis locutus esse dicitur[C4], cum hanc poenam, quā solā voluit esse contentus, extenderet – generalia afferam: „Vitam tibi, Cinna, iterum do, prius hosti, nunc parricidae. Ex

12	sevēritās, ātis f.	die Strenge (E. severity, F. sévérité)
	prōficere, io, fēcī, fectus	vorwärtskommen, erreichen (E. to profit, F. profiter)
	cēdere, o, cessī, cessus	weichen, einhergehen, ausgehen
	clēmentia, ae	die Milde, Nachsicht
13	īgnōscere, o, nōvī, nōtus	verzeihen
	dēprehendere, o, hendī, hēnsus (comprehendere 10)	ertappen, ergreifen
	nocēre, eo, uī, itus	schaden (F. nuire)
	nōn iam	nicht mehr
14	gaudēre, eo, gavīsus sum (gaudium 7)	sich freuen
15	grātiās agere	Dank abstatten, danken
16	III. arcessere, o, īvī, ītus	herbeiholen (lassen)
17	cathedra, ae (G.)	der Armstuhl, bequeme Sessel
18	sermo, ōnis m. (!)	das Gespräch, die Rede
	prōclāmāre (clāmāre 1)	laut sprechen, verkünden (E. to proclaim, F. proclamer)

servāre	retten, bewahren, einhalten	19
concēdere, o, cessī, cessus	überlassen, gestatten (F. concéder)	20
dīves, dīvitis	reich	
invidēre, eo, vīdī, vīsus (b. Dativ) vidēre 12)	voller Neid begegnen, beneiden (E. to envy, F. envier)	21
IV. repetere, o, īvī, itus (petere 13)	wiederholen (E. to repeat, F. répéter)	23
diūtius (Komp. zu diū)	länger	
tendere, o, tetendī, tentus oder tēnsus	spannen, anspannen	24
extendere, o, tendī, tēnsus	anspannen, ausdehnen (E. to extend, F. étendre)	
generālis, e (genus 17)	zur Gattung gehörig, allgemein, bedeutsam (E. general, F. général)	25
prior, prius (prius, Adverb)	früher, eher	
parricīda, ae m.	der Mörder	

3. Drücke den verneinten Imperativ auf andere Weise aus:
Noli me tangere! Nolite animalia vexare! Noli fidem frangere! Nolite tantum scelus audere!
4. Ergänze den Nominativ mit Infinitiv (n.c.i.):
Augustus bonis legibus rem publicam (soll befestigt haben, confirmare). Augustus multis adversariis (steht im Ruf, verziehen zu haben, ignoscere). Cinna imperatori Augusto insidias (hat dem Bericht nach bereitet, parare). Augustus et Cinna fidissimi amici (sollen geworden sein, fieri). Augustus et Livia optimum modum agendi (haben, wie es heißt, überlegt, deliberare).
5. Laß die tätigen Subjekte im a.c.i. weg und forme um:
Imperator fabros pontem facere iubet. Dominus servos villam aedificare iussit. Dux milites captivum vincire vetat.
6. Was heißt fac totum! Kennst du das deutsche Wort Faktotum?

Augustus (Kopf und Brust des Bildes auf Seite 115 – Kapitel 19). Auf dem Mittelstück des Panzers ist die Rückgabe römischer Feldzeichen durch die Parther wiedergegeben.

hodierno die inter nos amicitia incipiat! Contendamus, utrum ego meliore fide tibi vitam dederim an tu debeas!" Post hoc ei ultro (aus freien Stücken) detulit consulatum et confisus [C2] est. Amicissimum fidissimumque habuit eum. Nullis amplius insidiis ab ullo homine petitus est.

Audendo [C2] atque agendo res Romana crevit. Fide [C2], sed cui vide!
Lex homines recte facere iubet [C5], vetat [C5] delinquere. (Cicero).
Aút prodésse volúnt aut délectáre poétae.

26	hodiernus, a, um (hodie 6)	heutig
	amīcitia, ae (amīcus 1)	die Freundschaft (F. amitié)
	in-, contendere, o, tendī, tentus	(die Kräfte) anspannen, sich anstrengen
27	post (b. Akk.)	nach, hinter
28	(cōn)fīdere, fīdo, fīsus sum (fidēs 18)	vertrauen (E. to confide, F. confier)
30	audēre, eo, ausus sum	wagen (F. oser)
31	vetāre, o, uī, vetitus	durch ein Verbot hindern, verbieten
	dēlinquere, o, līquī, lictus	sich vergehen, ein Verbrechen begehen
32	poēta, ae m.	der Dichter (E. poet, F. poète)
	pānis, is m.	das Brot (F. pain)

Der Kaiser, umgeben von einem Leibwächter und Liktoren in seinem Palast. (Aus dem Film „Der Untergang des Römischen Reiches")

E.

1. Imperator Augustus: Nach seinem Sieg im Bürgerkrieg führte Augustus als Oberkommandierender aller militärischen Einheiten mit Billigung des Senats den ständigen Titel imperator, der dem Namen vorangestellt wurde. Dadurch erhielt imperator in der Folgezeit die Bedeutung Kaiser. Später wurde auch der Name Augustus im Sinne von Kaiser gebraucht.
2. Cinna war ein Sohn von Pompeja, der Tochter des Pompejus. Als dessen Enkel vertrat Cinna die Machtansprüche der pompejanischen Partei und hatte gegen Oktavian gekämpft.
3. Wortbildung:
   a) Substantive mit dem Morphem -tās sind meist von Adjektiven abgeleitet und drücken Begriffe aus: utilis – utilitas. Wie lauten die Substantive zu celer, securus, clarus, liber?
   b) Begriffliche Substantive werden auch mit dem Morphem -ia bzw. -itia gebildet: prudens – prudentia. Wie lauten die Substantive zu sapiens, miles (militis), amicus?
4. Mehrdeutigkeit (unterschiedliche syntaktische Valenz) der Verben petere und constituere.
   a) petere (erstreben) mit Akkus.: sich bewerben um, aufsuchen, angreifen – ab mit Abl. der Person, Akkus. der Sache oder ut-Satz: jmd. bitten um, sich bei jmd. bewerben um: Scipio imperium a Quiritibus petivit (9 A I). Plinius Pomponianum amicum petere voluit (13 A I). Ulixes a Nausicaa opem petivit (14 A III). Scipio: „Peto a vobis, ut me audiatis" (17 A I)! Cinna caput Augusti tot bellis frustra petitum occidere constituit (20 A I)!
   b) constituere (zusammenstellen) mit Akkus.: aufstellen, errichten – mit Infinitiv bei gleichem Subjekt: beschließen – oder Finalsatz mit ut bei ungleichem Subjekt: festsetzen, bestimmen.
   Milites machinationem constituerunt; machinatio a militibus constituta est (12 A I)! Caesar constituit, ut diurna acta scriberentur (15 A II). Augustus constituit se a parricida vindicare (20 A I).

F.

1. Versuche die Überlegungen des Augustus nach dem Attentat menschlich zu verstehen! Hältst du seine Entscheidung für politisch klug und richtig?
2. Augustus gründete viele Kolonialstädte (s. oben K. 19 A), die nach ihm benannt wurden und heute noch in ihrem Namen an den Gründer erinnern. Erkenne im heutigen Namen den früheren und ordne entsprechend zu:

Augusta Taurinorum (Italien)	Augsburg
Civitas Augusta (Italien)	Saragossa
Augusta Treverorum (Deutschland)	Turin
Augusta Vindelicorum (Deutschland)	Trier (F. Trèves)
Caesarea Augusta (Spanien)	Aosta

3. Panem et circenses: Augustus spendete der ärmeren Bevölkerung Brotgetreide und veranstaltete zu ihrer Unterhaltung eintrittsfreie Spiele (s. oben K. 19 A). Daraus entstand bei den späteren Kaisern, die die Gunst des Volkes erringen wollten, der Ruf der Massen nach „panem et circenses" (ludos, d.h. Wettkämpfe im Zirkus zwischen Gladiatoren und Ringern, Pferde- und Wagenrennen). Heute bezeichnet der Spruch das Verlangen nach unentgeltlichen Vergünstigungen und Vergnügungen ohne Rücksicht auf das Gemeinwohl und die Staatsinteressen.

XXI. Der germanische Limes

A.

I. Anfänge des Limesbaus

Imperator Caesar Domitianus Augustus, cum Germani more suo e[C3] saltibus et obscuris latebris subinde impugnarent nostros milites tutumque regressum in[C4] profunda silvarum haberent, limitibus per [C2] centum viginti milia passuum actis non mutavit tantum statum belli, sed etiam subiecit dicioni suae Germanos finitimos, quorum refugia nudaverat.

II. Verlängerung des Limes

Nunc est in[C4] nostro obsequio Mattiacorum gens. Protulit enim magnitudo populi Romani ultra[C2] Rhenum ultraque veteres terminos imperii reverentiam. Ita

B.

2	I. obscūrus, a, um	dunkel, schattig (E., F. obscure)
	impūgnāre (pūgnāre 8)	angreifen, bekämpfen
	regressus, ūs	die Rückkehr, der Rückzug
3	profundum, ī	die Tiefe (E. profound, F. profond)
	līmes, itis m (!)	die Waldschneise, der Grenzweg, die Grenzbefestigung (E. limit, F. limite)
	passus, ūs	der Schritt (Doppelschritt 1,5 m) (F. pas)
4	nōn tantum	nicht nur
	iacere, io, iēcī, iactus (iactāre 14) (s. Absatz III)	werfen, schleudern, einrammen (F. jeter)
	subicere, io, iēcī, iectus	unterwerfen (E. to subject)
	dīcio, ōnis f. (dīcere 10)	der Machtbereich, die Botmäßigkeit
5	refugium, iī	der Zufluchtsort, Schlupfwinkel
	nūdāre	entblößen, aufdecken, erschließen
6	II. obsequium, iī	der Gehorsam, die Untertänigkeit
7	ultrā (b. Akk.)	über ... hinaus, jenseits
	vetus, veteris	alt
	reverentia, ae	die Achtung (E. reverence, F. révérence)

Typ eines römischen Soldatengrabs im westdeutschen Raum: Ein bewaffneter Reiter sprengt mit seinem Pferd über einen gestürzten Germanen hinweg. Inschrift: DOLANUS, ESBENI F(ilius) BESSUS EQ(ues) EX COH(orte) IIII THRACUM, ANNO (rum) XXXXVI, STIPENDI(orum) XXIIII. H(ic) S(itus) E(est)

C.

1. Augustus terrā et marī bella cīvīlia externaque tōtō orbe terrārum gessit (K. 19 A). Hadriānus plūrimīs locīs līmitem mūnīvit.
   Bei Ortsangaben (Frage wo?) mit totus und locus sowie beim Ausdruck terrā et marī (terrā marīque) steht gewöhnlich keine Präposition.
2. Die Mehrzahl der Präpositionen des L. verbindet sich mit dem Akkusativ. Wiederhole die Bedeutung: ad – ante – apud – circā – circum – cis – contrā – extrā – inter – intrā – ob – penes – per – post – praeter – prope – propter – trāns – ultrā, dazu secundum (entlang, gemäß, z.B. secundum lēgēs).
3. Quīntus sine cūrā ex vīllā currit et cum Gāiō dē equīs disputat. Fīlius illīus Theopropidis, quī ā patriā diū āfuerat, prō aedificiō vetere novum domicilium comparāvit. Legiōnārius prae timōre vix reportāre potuit.
   Ab, ex, de – cum, sine, pro, prae beim ?
4. Puerī in stadium properant; in stadiō membra exercēre solent. Ulixēs sociōs sub ventrem pecorum alligāvit; multa mīlia cīvium Rōmānōrum sub sacramentō Augustī fuērunt.
   Bei in und sub richtet sich der Kasus danach, ob Ort oder Richtung bezeichnet wird.
5. Cohors castellum mūniendum cūrāvit.
   Bei den Verben cūrāre = besorgen, veranlassen, trādere = übergeben, committere = anvertrauen setzt der L. zur Bezeichnung des Zweckes das Gerundivum als prädikativen Zusatz: Die Kohorte besorgte (das Kastell als zu befestigendes) die Befestigung des Kastells; sorgte dafür, das Kastell zu befestigen.

D.

1. Was heißt tota urbe, totis castris, hoc loco, multis locis?
2. Einfache Verben (v. simplicia) werden durch eine vorangestellte Präposition (Präfix) zu zusammengesetzten (v. composita) und erhalten dadurch einen von der Präposition gefärbten Sinn. Beachte die Konsonantenangleichung (Assimilation), die oft in der Fuge erfolgt. Wiederhole die Bedeutung:
   ab: abesse – ad: admovere, attribuere, afferre, apportare – ante: anteire – circum: circumspectare, circumsistere – cum > con a) mit, zusammen, b) Verstärkung: a) consentire, comportare b) confirmare, commovere – de: deducere, desperare, describere – dis: distribuere, dilabi – ex, e: excedere, emigrare, emittere, efficere – in: incidere, invenire, illicere, irridere – inter: interpellare, interrogare – ob: observare, obsidere, offerre, occurrere – per: a) hindurch, b) völlig: a) percurrere, perlustrare b) perficere, perturbare – praeter: praetermittere – pro (prod): a) vor, b) für, a) proponere, proficisci, proferre b) prodesse – re, red: a) zurück, b) wieder: a) reddere, b) recuperare – sē, sēd: weg: sēparāre – sub: subigere, submergere, suscipere – trans: transire, tradere
3. und 4. Ergänze den präpositionalen Ausdruck:
   De Venoste quodam, milite cohortis secundae Raetorum.
   Venostes (aus der nahen Kolonialstadt) (zum Kastell), quod (jenseits des Rheins) situm est, (mit einem Kameraden) redit. Iam (nahe bei dem Kastell) est; sed (wegen der Hitze) breve tempus (unter dichten Zweigen) cubat. Deinde (auf einen Hügel) ascendit. (An dieser Stelle) turris alta est. Primo (vor [= wegen] dichten Zweigen) castellum cognoscere non potest. Tandem castellum, quod (zwischen Wäldern) situm est, et tabernas (die Buden), quas mercatores (um das Kastell herum) collocaverunt, videt. (Ohne Verzug) proficiscitur. (Vor der ersten Nachtwache) castello appropinquat. Duos commilitones salutat, qui (vor = zum

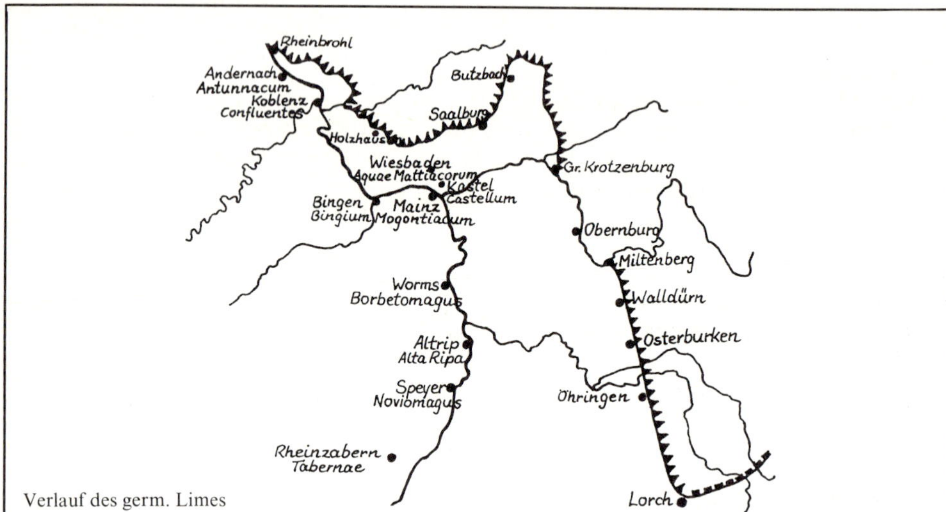

Verlauf des germ. Limes

Die Saalburg, Limeskastell im Taunus. Der römische Name des Kastells ist uns nicht bekannt. Es wurde am Ende des 1. Jahrhunderts als Erdbefestigung angelegt, später verstärkt und unter Antoninus Pius (dessen moderne Statue heute am Eingang steht) zum Stein-Holz-Kastell umgebaut und schließlich zu Beginn des 3. Jahrhunderts als reines Steinkastell ausgebaut. Gegen 250 n. Chr. wurde es aufgegeben und ist danach verfallen. Um 1900 wurde es ausgegraben und wiederaufgebaut. Die inneren Gebäude (principium, quaestorium) dienen heute als römisches Museum.

Schutz des Kastells) stant. (Innerhalb des Kastells) aedificia militum, (außerhalb des Kastells) campi et silvae sitae sunt. Venostes (durch das Kastell) (in das Stabsgebäude = principium) se confert, (in dem) praefectus habitat. Imperium cohortis (in der Hand des Präfekten) est. (Hinter dem Kastell) limes cognoscitur. Mox cohors (gegen die Barbaren) pugnabit.

5. Übersetze die Gerundivformen mit treffenden Substantiven: Augustus Cinnae consulatum gerendum commisit. Imperator praefecto cohortem reducendam tradidit. Caesar curiam renovandam curavit.

E.

1. Nachrichten über den westdeutschen Raum rechts des Rheins in den ersten Jahrhunderten nach Christus bestehen aus wenigen lateinischen Quellen und zahlreichen Bodenfunden. Zeugnisse in germanischer Sprache liegen uns nicht vor. Weshalb nicht?
2. Die erste Textstelle – etwa auf das Jahr 83 n. Chr. zu beziehen – beschreibt den Anfang der römischen Grenzbefestigung. Die 120 Meilen erstrecken sich wahrscheinlich von der unteren Lahn zum Main und umschließen den Taunus und die Wetterau. Das römische Legionslager in Mainz erhielt dadurch ein sicheres Vorfeld.
3. Die zweite Textstelle stammt von dem römischen Historiker Tacitus, der in seiner berühmten Schrift „Germania" eine Darstellung der germanischen Verhältnisse im ausgehenden ersten Jahrhundert nach Christus gibt. Damals wohnte die gens Mattiacorum im Taunusgebiet. Aquae Matticae ist der römische Name für Wiesbaden. Der südlich davon liegende Raum rechts des Rheins war, seitdem Cäsar die Sueben zurückgeschlagen hatte, politisches Niemandsland und offenbar von Galliern = Kelten dünn besiedelt. mox = demnächst: Zeitpunkt der Limeserweiterung vom Main zum Neckar um 98 n. Chr.
4. Kaiser Hadrian legte um 120 eine vom Mittelrhein zur schwäbischen Alb durchlaufende, 380 km lange Grenzbefestigung aus Holzpalisaden – heute noch „Pfahl" genannt – mit Graben (fossa), Wall (vallum), Wachttürmen und Kastellen an, die im rätischen Limes (166 km) als Mauer bis zur Donau fortgeführt wurde. Den Wachdienst versahen einzelne Kohorten und kleinere Einheiten (numeri genannt).
5. Die älteren Holzkastelle wurden später durch Steinbauten ersetzt, wie zum Beispiel unter Kaiser Antoninus Karakalla im Jahr 212 ein Kastell im Taunus. Dessen Besatzung bildete die cohors secunda Raetorum civium Romanorum (Rätier = damalige Bewohner Tirols), denen das römische Bürgerrecht verliehen war. Auf den bis zu 2 m Höhe erhaltenen Mauern des Kastells wurde im Anfang unseres Jahrhunderts die „Saalburg" wiederaufgebaut.
6. Erkläre aus den Vokabeln der Kapitel 19 bis 21 folgende Wörter des D.: (19) Autor, emeritiert, Imitation, Militarismus, Präsens, prosperieren, Präfekt, Prozent, reduzieren, urban, Universität, Universum, universal; (20) ambulant, Ambulanz, Delikt, Delinquent, extensiv, intensiv, Fama, Interpellation, Katheder, Konzession, konträr, Patient, Passion, passiv, proklamieren, Repetent; (21) devot, lapidar, Limit, Nudist, obskur, Promotion, Refugium, Reverenz, Separatist, Veteran.

F.

1. Während der Jahrhunderte römischer Herrschaft in Westdeutschland übernahmen die Germanen viele ihnen unbekannte Dinge und die entsprechenden Wörter aus der römischen Welt.

Mattiaci sede finibusque in sua ripa[C4], mente animoque nobiscum[C3] vitam agunt. Non numeraverim (möchte zählen) inter[C2] Germaniae populos, quamquam trans[C2] Rhenum Danuviumque consederint, eos, qui decumates agros exercent. Levissimus quisque Gallorum (jeder leichtsinnigste Gallier, lauter leichtsinnige Gallier) et inopiā audax dubiae possessionis solum occupaverunt. Mox limite acto promotisque praesidiis sinus imperii et pars provinciae Germaniae superioris habentur.

III. Verstärkung des Limes

Per ea tempora Hadrianus plurimis locis[C1], in quibus barbari non fluminibus, sed limitibus ab[C3] imperio Romano dividuntur, stipitibus magnis in modum muralis saepis funditus iactis atque coniunctis barbaros separavit.

IV. Ausbau eines Limeskastells

Imperatori Caesari Marco Aurelio Antonio Caracallae pio felici Augusto, pontifici maximo, consuli tertium, patri patriae, proconsuli: cohors secunda Raetorum Antoniana civium Romanorum devota numini eius hoc castellum lapidibus muniendum[C5] curavit.

Iustitia est fundamentum regnorum.

8	sēdēs, is f. (sedēre 14)	der Sitz, Wohnsitz
9	quamquam (mit Indikativ oder Konjunktiv)	obgleich
10	cōnsīdere, o, sēdī, sessus	sich niederlassen
	decumātēs agrī	das vermessene Land, Dekumatland
	levis, e	leicht, leichtsinnig (F. léger)
12	audāx, ācis (audere 20)	kühn, frech (E. audacious, F. audacieux)
	possessio, ōnis f.	der Besitz (E., F. possession)
	solum, ī	der Boden, Grund (E. soil, F. sol)
	prōmovēre, eo, mōvī, mōtus	vorschieben (E. to promove, F. promouvoir)
13	sinus, ūs	die Krümmung, Aus-, Vorbuchtung, der Busen
15	III. stīpēs, stīpitis m. (!)	der Stamm, Pfahl
	in modum	in der Art, in der Weise

	mūrālis, e (mūrus 6)	mauerartig
16	saepēs, saepis f.	der Zaun
	funditus (Adv.)	vom Grund aus, in die Tiefe
	coniungere, o, iūnxī, iūnctus	verbinden (E. to conjoin, F. conjoindre)
	sēparāre	trennen (E. to separate, F. séparer)
17	IV. pius, a, um (pietās 9)	fromm, gewissenhaft (E. pious)
18	cohors, cohortis f.	die Schar, Kohorte (ein Zehntel der Legion)
19	dēvōtus, a, um	ergeben
	nūmen, inis n.	die Hoheit, das göttliche Wesen
	lapis, idis m. (!)	der Stein
20	cūrāre (cūra 9)	(be)sorgen, veranlassen, behandeln, heilen (E. to cure)
21	iūstitia, ae	die Gerechtigkeit (E., F. justice)
	fundāmentum, ī	die Grundlage (E. fundament, F. fondement)

Hausbau: murus, porta, tectum, turris, palatium, vallum (E. wall!). Nenne sie D.! Ferner: fenestra (Fenster), tegula (Ziegel).
Landwirtschaft: radix, vinum, planta (Pflanze), persicum (Pfirsich), cerasum (Kirsche).
Handel: moneta, milia, saccus (Sack), mercatus (Markt), strata (Straße), caupo (Wirt, Händler > Kauf-mann).
Christentum: praedicare, scribere, domus; ferner: cancellus (Kanzel), monasterium (Münster).
Einige Wörter lassen erkennen, ob sie schon früh oder erst später übernommen worden sind (vgl. c-Aussprache in K. 1).
cellarium, cella > Keller, Zelle; carcer > Kerker, Karzer.

2. Auch die siebentägige Woche und die Wochentagsnamen breiteten sich von Rom unter jüdisch-christlichem Einfluß in der abendländischen Welt aus. Die Tage hatten ihren Namen nach den von den Babyloniern angenommenen Planeten Luna, Mars, Mercurius, Iupiter (Iovis), Venus (Veneris), Saturnus, Sol. Die von den Römern als Götternamen aufgefaßten Bezeichnungen wurden von den Germanen durch ihre entsprechenden Götternamen ersetzt:

Germ. Mond	Ziu = Thingsus	Wodan	Donar = Thor
L. Lunae dies	Martis dies	Mercurii dies	Iovis dies
F. lundi	mardi	mercredi	jeudi
I. lunedi	martedi	mercoledi	giovedi
D. Montag	Dienstag	[Mittwoch]	Donnerstag
E. Monday	Tuesday	Wednesday	Thursday

G. Freya	(jüd. Sabbat)	Sonne
L. Veneris dies	Saturni dies	Solis dies
F. vendredi	samedi	dimanche
	(= Sabbat)	(dominicus)
I. venerdi	sabato	domenica
D. Freitag	Samstag	Sonntag
E. Friday	Saturday	Sunday

3. Welchen Sinn haben lateinische Wörter in der modernen Werbesprache: Extra, Effektiv, Fakt, Prima, Klasse (eigentlich prima classis), Lux, Optimal, Plus, Primissima (!), Progress, Super, Superlativ, Superluzil, Total, Triumph, Ultra.

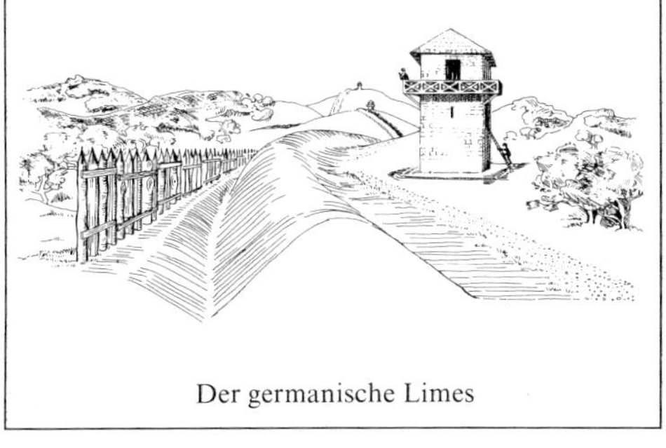

Der germanische Limes

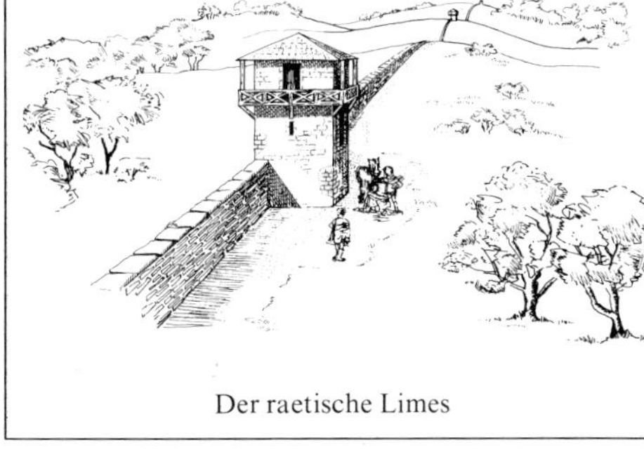

Der raetische Limes

XXII. Alexander der Große entdeckt den Indischen Ozean

A.

I. Cupiditas visendi Oceanum adeundique terminos mundi impulit Alexandrum Indo flumini ignoto caput suum totque fortissimorum virorum salutem permittere. Quantum inde abesset[C2c] mare, quae gentes incolerent, quam placidum fluminis os, quam patiens[C1] longarum navium esset, anceps et obscura aestimatio augurabatur. Iam quadraginta stadia processerant, cum [C3] gubernatores cognoscere se auram (die Luft) maris et haud procul videri sibi Oceanum abesse indicant regi. Laetus ille hortari nautas coepit, incumberent[C2b] (sie sollten...) remis; adesse finem laborum, iam nihil gloriae deesse[C2a], sine sanguine oram terrae ab illis capi; brevi illos ignota esse visuros. Itaque ingenti studio nautae remigant, et proximo die, quo propius spes admovebatur, crescebat ardor animorum. Tertio iam die mixtum flumini subibat mare, leni adhuc aestu confundente dispares undas.

B.

1	cupiditās, ātis f. (cupidus 18)	die Begierde, Leidenschaft, das Verlangen
	vīsere, o, vīsī (vidēre 12)	genau ansehen, besichtigen
	mundus, ī	die Welt (F. monde)
	impellere, o, pulī, pulsus (expellere 15)	vor-, antreiben, veranlassen
2	permittere, o, mīsī, missus	überlassen, anvertrauen, erlauben (E. to permit, F. permettre)
	quantum	wieviel, wieweit
3	quam (Adv.)	wie, wie sehr
	placidus, a, um	flach, glatt, ruhig
4	patiēns (nāvium) (patī 20)	ertragend, leidend (schiffbar)
	anceps, cipitis	doppelköpfig, zweideutig
	aestimātio, ōnis f.	das Abschätzen
	augurārī, or, ātus sum	ahnen, vermuten
5	procēdere, o, cessī, cessus	vorschreiten, voranfahren (E. to proceed, F. proceder)
	cum (inversīvum b. Indik.)	als plötzlich, da
6	indicāre	anzeigen (E. to indicate, F. indiquer)
7	(ad)hortārī, or, ātus sum	ermahnen, ermuntern
	incumbere, o, cubuī, cubitus (b. Dativ) (cubāre 13)	sich legen auf (in), sich verlegen auf
	rēmus, ī	das Ruder, der Riemen
8	dēesse, sum, fuī (b. Dat.)	fehlen
	sanguis, inis m. (!)	das Blut (F. sang)
9	brevī	in Kürze, bald
	rēmigāre	rudern
10	ārdor, ōris m.	die Glut, Begeisterung (E. ardour, F. ardeur)
11	miscēre, eo, uī, mixtus (b. Dat.)	*mischen* (mit) (E. to mix)
	subīre, eo, iī, itus	von unten heraufkommen, unter etwas treten
	lēnis, e (lēnīre 13)	gelinde, sanft, schwach
	aestus, ūs	die Flut
	cōnfundere, o, fūdī, fūsus	zusammengießen, vermischen (E. to confound, F. confondre)
	dispār, is (pār 16)	ungleich, verschieden

C.

1. flumen navium patiens:
   Das Partizip Präsens, wie ein Nomen gebraucht, hat einen Genitiv bei sich, wörtlich „ein Dulder der Schiffe", „fähig, Schiffe zu tragen, schiffbar".
2. Indirekte Rede
   Wörtliche (direkte) Rede kann in abhängige (indirekte) Rede umgesetzt werden. Dabei ergibt sich einmal eine Verschiebung der Person – wie im D. –, zum anderen eine Veränderung der Verbalform. Die Veränderung der Verbalform hängt im L. davon ab, ob es sich um eine Aussage, ein Begehren oder eine Frage handelt. Hierin unterscheidet sich das L. vom D.

a) Aussage

(direkt) Gubernātōrēs indicant: „Auram maris cōgnōscimus, quae lēnis est."
Wir erkennen die Luft des Meeres, die milde ist.

(indirekt) Gubernātōrēs indicant sē (ipsōs) auram cōgnōscere, quae lēnis sit.
... sie nähmen die Luft wahr, die milde sei.

(direkt) Gubernātōrēs indicāvērunt: „Auram maris cōgnōvimus, quae lēnis erat."
„Wir haben die Luft des Meeres wahrgenommen, die milde war."

(indirekt) G. i. sē (ipsōs) auram maris cognōvisse, quae lēnis esset.
... sie hätten die Luft des Meeres wahrgenommen, die milde sei.

(direkt) Rēx dīxit: „Ōra terrae ā vōbīs capitur."
Der Rand der Welt wird von euch erreicht.

(indirekt) Rēx ōram terrae ab illīs capī dīxit
...der Rand der Welt werde von ihnen erreicht.

(direkt) Rēx dīxit: „Fīnis labōrum adest."
„Das Ende der Mühen ist da."

(indirekt) Rēx fīnem (eum) adesse dīxit
... das Ende der Mühen (es) sei da.

(direkt) Rēx dīcit (spērat): „Mox aestus redībit, quī nāvigia allevābit.
„Bald kehrt die Flut wieder, die die Schiffe anheben wird."

(indirekt) R. d. (sp.) mox aestum reditūrum esse, quī nāvigia allevāret.
... bald kehre die Flut wieder, die die Schiffe anhebe (anheben werde).

L. Akkusativ mit Infinitiv (a.c.i.), je nach Gleich-, Vor- oder Nachzeitigkeit (vgl. K. 8 C 4)	**D.** Konjunktiv
Pronomen, 1. Person: se (ipse), 2. Person: ille, 3. Person: is, ea, id	Pronomen: er, sie, es für alle drei Personen
Nebensätze stehen im Konjunktiv	Nebensätze im Konjunktiv

b) Begehren

(direkt) Rēx hortātur (rēx hortārī coepit): „Rēmīs incumbite!"
„Legt euch in die Riemen!"

(indirekt) Rēx hortātur rēmīs incumbant
... sie sollten (möchten) sch in die Riemen legen

(indirekt) Rēx hortārī coepit rēmīs incumberent ...
... sie sollten (möchten) sich in die Riemen legen.

L.: Konfunktiv – **D.:** sollen, mögen.

c) Fragen

(direkt) Nautae requīrunt: „Quae nātūra maris est?"
... „Was ist die Natur des Meeres?"

Ausschnitt aus der Alexanderschlacht. Bodenmosaik aus Pompeji, nach einem griechischen Vorbild. Dargestellt ist der Zusammenstoß Alexanders mit dem Perserkönig Darius III. Alexander durchbohrt einen persischen Feldherrn (im Bild nicht sichtbar), während sich sein lodernder Blick bereits auf den Perserkönig richtet.

II. Tertia fere hora erat, cum[C3] exaestuans (hochwogend) mare invehi coepit et retrorsum flumen urgere. Quod primo coercitum, deinde vehementius pulsum magno impetu adversum (stromauf) agebatur. Ignota vulgo freti natura erat; monstraque et indicia irae deorum cernere videbantur. Identidem intumescens (anschwellend) mare in campos paulo ante siccos descendit. Ergo collidi inter se naves coeperunt. Iamque aestus totos circa flumen campos inundaverat tumulis dumtaxat (nur) eminentibus. Dispersa classis partim in alta aqua stabat, partim in vado haerebat,

13	II. vehere, o, vēxī, vectus	befördern, fahren (etwas, transitiv)
	invehī, vehor, vectus sum	hineinfahren, hereinströmen (intransitiv)
14	coercēre, eo, uī, itus (arcēre 4)	einschränken, in Schranken halten
15	vulgus, i, n.	die Masse, das Volk
	fretum, ī	die Meerenge, das Meer
16	īra, ae	der Zorn
	cernere, o, crēvī, crētus (dēcernere 10)	unterscheiden, erkennen
	identidem	wiederholt
17	siccus, a, um	trocken (F. sec)
	dēscendere, o, scendī, scēnsus	hinabsteigen, herabfließen (E. to descend, F. descendre)
	cōllīdere, o, līsī, līsus	zusammenstoßen
18	inundāre	überfluten, überschwemmen
19	ēminēre, eo, uī	heraus-, hervorragen
	dispergere, o, persī, persus	zerstreuen (E. to disperse, F. disperser)
	vadum, ī	die seichte Stelle, Untiefe
	haerēre, eo, haesī	hängen (bleiben), festsitzen

(indirekt) Nautae requīrunt, quae nātūra maris sit.
... was die Natur des Meeres sei.
(indirekt) Nautae requīrunt, unde mare redierit.
... woher das Meer zurückgekehrt sei.
(indirekt) Nautae requīrunt, quō mare reditūrum sit.
... wohin das Meer zurückkehren werde.
(indirekt) Nautae requīrēbant (requīsīvērunt), quae nātūra maris esset.
... was die Natur des Meeres sei.
(indirekt) Nautae requīrēbant (requīsīvērunt), unde mare redīsset.
... woher das Meer zurückgekehrt sei.
(indirekt) Nautae requīrēbant (requīsīvērunt), quō mare reditūrum esset
... wohin das Meer zurückkehren werde.

L. Konjunktiv. Dieser richtet sich im Begehrs- und Fragesatz nach dem Tempus des Hauptsatzes je nach dem Zeitverhältnis beider (Consecutio temporum genannt).
Haupts. Präsens; Nebens. Präsens, Perfekt, -ūrus sim
Haupts. Vergangenh.; Nebens. Imperfekt, Plusquamperf. -ūrus essem

D. Konjunktiv.
In der Regel Konjunktiv 1, wenn dieser dem Indikativ gleich ist, Konjunktiv 2.

3. Iam quadrāgintā stadia processerant, cum gubernātōrēs cōgnōscere sē auram maris indicant. Tertia hōra erat, cum Ōceanus invehī coepit. Classis in vadō haerēbat, cum subitō novus terror inicitur.
Der Hauptsatz schildert die gegebene Situation (Imperfekt, Plusquamperfekt); der mit cum beginnende Nebensatz führt ein überraschend eintretendes Geschehen ein. Die Gewichtigkeit von Haupt- und Nebensatz erscheint umgekehrt. Der Lateiner verbindet dieses „umdrehende cum" (cum inversīvum) mit dem Indikativ.

D.

1. Übersetze: Hannibal patiens frigoris erat. Alexander gloriae appetens erat. Multi homines laboris fugientes sunt. Avunculus patriae amans est.
2. Indirekte Rede und Zeitverhältnis.
   a) Welches Zeitverhältnis ist ausgedrückt? – Me interrogavit, quid agerem, egissem, acturus essem. – Setze interrogat ein!
   b) Bilde sinnvolle Satzgefüge, und ergänze das Prädikat im N. S. unter Beachtung des Zeitverhältnisses.

Mare intumescens effecit,	cum mare campos ante sicos (inundare).
Naves inter se collisae sunt,	ut nautae usque ad ostium (procedere).
Rex imperat,	ut classis (dispergi).

   c) Übersetze die indirekte Rede in gutes D.
   Ante pugnam Teutoburgiensem Arminius dixit
   rem Germanorum in summo periculo esse; patriam, quam illi liberam a patribus accepissent, a Romanis opprimi; satis diu illos imperia Romanorum passos esse. Num illi dominationem Romanorum diutius ferre vellent. Arma caperent et Romanos e finibus suis pellerent; sibi (ipsi) confiderent; se patriam liberaturum esse.
3. Ergänze die Konjunktion und das Prädikat:
Iam milites de salute desperabant, (als plötzlich) aestus denuo subiens navigia (begann zu heben). Iam Galli hoc apparabant, (als plötzlich) matres (vorstürmten, K. 17). Vesperi domicilio nostro appropinquabamus, (da plötzlich) clamores vicini (wir hören).

cum[C3] subito novus terror inicitur. Reciprocari (zurückströmen) coepit mare magno tractu aquis in suum fretum recurrentibus, reddebatque terras paulo ante profundā aquā submersas. Beluae quoque terribiles vagabantur.

III. Iamque nox appetebat, et regem quoque desperatio salutis aegritudine affecerat. Non tamen invictum animum eius curae impediunt, quominus (quin) (daß) tota nocte sederet in speculis. Inter vigilias adhortationesque nocte consumpta denuo secutus est aestus. Qui primo aquis leni tractu subeuntibus coepit allevare navigia, mox totis campis inundatis etiam impulit classem. Applaususque militum nautarumque salutem celebrantium in litoribus ripisque resonabat. Unde tantum redisset[C2c] subito mare, quo pridie refugisset, quae nam esset[C2c] eius elementi admirabilis natura, num imperio temporum obnoxia esset, mirati requirebant. Rex, cum ex eo, quod acciderat, coniectaret post solis ortum tempus aestūs esse, media nocte cum paucis navigiis secundo flumine (stromab) navigavit. Ex ostio fluminis quadringenta stadia processit in mare Indicum.

Quid sit futurum cras, fuge quaerere.

20	inicere, io, iēcī, iectus (iacere 21)	hineinwerfen, einflößen
21	tractus, ūs (trahere 18)	der Zug, Sog (F. trait)
	recurrere, o, currī, cursus	zurücklaufen, zurückfließen (E. to recur, F. recourir)
22	bēlua, ae	das Untier, Ungetüm
	terribilis, e (terrēre 4)	schrecklich (E., F. terrible)
23	III. appetere, o, tīvī, tītus (petere 13)	trachten nach, herankommen
	aegritūdo, inis f. (aeger 5)	der Kummer, die Betrübnis
24	invictus, a, um	unüberwindlich, unbesiegbar
	impedīre, quōminus (b. Konjunktiv (pēs 19)	hindern, daß (zu)
	nōn impedīre, quōminus oder quīn (b. Konj.)	nicht hindern, daß (zu)
25	specula, ae (spectāre 2)	der Ausguck, die hohe Warte
	adhortātio, ōnis f.	die Aufmunterung, Ermutigung
	dēnuō (novus 5)	von neuem
26	sequi, or, secūtus sum (b. Akk.)	begleiten, folgen (F. suivre)
27	applausus, ūs	das Klatschen, der Beifall (E. applause)
28	resonāre	widerhallen, ertönen (F. résonner)
	unde	woher
	prīdiē	am Tage davor
29	(re)fugere, io, fūgī, fugitus (fuga 5)	(ent)fliehen, (zurück)fliehen
30	admīrābilis, e (admīrārī 18)	staunenswert, auffallend (E., F. admirable)
31	accidere, o, idī (cadere 13)	sich ereignen, vorfallen
	coniectāre (iactāre 14)	vermuten, schließen
	ortus, ūs (orīrī 13)	der Aufgang

Die Silbermünze zeigt den Kopf Alexanders des Großen, geschmückt mit dem Widderhorn des Jupiter Ammon, als dessen Sohn der König schon zu Lebzeiten verehrt wurde.

E.

1. Alexander der Große, Herr über Makedonien und Griechenland, eroberte, von Machtstreben und Ehrgeiz erfüllt, das persische Reich von der Ostküste des Mittelmeers bis Vorderindien. Neben der politischen Herrschaft war sein Ziel die Durchdringung des Ostens mit griechischer Weltkultur. Sein Wirken hat nicht nur die Phantasie der Mit- und Nachwelt mit Vorstellungen über die Wunder des Orients beflügelt, sondern auch das Leben im Ostteil der Alten Welt lange Zeit – bis zum Einbruch der Araber – geprägt: Hellenistische Diadochenstaaten, Alexanderstädte (Alexandria!), Ausbreitung der griechischen Sprache (das Neue Testament wurde griechisch geschrieben!).
2. Wenn auch einige griechische Wissenschaftler – Pythagoras, Eratosthenes – bereits die Anschauung von der Erde als Kugel vertraten, die sich um die Sonne drehe, so blieb doch weitgehend der Glaube bestehen, daß sie eine flache Scheibe bilde, die vom Weltmeer (Oceanus) umflossen sei. Da der westliche Rand dieser Scheibe (Atlantik) bekannt war, wollte Alexander zu deren östlichem Ende vordringen. Durch seinen Zug nach Indien und die Rückfahrt seiner Flotte aus dem Indischen Ozean ins Arabische Meer wurde der Zusammenhang des mittelmeerischen mit dem südasiatischen Raum festgestellt. Dieses Weltbild galt noch im Mittelalter bis zu den Zeiten des Kolumbus und Kopernikus.
3. Wortbildung:
   Substantive, die eine Eigenschaft bezeichnen, werden von Adjektiven mit dem Morphem -tudo gebildet: magnus > magnitudo. Wie heißen die Substantive zu multus, amplus, aeger?
   Substantive, die einen Zustand ausdrücken, setzen die Wurzel von Verben mit dem Morphem -or zusammen: dol-e-re > dolor. Wie heißen die Substantive zu fav-e-re, terr-e-re, tim-e-re und am-a-re?
4. Eine umfangreiche Wortsippe (vgl. K. 11 E 3).
   Lexem reg: rex(regis), regere, rectus, regius, regina, regnum, regio, corrigere, dirigere. Wiederhole die Bedeutungen!
5. Viele Partizipien des Präsens sind – mit dem Stamm – als Substantive oder Adjektive ins D. übernommen worden: Kontinent, Orient, Okzident, Patient, eminent, intelligent, konziliant, konstant, Laborant, Referent, Tangente. Führe auf die L. Verben zurück!

F.

1. Der Indische Ozean hat, wie alle Weltmeere, Gezeitenwechsel. Dieser beträgt in den trichterförmigen Buchten an der Indus- und Gangesmündung 6 m bis 10 m. Weshalb wunderten sich die seegewohnten Griechen Alexanders und seine phönizischen Schiffsleute darüber?
2. Überlege, welche unbekannten Ungeheuer (monstra, beluae) die Männer Alexanders nahe der Indusmündung am Ufer und im Meer sehen konnten: Krokodile, Eisbären, Haie, Wale, Tiger, Seehunde, Nashörner, Walrosse? (vier sind richtig!)
3. Viele Tiere, besonders der südlichen Zone, haben ihre Bezeichnungen von den Römern erhalten, die sie zum Teil von den Griechen übernommen hatten. Du erkennst an den L. Namen leicht die D.: camēlus, cicāda, crocodīlus, delphīnus, elephantus, insectum, leo (Leu, Löwe), leopardus, pelicānus, rhīnocerus, salamandra, sarda = sardīna, tigris, vespa.
4. Welchen Sinn haben folgende Namen von Lichtspieltheatern (E. movies!): Atrium, Capitol, Gloria, Lux, Palast, Regina, Studio, Tivoli, Universum, Viktoria?

XXIII. Cäsar erkundet Britannien, Agrikola romanisiert die Insel

A.

I. Caesar magno sibi usui fore arbitrabatur, si insulam Britanniam adisset, genus hominum perspexisset, loca, portūs, aditūs cognovisset. Quae omnia fere Gallis erant incognita. Neque enim praeter mercatores illo adit quisquam[C1], neque iis ipsis quicquam[C1] praeter oram maritimam atque eas regiones, quae sunt contra Galliam, notum est. Itaque vocatis ad se undique mercatoribus, neque quanta esset insulae magnitudo neque quae aut quantae nationes incolerent neque quem usum belli haberent aut quibus institutis uterentur neque qui essent ad maiorem navium multitudinem idonei portus, reperire poterat. Itaque naves circiter octoginta onerarias contraxit, quot satis ad duas transportandas legiones existimabat. Quantum praeterea navium longarum habebat, id quaestori, legatis, praefectisque distribuit. Huc accedebant XVIII onerariae naves, quae ex eo loco a (im Abstand von) milibus passum VIII vento impediebantur, quominus (nē)[C3a] in eundem portum venire possent. His constitutis rebus nanctus idoneam ad navigandum tempestatem tertiā fere vigiliā e Morinis, unde erat brevissimus in Britanniam traiectus, ancoras solvit. Horā diei circiter quartā cum primis navibus Britanniam attigit.

II. Britannia – insularum, quas Romana notitia complectitur, maxima – spatio et

B.

1	I. fore = futūrum esse	sein werden
	arbitrārī, or, ātus sum (arbitrium 15)	erachten, meinen
2	perspicere, io, spēxī, spectus	genau betrachten, erkennen
	loca, ōrum (Neutr. Pl. von locus)	die Plätze, die Gegend
	portus, ūs	der Hafen (E., F. port)
	aditus, ūs	der Zugang
3	incōgnitus, a, um (cōgnoscere 13)	unerforscht, unbekannt
	neque enim	denn nicht
	illō = illūc (Adv.)	dorthin
	quisquam, quicquam	irgendeiner, irgendetwas
4	maritimus, a, um (mare 12)	zum Meer gehörig, am Meer (E., F. maritime)
7	īnstitūtum, ī	die Einrichtung (E. institute, F. institut)
8	idōneus, a, um (b. Dativ)	geeignet (für)
	reperīre, io, repperī, repertus	finden, ermitteln
9	onerārius, a, um	Last tragend
	contrahere, o, trāxī, tractus	zusammenziehen, versammeln
	lēgātus, ī	Gesandter, Statthalter, Unterführer
11	accēdere, o, cessī, cessus (cēdere 20)	heran-, hinzutreten, hinzukommen (F. accéder)
12	quōminus	wodurch weniger, daß nicht, (nach Verben des Hinderns) daß
13	nancīscī, or, nanctus sum	erlangen, erreichen
15	trāiectus, ūs	die Überfahrt (E. traject, F. trajet)
	ancorās (nāvēs) solvere	die *Anker* (Schiffe) lösen, abfahren (E. anchor, F. ancre)
17	II. nōtitia, ae (nōtus 17)	die Kenntnis, das Wissen (E., F. notice)
	spatium, iī	der Raum, Umfang, Zeitraum (E. space, F. espace)

C.

1. Neque illō adit quisquam neque quicquam nōtum est. Classis ad fīnes Cimbrōrum nāvigāvit, quō neque terrā neque marī quisquam adiit (K. 19). Puerī in fluviō nāvigābant neque ūllum perīculum timēbant (K. 3).
   Die unbestimmten Pronomina (pronomina indefinita) quisquam, quidquam (quicquam) = irgendeiner (Substantiv), mit dem ersten Teil wie quis, quid dekliniert, und ūllus, a, um = irgendein (Adjektiv) stehen nur in verneinten Sätzen (vgl. E. anyone, any).
2. Aliquantō plūra quam trecenta mīlia mīlitum Augustus in colōniās dēdūxit (K. 19). Multīs annīs post Caesarem Agricola in Britanniam advēnit.
   Bei Komparativen und komparativischen Begriffen wird der Unterschied (um wieviel größer, mehr, später) durch den Ablativ des Maßunterschieds (a. mensurae) ausgedrückt.
3. a) quōminus, nē:
   Nāvēs ventō impediēbantur (retinēbantur), quōminus (nē) in portum venīrent (Caesar, bellum Gallicum IV 22). Animum Alexandrī cūrae nōn impediunt (retinent), quōminus (nē) tōtā nocte in speculīs sedēret (K. 22). Caesar mīlitibus interdīcit (verbietet), nē quemquam occīdant (Caesar, b. G. VII 40, 4).
   Nach den Verben des Hinderns, Abhaltens (impedīre, retinēre, dēdūcere K. 26) und Verbietens (interdīcere) setzt der Lateiner zum Ausdruck des negativen Wunsches nē oder quōminus. D.: „daß" oder „zu". (Vgl. damit „ut" und „ne" in K. 18 C 4c).
   b) quīn = warum nicht, daß (nicht):
   Animum Alexandrī cūrae nōn impediunt, quīn tōtā nocte in speculīs sedēret (K. 22 A). Nōn dubito (nōn dubium est), quīn tibī ingeniō praestiterit nēmo (K. 17 A). Nach verneinten Verben des Hinderns kann auch quīn gesetzt werden, ebenso nach non dubitāre, non dubium est.
4. Agrippa frequēns in agmine erat: loca capere, irrītāmenta pācis ostentāre, hortārī, adiuvāre, fīliōs excolere. Wörtlich: Agrippa befand sich häufig auf Unternehmungen: Plätze einnehmen, Verlockungen zeigen, die Einwohner ermahnen usw. In der lebhaften Schilderung kann der Lateiner die Fortdauer der Geschehnisse im Hauptsatz durch beschreibende Infinitive des Präsens (infinitivus historicus) ausdrücken – eine Art Telegrammstil –, die ungefähr dem Imperfekt entsprechen (also capiēbat, ostentābat, hortābātur, adiuvābat, excolēbat).
5. Id humānitās vocābātur, cum pars servitūtis esset. Mīlitēs Rōmānī, cum frigore tardārentur, tamen brevī tempore aggerem exstrūxērunt (K. 12 A). Cum nautae Alexandri ingenti studio remis incumberent, naves celeriter ostio Indi fluminis appropinquaverunt. Plinius, cum aedificio excessisset et nubem ex Vesuvio orientem observaret, epistulam Rectinae accepit.
   Cum mit dem Konjunktiv bezeichnet begleitende Umstände zum Hauptsatz:
   a) erzählende (c. narrativum), D.: als;
   b) begründende (c. causale), D.: da, weil;
   c) einräumende (c. concessivum), oft verdeutlicht durch tamen im Hauptsatz, D.: während dagegen, obgleich.

D.

1. Setze das unbestimmte Pronomen ein:
   Illis temporibus multi praeclari Romani fuerunt, neque vero (irgendeiner) Caesari gloriā praestitit. Caesar in Britanniam navigavit (und nicht etwas) huius insulae ei notum erat. Neque consulibus neque (irgendeinem Senator)

Der Hadrianswall, vom Kaiser Hadrian um 125 n. Chr. zum Schutz der Provinz Britannia angelegt, besteht aus einer 5–6 m hohen, 2–3 m starken Mauer mit vorgelagertem tiefen Graben und war 100 km lang. An ihm lagen 320 Türme und 17 Kastelle. Große Teile sind heute noch erhalten.

caelo in orientem Germaniae, in occidentem Hispaniae obtenditur (liegt gegenüber), a Gallis in meridiem inspicitur. Septentrionales eius partes vasto atque aperto mari pulsantur. Hanc extremi maris oram Romana classis circumvecta insulam esse Britanniam confirmavit. Ac simul incognitas ad id tempus insulas, quas Orcades vocant, invenit domuitque. Aspecta est etiam Thula.

III. C. Iulius Agricola, qui legatus pro (im Range von) praetore CXXX fere annis[C2] post Caesarem in Britanniam advenit, frequens in agmine erat. Loca castris castellisque idonea ipse capere[C4] (= capiebat). Ubi hostes satis terruerat, parcendo

18	caelum, ī	der Himmel, die Himmelsrichtung, das Klima (F. ciel)
	occidēns, ntis m. (occidere 14)	der Westen, *Okzident* (E., F. occident)
19	merīdiēs, ēī m. (medius 10, dies 17)	der Mittag, Süden (E. midday, a.m.! p.m.!, F. midi)
	septentriōnālis, e	nördlich (E., F. septentrional)
	vāstus, a, um	*wüst*, öde (E. waste, F. vaste)
20	extrēmus, a, um (extrā 19)	äußerster (E. extreme, F. extrême)
	circumvehī, vehor, vectus sum	umfahren
22	aspicere, io, spēxī, spectus	erblicken, wahrnehmen
23	III. praetor, ōris	der Prätor (zweithöchster Beamter Roms), Leiter der Rechtspflege, Statthalter
24	advenīre, io, vēnī, ventus (venīre 9)	ankommen
	frequēns, ntis	zahlreich, häufig (E. frequent, F. fréquent)
	agmen, inis n.	das Heer auf dem Marsch, das militärische Unternehmen

Caesar hoc consilium aperuerat. (Ohne irgendeine Verzögerung) naves oram Britanniae attigerunt. Neque mihi neque (irgendeinem) locus traiectūs notus est.

2. Übersetze die Ablative des Maßunterschiedes:
paulo ante meridiem; paucis annis post Caesaris mortem; haec via ducentis passibus longior est quam illa; terra multis partibus Sole (vgl. K. 17 C 4) minor est.

3. Ergänze den Nebensatz mit ut, ne, quominus oder quin:
Te hortor, . . . magna prudentia agas. Tam prudens es, . . . non frustrari possis. Custodes impediunt, . . . aurum rapiatur. Romani pactum cum finitimis inierunt, . . flumen utriusque imperii finis esset. Dubium non est, . . . imperium Romanum a Germanis deletum sit. Vos retinebimus, hac hieme (nach Britannien zu fahren). Vos non impedimus, (zu Hause zu bleiben). Limite munito Germani duo fere saecula impediuntur, (Provinzen des römischen Reichs zu besetzen). Primo gubernatores propter ventum adversum impediti sunt, (die Anker zu lösen [Imperfekt]). Agricola militibus interdixit, (die Britannier zu bedrücken [Imperfekt]). Alexander magnus retineri non potuit, (an die Grenzen der Welt vorzuschreiten [Imperfekt]).

4. Cäsar beschreibt den Angriff auf ein römisches Lager (bellum Gallicum III 4, 2): Romanis placuit castra defendere. Hostes ex omnibus partibus concurrere, lapides in vallum iacere. Romani primo fortiter resistere neque ullum frustra telum in hostes mittere, oppressis commilitonibus auxilium ferre; sed paulatim superari, quod alii hostes fatigati proelio excedebant, alii succedebant (nachrückten). Ersetze die beschreibenden Infinitive durch die üblichere Tempusform und übersetze.

5. Verwende für cum mit dem Konjunktiv zunächst als Notübersetzung die Bedeutung „als"! Entscheide dann aus dem Zusammenhang, ob du es statt dessen besser mit „da" oder „während doch, obgleich" übersetzen mußt:
Classis Romana, cum Britanniam circumveheretur, nonnullas ad id tempus incognitas insulas invenit. Britanni brevi eloquentiam Romanam concupiverunt, cum initio linguam Romanam abnuissent. Cum ventus secundus esset, Caesar ancoras solvi iussit. Cum ventus adversus esset, (tamen) Caesar ancoras solvi iussit. Ego te, cum in hostium castris invenissem, servavi (K. 20 A).

E.

1. Die Abfahrtsstelle Cäsars im Land der Moriner läßt sich nicht genau ermitteln. Welche heute bekannten Hafenstädte an der Kanalküste kommen dafür in Frage? Berechne die Zeit, die die römische Flotte für die Überfahrt benötigte! Wie lange dauert sie heute?
2. Wie stellt sich der antike Autor die Lage Britanniens zu Gallien, Spanien und Germanien vor? Bedenke, daß „Germania" damals mehr umfaßte als das heutige West- und Ostdeutschland.
3. Orcades sind die Orkney-Inseln. Thule – noch lange Zeit ein sagenhafter Begriff – ist wahrscheinlich Island.
4. Das Wort humanitas = Menschlichkeit, menschliche Zivilisation erhielt schon im Altertum die heutige Bedeutung Humanität = Rücksichtnahme, soziales Verständnis.
5. Mehrdeutigkeit (inhaltliche Valenz) von „secundus": zweiter, günstig, begünstigend; secundum: gemäß.
Cohors secunda Raetorum castellum muniendum curavit (21 A IV). Secundum leges vivimus (21 C 3). Classis secundo flumine navigavit (22 A 2).
Caesar secundo vento ancoras solvit (23 A 1).

rursus irritamenta pacis ostentare (= ostentabat). Quibus rebus multae civitates, quae in illum diem bellaverant, datis obsidibus iram posuerunt; hae praesidiis castellisque circumdatae sunt tanta ratione curāque, ut nulla Britanniae nova pars pariter in dicionem Romanam transierit. Ut homines dispersi ac rudes otio et quieti per voluptates assuescerent, Agricola hortari[C4] (!) privatim, adiuvare (!) publice, ut templa, fora, domos exstruerent, laudando promptos, accusando inertes. Iam vero principum filios liberalibus artibus excolere (!), ut, qui modo (eben noch) linguam Romanam abnuebant (ablehnten), brevi tempore post eloquentiam Romanam concupiscerent. Inde etiam habitūs nostrī honor fuit et frequens toga. Paulatimque descensum est ad porticūs et balneorum luxuriam et conviviorum elegantiam. Idque apud imperitos humanitas vocabatur, cum[C5] (während, obwohl) pars servitutis esset.

ímpedit íra aninúm, ne[C3a] póssit cérnere vérum.

26	rūrsus	dagegen, wiederum, im Wechsel
	irrītāmentum, ī	das Reizmittel, die Verlockung
	ostentāre	vor Augen halten, zeigen
28	circumdare, do, dedī, datus (dare 12)	umgeben, sichern
	ratio, ōnis f.	die Berechnung, vernünftige Überlegung, der Verstand (E. reason, F. raison)
29	rudis, e	roh (E., F. rude)
	ōtium, iī	die Muße, das Nichtstun
30	quiēs, quiētis f. (quiēscere 13)	die Ruhe
	voluptās, ātis f.	das Vergnügen, die Lustbarkeit
	assuēscere, o, suēvī, suētus (b. Dat.) (assuētus 8)	sich gewöhnen an
31	prōmptus, a, um	bereitwillig, geneigt, veranlagt zu (E., F. prompt)
32	līberālis, e	frei, edel (E., F. liberal)
33	lingua, ae	die Zunge, Sprache (E. language, F. langue)
	ēloquentia, ae (loquī 18)	die Beredsamkeit (E. eloquence, F. éloquence)
34	concupīscere, o, īvī, ītus	eifrig begehren
	habitus, ūs (habēre 4)	die Haltung, Kleidung (E., F. habit)
	toga, ae	die Oberkleidung, Toga (Nationaltracht der Römer)
35	paulātim (Adv.)	allmählich
	dēscendere (vgl. 22) (ascendere 12)	herabsteigen zu, sich einlassen auf
	porticus, ūs, f.	die Säulenhalle (E. porch)
	luxuria, ae	die Üppigkeit, der *Luxus* (E. luxury)
36	ēlegantia, ae	die Feinheit, Eleganz (E. elegance, F. élegance)
	imperītus, a, um (perītus 1)	unerfahren, unverständig
	hūmānitās, ātis f. (hūmānus 14)	die Menschlichkeit, menschliche Zivilisation (E. humanity, F. humanité)
37	servitūs, ūtis f. (servus 1)	die Knechtschaft, Abhängigkeit

Das römische Britannien.

F.

1. Cäsar, in seinem Forschungsdrang und im politischen Willen Alexander dem Großen vergleichbar, möchte erkunden, was sich jenseits des Westrandes der bekannten Welt befindet, worüber vorher nur durch Phönizier und den Griechen Pytheas dunkle Kunde zu den Mittelmeervölkern gelangt war. So fährt er zweimal nach Britannien (55 und 54 v. Chr.). Die nähere Erkundung und Eroberung der Insel erfolgt in den Jahren 42 bis 52 n. Chr. Als Agrikola im Jahre 78 dorthin kommt, ist die Unterwerfung der keltischen Bevölkerung fast beendet.
2. Der Bericht über Agrikolas Tätigkeit zeigt die Art, wie die Römer ein Land romanisierten: Du kannst deutlich sechs Stufen erkennen (1. hostes terrere,

Römisches Kriegsschiff vor der Landung aus dem Film „Cleopatra“

XXIV. Kolumbus entdeckt Amerika

A.

I. Christophorus Colonus, Ligur vir, Fernando et Elisabethae regibus catholicis proposuit et suasit se ab occidente nostro finitimas Indiae insulas inventurum esse, si se navigiis et rebus ad navigationem pertinentibus instruerent; quibus augeri christiana religio et margaritarum aromatumque (der Gewürze) et auri inopinata copia haberi facile posset. Instanti ex regio fisco destinata sunt tria navigia,

B.

1	I. catholicus, a, um	allgemein, katholisch	religio, ōnis f.	der Glaube, die *Religion* (E. religion, F. religion)	
2	suādēre, eo, suāsī, suāsus	empfehlen, raten			
3	nāvigātio, ōnis f. (nāvigāre 3)	die Seefahrt (E., F. navigation)	margarīta, ae	die Perle	
	pertinēre, eo, uī (ad) (tenēre 4)	sich beziehen (auf), gehören zu	inopīnātus, a, um	unvermutet, unerwartet	
	īnstruere, o, strūxī, structus (cōnstruere 20)	einrichten, unterrichten, ausrüsten (E. to instruct, F. instruire)	īnstāre, sto stetī (stāre 16)	bedrängen, drängen	5
			rēgius, a, um (rēx 14)	königlich	
			fiscus, ī	der Geldkorb, die Kasse (E., F. fisc)	
4	chrīstiānus, a, um	*christlich* (E. christian, F. chrétien)			

2. praesidiis circumdare, 3. irritamenta pacis, 4. templa, fora, domos exstruere, 5. liberales artes, lingua Latina, 6. porticus, luxuria, elegantia.). Durch einen starken Grenzwall (limes Hadriani) wurde die befriedete Provinz vor den unruhigen Pikten und Skoten geschützt. Bis zum Einbruch der Angeln und Sachsen im 5. Jahrhundert blieb Britannien im römischen Macht- und Kulturbereich.

3. Viele Ortsnamen in England, die auf das L. castra (E. caster, cester), castellum (E. castle), colonia (E. coln), portus (E. port) und vicus (E. wick, wich) zurückgehen, sind Zeugen der römischen Jahrhunderte. Du kannst die Namen von der Karte ablesen. Auch zahlreiche Fundamente von römischen Häusern, Gutshöfen, Bädern und Straßen – besonders in Silchester, Caerwent, Bath, Colchester, Chester – hat die englische Altertumsforschung aufgedeckt.

4. Aus den vier Jahrhunderten römischer Herrschaft sind auch viele andere Wörter in der Sprache der Inselbewohner hängen geblieben wie money, pound, mile, street, anchor, master, mister, disciple, discipline etc. Als später die germanischen Angelsachsen von den romanisierten Normannen besiegt wurden, brachten diese weitere Wörter lateinischen Ursprungs ins E., besonders im Bereich des Staatslebens wie crown, state, minister, people, prince, duke, army, navy, justice, palace, honour, glory usw. Du kannst die Wörter lateinischen Ursprungs, die in der Zeit des Humanismus noch vermehrt wurden, leicht im Vokabelverzeichnis feststellen. Dadurch ist das E. eine aus angelsächsischem und lateinisch-romanischem Wortgut gemischte Sprache geworden. Oftmals stehen Wörter beider Herkunftsarten mit fast gleicher Bedeutung nebeneinander, zum Beispiel science, knowledge – miserable, wretched – magnitude, size – freedom, liberty – to commence, to begin. Sicher hast du über deren Gebrauch im E. Unterricht Näheres gehört.

5. E. Abkürzungen aus dem L.: a. m. (ante meridiem), p. m. (post m.) e. g. (exempli gratia).

De Insulis inventis

Tricesimoter
tio die postq̃ Gadibus discessi: in mare Indi-
cũ perveni: ubi plurimas Insulas innumeris
habitatas hominib' reperi: quarum oim ꝑ feli-
cissimo Rege nostro: preconio celebrato & ve-
xillis extensis: cõtradicente nemine possessio-
nẽ accepi. primeq̃ earum: divi Salvatoris no-
men imposui (cuius fret' auxilio) tam ad hãc
q̃ ad ceteras alias ꝑvenim'.

Faksimile vom Anfang des Kolumbusbriefs über die Entdeckung Amerikas, der im Frühjahr 1493 diese Neuigkeit der Welt in lateinischer Fassung mitteilte.

Z.2 postq̃ = postquam, Indicũ = Indicum, Z.4 hominib' = hominibus, omn = omnes, ꝑ = pro, praeconio = durch Ausruf, Z.5 vexillis = mit Fahnen, Z.6 possessionẽ = possessionem, Z.7 primeq = primaeque, Z.8 fret' = fretus, vertrauend, hãc = hanc, atq = atque, ꝑvenimus = pervenimus.

Segelschiff aus der Zeit des Kolumbus.

unum onerarium, alia duo mercatoria levia, quae ab Hispanis caravelae (Karavellen) vocantur. His habitis ab Hispanis litoribus circiter Kalendas Septembres anni secundi et nonagesimi supra quadringentesimum et millesimum iter institutum cum viris Hispanis circiter CXX Colonus coepit. A Gadibus in alto oceano Fortunatae insulae, quae ab Hispanis Canariae vocantur, distant milia passuum mille et ducenta. Quas Colonus aquandi et reficiendarum navium causa, priusquam se tam duro labori crederet, adiit. Ab his insulis occidentem solem semper secutus[C1], licet in sinistram paulisper, tres et triginta continuos dies caelo tantum et aqua contentus navigavit.

II. Hispani comites murmurare (murren) primo tacite coeperunt. Mox apertis criminibus urgēre (!). De perimendo Colono cogitare (!). Deinde vel (sogar) de eo in mare proiciendo consulebatur. Se frustratos esse ab homine Ligure et in praeceps trahi, unde nunquam redire liceret. Post tricesimum iam diem furore excitati proclamabant, ut reducerentur; ne ulterius procederet, stimulabant hominem. Ipse vero blandis modo verbis, ampla modo spe, diem ex die protrahens, iratos mulcebat (mulcēre = besänftigen). Proditionis[C2] quoque accusandos esse regibus, si adversi quicquam molirentur, si parēre recusarent, praedicabat.

6	mercātōrius, a, um (mercātor 10)	kaufmännisch, Handels...
8	iter, itineris n.	die Reise, der Weg, die Fahrt
	īnstituere, o, stituī, stitūtus (cōnstituere 12)	einrichten, festsetzen (E. to institute, F. instituer)
9	fortūnātus, a, um (fortūna 6)	glückhaft (E. fortunate, F. fortuné)
10	distāre, sto,	auseinanderstehen, entfernt sein
11	aquārī, or, ātus sum (aqua 6)	Wasser holen
	reficere, io, fēcī, fectus	wiederherstellen, instand setzen
12	licet	es mag sein, vielleicht
13	paulisper	ein Weilchen, kurze Zeit
	continuus, a, um (continēre 15)	ununterbrochen, nacheinander (E. continuous)
	tantum (Adv.)	nur
15	II. tacitus, a, um (tacēre 18)	schweigend, leise
16	perimere, o, ēmī emptus	aus dem Weg räumen, vernichten
17	prōicere, io, iēcī, iectus	niederwerfen, hinabstürzen
	cōnsulere, o, suluī, sultus (cōnsultāre 6)	beraten, um Rat fragen, vorsorgen für (E. to consult, F. consulter)
18	praeceps, cipitis n. (caput 11)	abschüssig, die jähe Tiefe
19	ulterius (Adv.)	weiter, darüber hinaus
	stimulāre	anspornen, zusetzen (E. to stimulate, F. stimuler)
20	blandus, a, um	schmeichelnd
	modo ... modo	bald ... bald
	prōtrahere, o, trāxī, tractus	fortziehen, hinziehen
21	īrātus, a, um (īra 22)	erzürnt
	prōditio, ōnis f.	der Verrat
22	mōlīrī, ior, ītus sum	betreiben, ins Werk setzen
	recūsāre (accūsāre 1)	sich weigern (E. to recuse, F. récuser)

C.

1. Colōnus occidentem sōlem secūtus trēs et trīgintā diēs nāvigāvit.
   Das Partizip Perfekt einiger Deponentien und Semideponentien kann wie ein Partizip Präsens auch die Gleichzeitigkeit bezeichnen.
2. Servī crīminis arguuntur (K. 11). Colōnus nautās prōditiōnis accūsandōs esse praedicat.
   Bei Verben des gerichtlichen Verfahrens steht die Schuld im L. im Genitiv. Im D. steht der Genitiv oder „wegen".

D.

1. Untersuche, ob die Partizipien des Perfekts mehr die Gleichzeitigkeit oder die Vorzeitigkeit bezeichnen:
   Milites mirati requirebant, quae esset eius elementi natura (K. 22). Nanctus idoneam tempestatem Caesar ancoras solvit (K. 23). Plinius amicum trepidantem complexus consolatur (K. 13). Augustus uxori suae confisus Cinnam ad se arcessivit (K. 20). Augustus gavisus uxori suae gratias egit (K. 20). Hadrianus feritatem barbarorum veritus limitibus illos ab imperio separavit (K. 21).
2. Setze das Vergehen ein:
   Nonnulli Cinnam (eines bösen Vorhabens) arguerunt. Augustus Cinnam (wegen dieses Verbrechens) accusare noluit.

E.

1. Christophorus Colonus, latinisierte Form des italienischen Namens Cristoforo Colombo, des spanischen Cristobal Colon, D. Christoph Kolumbus: Er stammte wahrscheinlich aus Genua in der Landschaft Ligurien, daher Ligur vir.
2. A Gadibus – Fortunatae insulae: Abfahrt von Palos bei Cadiz zu den Kanarischen Inseln. Die Entfernung, 1200 Meilen, ist nur wenig zu hoch angegeben. Fortunatae insulae waren für die Antike sagenhafte Inseln des Glücks am Westrand der Erde.
3. Optatum prospectum: Entdeckung Amerikas und Landung am 12. Oktober 1492 auf einer Insel der Bahamagruppe, indianisch Guanahani, heute Watling-Island.
4. Zwei große Inseln: Hispaniola = Sp. Española = Klein-Spanien, heute mit indianischem Wort Haiti genannt, und Ioanna = Sp. Juana, so genannt zu Ehren der spanischen Infantin Juana, Mutter des deutschen Kaisers Karls V., Name der Insel heute Kuba.
5. Erkläre aus den Vokabeln der Kapitel 22 bis 24 folgende Wörter des D.: (22) Impuls, Vision, Quantum, Prozeß, Prozession, Mixtur, Konfusion, Kollision, Injektion, Appetit, Resonanz, vulgär; (23) Eleganz, Extremisten, Institut, liberal, Linguistik, maritim, Notiz, ostentativ, prompt, Ratio, rationalisieren, Rationalismus, Trajekt; (24) abrasieren, Distanz, Fiskus, instruieren, Instruktion, Kapazität, Navigation, optieren, Prospekt.

F.

1. Die Erweiterung des antiken und mittelalterlichen Weltbildes (vgl. K. 22 und 23) erfolgte erst 1½ Jahrtausende nach Cäsar durch die Berechnungen des Florentiner Mathematikers Toscanelli (1397–1482) und die Tat des Kolumbus. Herrscher in Spanien waren seit 1479 Ferdinand von Aragonien und Elisabeth (Sp. Isabela) von Kastilien. Vom Papst erhielten sie wegen ihres Kampfes gegen die Mauren den Ehrentitel Katholische Könige. Da Toscanelli berechnet hatte, auf einer Westfahrt könne man um die Erde herum nach Indien gelangen, nannte Kolumbus die von ihm entdeckten Inseln Westindien.

III. Optatum tandem terrae prospectum laeti suscipiunt. Patefecit navigatione hac prima sex insulas, atque ex iis duas inauditae magnitudinis; quarum alteram Hispaniolam, alteram Ioannam vocavit. Sed Ioannam esse insulam non pro certo habuit. Illarum litora cum abraderet, dulcium aquarum ingentia flumina et nativos portus magnarum classium capaces invenit.

23	III. optāre	wünschen, ersehnen
	prōspectus, ūs	die Aussicht, der Anblick
24	inaudītus, a, um (audīre 9)	unerhört (F. inoui)
26	abrādere, o, rāsī, rāsus	abkratzen, dicht entlang fahren
	nātīvus, a, um (nātus 19)	angeboren, natürlich (E. native, F. natif)
27	capāx, ācis (b. Gen.) (capere 16)	(viel) fassend (E. capacious)

XXV. Dumnorix, ein gallischer Widerstandskämpfer

A.

I. Dumnorix, nobilis Haeduorum princeps, gratiā et largitione apud Sequanos, gentem Gallicam, plurimum poterat; etiam Helvetiis erat amicus propterea, quod[C1c] ex ea civitate filiam nobilem in matrimonium duxerat. Cupiditate regni adductus novis rebus studebat et quam[C2d] plurimas civitates suo beneficio habere obstrictas volebat. E Diviciaco, Dumnorigis fratre, et ex aliis Caesar quaerit et reperit Dumnorigem complures annos omnia Haeduorum vectigalia parvo pretio redempta habere. His rebus eum et suam rem familiarem auxisse et facultates ad largien-

B.

1	I. nōbilis, e (nōscere 13)	vornehm, adlig, berühmt (E., F. noble)
	largītio, ōnis f.	die Freigebigkeit
2	plūrimum posse	sehr viel vermögen, großen Einfluß haben
	proptereā, quod	deshalb, weil
4	novae rēs	die Neuerungen, der Umsturz
	quam plūrimī	möglichst viele
	obstringere, o, strīnxī, strictus	binden, verpflichten
5	frāter, frātris	der Bruder (F. frère)
6	pretium, iī	der *Preis* (E. price, F. prix)
	redēmptum habēre	erkauft, gepachtet haben
7	rēs familiāris, reī familiāris f.	das Vermögen
	facultās, ātis f. (facere 16)	die Fähigkeit, Möglichkeit, das Mittel (E. faculty, F. faculté)
	largīrī, ior, ītus sum	schenken, spenden

2. Einen zusammenhängenden Bericht über die Entdeckungen in den Jahren 1492 bis 1526 lieferte der spanische Hofhistoriograph Petrus Martyr Anglerinus (1457 – 1526) in seinem Werk „De orbe novo". Als geborener Italiener, aufgewachsen und gebildet im Zeitalter der Renaissance und des Humanismus, schrieb er seine acht Bände in der Hof- und Bildungssprache seiner Zeit, einem gut lesbaren Latein.
3. Petrus Martyr bildete für neu aufgekommene Dinge und Begriffe neue lateinische Wörter, die er größtenteils romanischem Sprachgut entlehnte: caravela (L. carabus = Krabbe, Sp. carabela) der Schnellsegler; sclopetarius (L. scloppus = Knall, Sp. escopeta) der Gewehrschütze, colubrina (L. colubra = Schlange) = Feldschlange, kleine Kanone; bombarda (L. bombus = Brummen) = Mörser, große Kanone. Selbst indianische Wörter latinisierte er und machte die Inhalte dem Abendland bekannt: maizius (Mais), cacous (Kakao), hurricanus (Hurrikan, Orkan). Ähnlich versuchen in unserem Jahrhundert die Societas Latina und lateinische Zeitschriften in Italien, Frankreich, Spanien, England und Deutschland das Latein wieder zu einer lebenden Weltsprache zu machen. Verstehst du folgende neulateinische Wörter: automobilia, benzina, aeronauta, via ferrata, statio ferroviaria, musica radiophonica, antenna in tecto posita?
4. Lateinische Länderbezeichnungen werden noch vielfach gebraucht: Alsatia, Austria (Kfz.-Zeichen: A), Bavaria, Borussia, Helvetia (Kfz.-Zeichen: CH = Confoederatio Helvetica), Hungaria (Kfz.-Zeichen: H), Rhenania, Saxonia etc.

C.

1. Relativsätze und quod-Sätze:
   a) Proelium, quod ab equitibus factum erat, Rōmānīs adversum fuit.
   Erkläre das quod und übersetze.
   b) Hīs rēbus ūnum repūgnābat, quod Caesar Dīviciācī fidem cōgnōverat. Quod proelium adversum factum erat, equitēs Dumnorīgis prīmī fugere coeperant.
   Die faktische Konjunktion quod mit dem Indikativ, D.: (was) die Tatsache (angeht), daß; daß; wenn.
   c) Dumnorīx Helvētiīs erat amīcus, proptereā quod (quia, quoniam) ex eā cīvitāte fīliam in mātrimōnium dūxerat. Ad hās suspīciōnēs accessit, quod Dumnorīx eās rēs iniussū Caesaris fēcisset.
   Die kausalen Konjunktionen quod, quia, quoniam: bei objektivem Grund mit dem Indikativ, bei subjektivem mit dem Konjunktiv (obliquus), D.: weil, daß.
   d) Caesar Dumnorīgem nihil sānī factūrum esse arbitrābātur, quippe quī praesentis Caesaris imperium neglēxisset.
   Relativsatz mit betont kausalem Sinn: quippe qui (quae, quod) im Konjunktiv, D.: da er ja.
   e) Gaudeo, quod mihī favēs. Biturīgēs illūsērunt, quod tanta māchīnātio cōnstituēbātur (subjektiv: cōnstituerētur, K. 12 A).
   Quod nach Verben der Gemütsbewegung mit Indikativ oder Konjunktiv, D.: daß oder weil.
2. quam (Relativum und Adverb)
   a) Dumnorīx fēminam, quam apud Helvētiōs cōgnōverat, in mātrimōnium dūxit.
   Erkläre das quam und übersetze!

dum magnas comparavisse; magnum numerum equitatus suo sumptu semper alere et circum se habere. Neque solum domi, sed etiam apud finitimas civitates eum largiter posse atque huius potentiae causa matrem in Biturigibus collocavisse, sororem et propinquas suas nuptum[C4] in alias civitates dedisse. Dumnorigem odisse etiam suo nomine (persönlich) Caesarem et Romanos, quod[C1c] eorum adventu potentia eius minuta sit. Reperiebat etiam in quaerendo Caesar, quod[C1b] proelium equestre Romanis adversum paucis ante diebus esset factum, initium fugae factum esse ab Dumnorige atque eius equitibus. Nam equitatui, quem auxilio Caesari Haedui miserant, Dumnorix praeerat.

II. Cum ad has suspiciones certissimae res accederent, quod obsides inter Gallos dandos curavisset[C1c], quod ea iniussu Caesaris fecisset, Caesar satis causae esse arbitrabatur, quare (quod) in eum animadverteret[C1c]. His omnibus rebus unum repugnabat, quod[C1b] Diviciaci fratris egregiam fidem cognoverat. Nam, ne[C3] (daß) Dumnorigis suppliciō Diviciaci animum offenderet, verebatur. Itaque Caesar Dumnorigem ad se vocat; fratre praesente eum monet, ut in reliquum tempus omnes suspiciones vitet. Dumnorigi custodes ponit, ut, quae agat, scire possit.

III. Quattuor annis post Caesar Dumnorigem secum in Britanniam traducere decrevit, quod[C1c], cum ipse abesset, verebatur, ne[C3] (daß) motus Galliae ab illo

8	equitātus, ūs (eques 11)	die Reiterei
	sūmptus, ūs (sūmere 10)	der Aufwand, die Kosten
	alere, o, aluī, altus	ernähren, unterhalten
9	nōn (neque) sōlum	(und) nicht nur
10	largiter (Adv.)	in reichlichem Maß
	largiter posse	viel vermögen
	collocāre	aufstellen, unterbringen, verheiraten
11	soror, ōris f.	die Schwester (F. sœur)
	propinquus, a, um (prope 8)	verwandt, der (die) Verwandte
	nūbere, o, nūpsī, nūptus	heiraten
13	adventus, ūs	die Ankunft
	minuere, o, uī, minūtus (minus 16)	vermindern
	quod	die Tatsache, daß; was anbetrifft, daß; wenn
14	equester, tris, tre	zum Reiter gehörig, Reiter ...
15	auxilium, iī (auxiliārī 13)	die Hilfe, Hilfstruppe
17	II. suspīcio, ōnis f. (suspicere 16)	der Verdacht(sgrund) (E., F. suspicion)
18	iussū (Abl.)	auf Befehl
	iniussū (iubēre 13)	ohne Befehl, gegen Befehl
19	animadvertere, o, vertī, versus (in)	vorgehen (gegen)
20	repūgnāre	Widerstand leisten, widersprechen (E. to repugn, F. répugner)
	ēgregius, a, um	hervorragend
21	offendere, o, fendī, fēnsus	verletzen, angreifen (E. to offend)
	dēfendere	verteidigen (E. to defend, F. défendre)
22	reliquus, a, um	übrig, künftig
23	cūstōs, ōdis m. (cūstōdīre 9)	der Wächter
24	III. trādūcere, o, dūxī, ductus	hinüberführen
	mōtus, ūs (movēre 14)	die Bewegung, der Aufstand, die Erhebung

b) Britannia īnsula māior est quam Sicilia.
quam nach Komparativ: D. Übersetzung?

c) Quam placidum flūminis ōs esset, aestimātio augurābātur (K. 23 A).
quam bei Adjektiven, D.: wie, wie sehr.

d) Quam plūrimās cīvitātēs Dūmnorīx obstrictās habēre volēbat.
quam beim Superlativ („wie sehr die meisten") D. = möglichst viele.

3. timēre, verērī, nē
Caesar verēbātur (timēbat), nē Dīviciācī animum offenderet (vgl. F. César craignait qu'il n'offensât Divitiac). Caesar verētur (timet), nē Dumnorīx nōn (= ut Dumnorīx) in officiō contineātur.
Nach Verben des Fürchtens, die einen gegenteiligen Wunsch (vgl. K. 18 C 4) ausdrücken, setzt der Lateiner die Konjunktion nē (D. daß), verneint nē nōn (D. daß nicht). Für nē nōn kann auch ut eintreten, denn eine doppelte Negation bedeutet eine Bejahung (vgl. K. 8 E 2).

4. Dumnorīx propinquās suās nūptum in aliās cīvitātēs dedit.
nūptum, das Supinum des Verbums nūbere, ist ein erstarrtes Substantivum der u-Deklination im Akkusativ des Ziels. Das Supinum auf -um steht nur bei Verben der Bewegung wie dare, mittere, venīre, intrāre; nūptum dare = weggeben, um zu heiraten: zur Heirat geben.

5. Spē impetrandī veniam adēmptā (spē veniae impetrandae adēmptā) Dumnorīx principēs sollicitāre coepit. Discendō linguam Latīnam (linguā Latīnā discendā) ratiōnem exercēmus. Die zwei nd-Formen mit Objekt werden im Genitiv und Ablativ ohne Unterschied der Bedeutung nebeneinander gebraucht.

D.

1. Unterscheide die Arten des quod und übersetze:

a) Dumnorix, quod largitione plurimum poterat, novis rebus studebat. Diviciacus frater regno, quod Dumnorix appetebat, repugnavit. Quod Dumnorix regnum appetebat et principes Gallos sollicitabat, id Caesari non ignotum erat. Huc certissima res accessit, quod Dumnorix obsides inter Gallos dandos curaverat. Caesar doluit, quod Dumnorix in officio contineri non poterat (posset).

b) Begründe den Konjunktiv in den mit qu- beginnenden Nebensätzen (adverbialer Nebensinn? indirekte Frage? subjektiver Grund?):
Caesar equites misit, qui Dumnorigem comprehenderent. Caesar reperit Dumnorigem odisse Romanos, quod eorum adventu potentia eius minuta sit. Caesar Dumnorigi custodes ponit, ut, quae ille agat, scire possit. Satis causae esse Caesar arbitrabatur, quare (quod) in eum animadverteret. Caesar, quippe qui Gallos a Dumnorige sollicitari cognovisset, illum secum in Britanniam ducere decrevit.

2. Unterscheide die Bedeutungen des „quam":
Dumnorix quam plurimos principes sollicitare coepit. Caesar Dumnorigem quam celerrime ad se duci iussit. Femina, quam Dumnorix in matrimonium duxerat, natione (der Nation nach) Helvetia erat. Caesar ignorabat, quam idonei portus Britanniae essent. Paulatim Britanni linguā Latinā uti malebant quam linguā suā.

3. Setze die Konjunktion ein:
Ulixes timebat, (daß) socii vocibus Sirenarum allicerentur. Plinius veritus est, (daß) Pomponianus (nicht) sine auxilio externo servari posset. Plinius optabat, (daß) quam plurimi incolae ex tremore servarentur. Caesar verebatur, (daß) motus Galliae a Dumnorige concitaretur. Caesar verebatur, (daß) equites Romani Dumnorigem (nicht) comprehenderent.

4. Übersetze: Milites exploratum missi sunt. Minister salutatum intravit (venit).

concitaretur. Sed Dumnorix omnibus primo precibus petere contendit, ut in Gallia relinqueretur, partim quod[C1c] (quoniam) insuetus navigandi mare timeret, partim quod (quia) religionibus impediretur. Omni spe impetrandi adempta principes Galliae sollicitare coepit. Qua re cognita Caesar Dumnorigem coercendum esse statuebat, quod[C1c] longius eius amentiam progredi videbat. Itaque dabat operam, ut in officio eum contineret et omnia eius consilia cognosceret. At Dumnorix a castris inscio Caesare domum discedere coepit. Qua re nuntiata Caesar magnam partem equitatus ad eum persequendum mittit. Si vim faciat neque pareat, eum interfici iubet. Nihil sani eum se absente facturum esse arbitrabatur, (quippe) qui[C1] praesentis Caesaris imperium neglexisset. Ille autem ab equitibus revocatus resistere coepit, saepe clamans liberum se esse liberaeque civitatis. Illi, ut erat imperatum, circumsistunt hominem atque interficiunt.

Spéctatúm veniúnt, veniúnt specténtur ut ípsae. (Motiv zum Theaterbesuch der Frauen)

26	concitāre (excitare 11)	antreiben, erregen	officium, iī	die Pflicht (E. office[!], F. office)	31
27	quoniam = quia	weil, da ja	at	aber	
	īnsuētus, a, um (b. Gen.) (assuetus 8)	nicht gewohnt (an)	īnscius, a, um (scīre 9)	unwissend, ohne zu wissen	
			discēdere, o, cessī, cessus	weggehen	32
28	impetrāre	(durch Bitten) erreichen	persequī, sequor, secūtus sum	verfolgen (E. to persecute)	33
	adimere, o, ēmī, ēmptus	wegnehmen	interficere, io, fēcī, fectus (facere 16)	töten	
29	sollicitāre	erregen, aufwiegeln			
30	statuere, o, statuī, statūtus (constituere 12)	auf-, feststellen, beschließen	sānus, a, um	gesund, vernünftig (E. sound, F. sain)	34
			quippe	nämlich	
	āmentia, ae (mēns 14)	die Sinnlosigkeit	quippe quī (b. Konj.)	welcher nämlich, da er ja	

Das sogenannte Juliergrab in St. Remy (Südfrankreich) hält auf vier Friesen Szenen aus der Geschichte Galliens fest. Der abgebildete Nordfries gibt einen Kampf zwischen Römern und am Boden liegenden Galliern wieder.

5. Erkläre die nd-Formen und übersetze:
   a) Caesar in quaerendo causam fugae reperiebat. Caesar Dumnorigem coercendum esse statuit; ad eum persequendum equites mittit. Dumnorix obsides inter Gallos dandos curavit.
   b) Wandle die eine nd-Form in die andere um:
   Theopropides multas terras visitando diu afuit (6 D 6). Haec est hora corpus exercendi (6 D 6). Caesar ministros pecuniae comparandae causa dimiserat (10 A I).

E.

1. Für Angehörige heutiger Kulturstaaten, in denen Steuern von den Behörden eingezogen werden, ist die Vorstellung einer Verpachtung der Steuern ungewöhnlich. In älteren Zeiten wurden Steuern an Unternehmer verpachtet, die gegen eine vorher festgelegte Summe die Steuern in privater Initiative einzutreiben hatten. Daß dabei manche Steuerpächter reich wurden – wie Dumnorix –, andere sich einen schlechten Ruf einhandelten – Stellung der Zöllner zur Zeit Christi – ist begreiflich.
2. Wortbildung: Substantive auf -ium und -itium werden von Verben gebildet: arbitr-ari: arbitrium. Wie lauten sie von auxiliari, iudicare, studere, servire?
3. Auch im heutigen Militärwesen gibt es viele Bezeichnungen, die lateinischem Sprachgut entstammen: General, Major, Offizier, Division, Regiment, Infanterie (s. K. 17 F. 2), Legionär, Munition, Anker, Navigation, Arsenal (ars navalis).

F.

1. Das römische Reich war ein übernationales Gebilde. Es umfaßte die verschiedensten Völker Europas, Asiens und Afrikas. Die zentrale Verwaltung im Rom, der einheitliche Wirtschaftsraum, die ausgebauten Verkehrswege (Römerstraßen, Mittelmeer), die Ansiedlung römischer Bürger in den Provinzen, die Einheit der Amtssprache und die Verteilung der Legionen sicherten die Einheit und garantierten den Frieden für Jahrhunderte (pax Romana).
2. Trotz dieser Organisation des Staatsgebildes kam es – besonders in den neugewonnenen Gebieten – gelegentlich zu Erhebungen. In Gallien ragen als Führer der Widerstandsbewegung zwei Männer hervor: Dumnorix, der die Cäsarfreundliche Politik seines Bruders Diviciacus ablehnte und ein Bündnis gallischer Stämme gegen Rom zustande bringen wollte, und kurz nach ihm Vercingetorix. Widerstandsbewegungen, sei es aus nationalen oder innenpolitisch-sozialen Gründen, gibt es auch in moderner Zeit. Kennst du Washington, Simon Bolivar, Andreas Hofer, Gandhi, Lenin, Graf von Stauffenberg, die Männer des 20. Juli, Fidel Castro, die Palästinenser? Hat – auf die Dauer gesehen – der keltische Widerstand gegen die Romanisierung Erfolg gehabt?
3. Gaudeo, quia (quod) mihi faves. F.: Je me réjouis que tu me favorises I.: Mi rallegra che (tu) mi favorisci. Aus dem L. quia wurde im F. que, I. che (spr. ke).
   Filius dicit Caesarem magnum imperatorem fuisse. F.: Le fils dit que César était un grand empereur. I.: Il figlio dice che Cesare era un grande imperatore. In den romanischen Sprachen ist der a.c.i. fortgefallen und in Angleichung an quia- bzw. quod-Sätze durch Konjunktionalsätze ersetzt worden.
4. Ein Spaß: classis Romana, die römische Flotte oder eine flotte Römerin?

XXVI. Ein Brief Ciceros an seine Familie

A.

Tullius salutem dicit Terentiae et Tulliae et Ciceroni suis.

Ego minus saepe do ad vos litteras, quam possum, propterea quod cum (einerseits) omnia mihi tempora sunt misera, tum (andrerseits) vero – cum[C2] aut scribo ad vos aut vestras litteras lego – sic conficior lacrimis, ut ferre non possim. Quod (relativ. Anschluß, nicht übersetzbar) utinam[C1c] minus vitae cupidi fuissemus! Certe nihil aut non multum in vita mali vidissemus[C1d]. Nos Brundisii apud M. Laenium Flaccum dies XIII fuimus, virum optimum, qui periculum fortunarum et capitis sui prae mea salute neglexit neque legis improbissimae poenā deductus est, quominus[C4] hospitii et amicitiae ius officiumque praestaret. Huic utinam[C1c] aliquando gratiam referre possimus!

O me perditum, o afflictum! Quid nunc faciam[C1b]? Rogem te, mulierem aegram et corpore et animo confectam, ut venias? Non rogem? Sine te igitur sim? Opinor, sic agam: si est spes nostri reditus, eam confirmes[C1a] et rem adiuves! Sin, ut ego metuo, transactum est, utcumque potes, ad me fac (auf! wohlan!) venias! Sed quid Tulliola mea fiet[C3]? Cicero meus, quid aget? Iste vero sit in sinu semper et complexu meo! Tu quod me hortaris, ut animo sim magno et spem habeam recuperandae salutis, id velim sit eius modi, ut recte sperare possimus. Nunc miser quando tuas iam litteras accipiam? Quas ego expectavissem[C1d] Brundisii, si licuisset per nautas.

B.

2	litterās dare (ad)	Briefe (dem Boten) übergeben, absenden an
	cum ... tum	einerseits ... andererseits besonders
4	legere, o, lēgī, lēctus (ēligere 16)	lesen, sammeln (F. lire)
	cōnficere, io, fēcī, fectus	verfertigen, fertig machen, aufreiben
	lacrima, ae (lacrimāre 18)	die Träne (F. larme)
5	utinam (b. Konj.)	(Wunschsatz) wenn doch, hoffentlich
7	fortūnae, ārum (fortūna 6)	die Glücksgüter, das Vermögen
8	improbus, a, um	boshaft, übel
	nōn dēdūcere, quōminus	nicht davon abbringen (abhalten), daß (zu)
9	praestāre, o, stitī	erfüllen, leisten, zeigen

grātiam referre	Dank abstatten, danken	
perdere, o, perdidī, perditus (dare 12)	zugrunde richten, verlieren (F. perdre)	11
perditus, a, um	verloren, hoffnungslos (F. perdu)	
afflīctus, a, um	betrübt, niedergebeugt (E. afflicted)	
confectus, a, um	erschöpft, gebrochen	12
opīnārī, or, ātus sum (inopīnātō 5)	vermuten, meinen	
sīn	wenn aber	13
metuere, tuo, tuī	fürchten	14
transigere, o, ēgī, āctus (agere 10)	zum Abschluß bringen, ein Ende machen	
utcumque	wie auch immer	
complexus, ūs (complectī 13)	die Umfassung, Umarmung	15
ēiusmodī	von der Art, derartig	17

C.

1. Konjunktive im Hauptsatz können außer den in K. 7 C 3 erwähnten Fällen der a) Aufforderung und der d) Nichtwirklichkeit auch b) gemilderte Behauptungen und zweifelnde Fragen sowie c) Wünsche ausdrücken.
   a) Cētera ferāmus! Spem nostrī reditūs cōnfīrmēs! Fac, veniās! (hortatīvus).
   b) Hoc nōn cōnfīrmem. Facile omnēs vīceris (vgl. K. 17 A 1), gemilderte Behauptung (potentiālis) im Konjunktiv Präsens oder – zeitstufenlos – Perfekt. D.: mögen, können, dürfen oder „wohl" mit Indikativ.
   Quid faciam? Rogem tē, nōn rogem? Quid facerem? zweifelnde Frage (dubitatīvus), im Konjunktiv Präsens für die Gegenwart, Konjunktiv Imperfekt für die Vergangenheit. D.: soll, hätte sollen.
   c) Iste sit in complexū meō! Utinam gratiam referre possīmus! Velim mihī īgnōscās! Erfüllbarer Wunsch (optativus) mit oder ohne utinam im Konjunktiv Präsens. D.: Wäre er doch ...! Hoffentlich können wir. Hoffentlich verzeihst du mir.
   Utinam nē ab urbe abessem! Utinam minus vītae cupidi fuissēmus!
   Unerfüllbarer Wunsch mit utinam (verneint utinam nē), für die Gegenwart Konjunktiv Imperfekt, für die Vergangenheit Konjunktiv Plusquamperfekt. D.: wäre ich doch nicht ... wären wir doch nicht gewesen!
   Der D. macht keinen so deutlichen Unterschied zwischen erfüllbarem und unerfüllbarem Wunsch wie der L.
   d) Beātus essem et gaudērem sī cēterī amīcī adessent (Gegenwart). Litterās exspectāvissem, sī licuisset (Vergangenheit). Nichtwirkliche Bedingungen (irrealis vgl. K.7C3).
2. Unterscheide das wiederholende cum vom konditionalen sī:
   Cum litterās ad vōs scrībo, lacrimīs cōnficior. Sī spēs reditūs est, eam cōnfīrmēs!
3. Quid Tulliola fiet? Was wird aus Tulliola werden?
   Im L. persönliche Konstruktion, im D. besser unpersönlich.
4. M. Laelius nōn dēdūctus est, quōminus officium praestāret.
   Nōn dēdūcī, quōminus = sich nicht abhalten lassen, zu (vgl. K. 23 C 3).

D.

1. a) Wir wiederholen die Aufforderungen aus K. 7
   Triclinium intretis! Pontifex immolet! Domum migremus!
   b) Gemilderte Behauptung und zweifelnde Fragen werden besonders in höflicher Ausdrucksweise angewandt. Gebrauche im D. Umschreibungen:
   Id omnibus notum sit. Hoc confirmem. Nemo hoc neget. Improvidus sis. – Quis dubitet? Quid loquar? Egone te accusem? Utrum maneamus an fugiamus?
   c) Begründe, weshalb der Konjunktiv Präsens, Imperfekt, Plusquamperfekt steht: Utinam mox mihi scribas! Quod di (= dei) bene vertant! Utinam defuncti dicerent! Utinam iam pridem huc venisses! Utinam ne hoc fecisses!
   d) Was tut (tat) das Subjekt nicht?
   Si officium praestares, optimus vir esses. Equites nostri impetum hostium arcuissent, si fortius pugnavissent. Si tacuisses, philosophus (ein Philosoph) mansisses.
2. Auflösen einer Satzperiode (Kästchenmethode) K. 26 A, Z. 2-4

H. S. Ego minus saepe do litteras,
    N. S. 1 (Komperativs.) quam possum,
        N. S. 2 (Kausals.) propterea quod cum tempora misera sunt tum sic conficior lacrimis,
            N. S. 3 (Temporals.) cum scribo aut lego,
                N. S. 4 (Konsekutivs.) ut ferre non possim.

Sustenta te, mea Terentia, ut potes! Honestissime viximus, floruimus; non vitium nostrum, sed virtus nostra nos afflixit. Cetera, quamquam ferenda non sunt, feramus! Cura, dum potes, ut valeas, et sic existimes me vehementius tuā miseriā quam meā commoveri. Mea Terentia, fidissima atque optima uxor, et mea carissima filiola et spes reliqua nostra, Cicero, valete! Pridie kalendas Maias Brundisio.

Bélla geránt[C1a] alií, tu félix Aústria núbe!
Nám quae Márs aliís dát tibi régna Venús (Distichon auf die Heiratspolitik des Hauses Österreich).

sustentāre	aufrechthalten	valēre, eo, uī	stark, gesund, wert sein (Imperativ: lebe wohl!) (F. valoir)	22
flōrēre, eo, uī	blühen, glänzen, angesehen sein (E. to flourish, F. fleurir)	miseria, ae (miser 14)	das Elend, die Not (E. misery, F. misère)	
vitium, iī	der Fehler, Mangel, das Laster (E., F. vice)	cārus, a, um	teuer, lieb (F. cher)	23
		fīliola, ae (vgl. fīlia)	das Töchterchen	24

Markus Tullius Cicero in den besten Mannesjahren. Die hohe Stirn, die regelmäßigen Gesichtszüge und die leicht zugekniffenen Augen vermitteln eher das Bild eines klugen Denkers und geachteten Schriftstellers als das eines von Sorgen erfüllten Politikers.

E.

1. M. Laenius Flaccus, ein mit Cicero befreundeter Geschäftsmann, der in Brindisi wohnte; lex improbissima: das Gesetz, wodurch Ciceros Vermögen eingezogen und er selbst aus Italien verbannt wurde.
2. Tulliola und filiola: Verkleinerungsformen von Tullia und filia (vgl. 30 F 1: capsula, pilula).
3. non vitium ___ sed virtus: Kunstvolles Wortspiel (vgl. K. 17 E 2).
4. Bedeutungswandel einiger wichtiger L. Wörter im F., E. und D.

L. ne rem	nicht eine Sache	F (ne) rien		
L. male habitus	schlecht gehalten	F. malade		
L. ad ripa(m)	zum Ufer (kommen)	F. arriver	E. to arrive	
L. deficere	mangeln	F. la défaite (Niederlage)	E. defeat defect	Niederlage Mangel
L. ē manu capere	(einen Sklaven) aus der Gewalt nehmen	E. to emancipate nach Unabhängigkeit streben	D. emanzipieren	

5. Im Frühjahr 58 setzte der unter Cäsars Schutz stehende Volkstribun Klodius durch, daß Cicero aus Italien verbannt wurde, angeblich, weil er gegen die Mitglieder der revolutionären Gruppe um Katilina zu scharf vorgegangen war (vgl. K. 27 A). So verließ Cicero die Hauptstadt, um über Brindisi nach Griechenland in die Emigration zu gehen. Aus dieser Situation schreibt er vorliegenden Brief an seine Frau Terentia, seine Tochter Tullia und seinen Sohn Markus. Cicero offenbart darin wie in den meisten seiner 760 uns vorliegenden Briefe seine persönlichsten Gedanken und Stimmungen. Welche Gefühle treten in dem Brief nach deiner Meinung besonders stark hervor?

F.

1. Do ad vos litteras: ich übergebe den Brief an Euch einem Boten, daher Brundisio = von Brundisium aus. Datum (est): die Übergabe, Zeit des Absendens, auch Angabe. Das Wort Datum (Plur: Daten) wird heute nicht nur in Briefen, sondern auch in vielfach erweitertem Sinn für die verschiedensten Angaben, besonders in wirtschaftlichen Statistiken, gebraucht (Computer!).
2. Der Brief (lateinisch litterae oder epistula oder brevis [liber] > deutsch Brief) wurde im Altertum sehr gepflegt und entwickelte sich zur literarischen Gattung. Er diente als „halbiertes Gespräch" sowohl zu persönlichen Mitteilungen wie als Mittel zur Verbreitung von Tagesneuigkeiten und politischen Ereignissen. Die stilistische Form am Anfang und Ende war ziemlich einheitlich, wie auch bei unseren Briefen. Anfang: C. salutem dicit; Ende: vale, valeas, valete, valeatis. In unserem Zeitalter ist der Gebrauch des Briefes sehr zurückgegangen und durch andere Kommunikationsmittel verdrängt worden. Durch welche? (communicare: gemeinsam machen, mitteilen)
3. Manche bedeutsamen Bücher auch der Neuzeit führen lateinische Titel: Nik. Kopernikus, De revolutionibus (Umdrehungen) orbium caelestium, 1543. – Gal. Galilei, Sidereus (Sternen –) nuntius, 1610. – A. v. Leeuwenhoek (Erfinder des Mikroskops), Arcana naturae detecta (aufgedeckt), 1696. – Fahrenheit, Experimenta circa gradum caloris, 1724. – Em. Swedenborg, De caelo et eius mirabilibus (Wunder), 1758. – L. Galvani, De viribus electricitatis, 1791. – H. Chr. Oersted, Experimenta circa effectum electricitatis, 1820. – Monumenta Germaniae historica 1820–1975. – Th. Storm, Aquis submersus, 1876. – Fr. Nietzsche, Ecce homo, 1898 – G. Kolbenheyer, Amor Dei, 1908. – J. Huizinga, Homo ludens, 1938. – E. Wiechert, Missa sine nomine, 1950. – Th. Adorno, Minima moralia (Moralisches), 1951. – M. Frisch, Homo faber, 1957.

XXVII. Eine politische Diskussion im Senat

A.

I. Cicero spricht in Anwesenheit Katilinas über die politische Lage (am 7. XI. 63 v. Chr.).

Quo usque (bis wohin ?) tandem abutēre (= abutēris), Catilina, patientiā nostrā? Quam diu etiam furor iste tuus nos eludet? Quem ad finem se(se) effrenata (zügellos) iactabit audacia? Nihilne te nocturnum praesidium Palatii, nihil urbis vigiliae, nihil timor populi moverunt? Ad mortem te, Catilina, duci[C2] iussu consulis iam pridem oportebat; in te conferri pestem, quam tu in nos machinaris. At vivis, et vivis non ad deponendam, sed ad confirmandam audaciam. Crescit in dies hostium numerus; ducemque hostium, patres conscripti, intra moenia atque adeo (sogar) in senatu videtis intestinam aliquam[C1] cottidie perniciem rei publicae molientem. O dī (= dei) immortales! Ubi nam gentium[C5] sumus? Quam rem publicam habemus? In qua urbe vivimus? Hīc, hīc sunt, patres conscripti, in hoc orbis terrae sanctissimo gravissimoque consilio, qui de nostro omnium interitu cogitent. Hos ego, consul, video, et quos[C2, 3] ferro trucidari oportebat, eos nondum (noch nicht) voce vulnero. Nuper reperti sunt duo equites Romani, qui se nocte paulo ante lucem me in meo lecto interfecturos esse pollicerentur. Haec ego comperi. Exclusi eos, quos tu, Catilina, ad me salutatum mane miseras, quos[C3] ego ad me eo tempore venturos esse praedixeram.

II. Die entscheidende Diskussion über die Anhänger Katilinas (am 5. XII. 63)

Convocato senatu Cicero consul refert, quid de Catilinariis fieri placeat. Tum D.

B.

1	I. abūtī, ūtor, ūsus sum (b. Abl.)	ausnützen, mißbrauchen (E. to abuse, F. abuser)
	patientia, ae (patī 20)	die Geduld, Ausdauer, Nachsicht (F. patience)
2	ēlūdere, o, lūsī, lūsus (lūdus 2)	spotten, (ver)höhnen
3	sē iactāre (K. 14)	sich brüsten
	audācia, ae (audāx 21)	die Kühnheit, Frechheit
	nocturnus, a, um (nox 13)	nächtlich (F. nocturne)
5	oportēre, oportet, oportuit	sich gebühren, nötig sein
	pestis, is f.	das Verderben, die *Pest* (E. pest, F. peste)
	māchinārī, or, ātus sum	kunstvoll bauen, klug ersinnen
6	dēpōnere, o, posuī, positus	ablegen, aufgeben
	in diēs	von Tag zu Tag
8	intestīnus, a, um	innerer, innerlich
	aliquis, aliquid (Subst.)	irgendeiner, irgendetwas
	aliqui, aliqua, aliquod (Adj.)	irgendein(e)
	perniciēs, ēī f.	das Verderben, die Vernichtung
9	immortālis, e (mors 13)	unsterblich (E. immortal, F. immortel)
11	sānctus, a, um (sancīre 9)	heilig, unverletzlich, makellos (E., F. saint)
	interitus, ūs	der Untergang, Tod
	ferrum, ī	das Eisen, Schwert (F. fer)
12	trucīdāre	niedermetzeln, töten
13	vulnerāre	verwunden
	nūper	kürzlich
14	lectus, ī	das Bett (F. lit)
	exclūdere, o, clūsī, clūsus	ausschließen, nicht hereinlassen

C.

1. aliquis, aliquid (Fragepronomen quis, quid mit vorgesetztem ali), Substantiv, aliquī, aliqua, aliquod (Relativum quī, qua (!), quod mit ali), Adjektiv, bilden das unbestimmte Pronomen im bejahten Satz: irgendjemand, irgendein (E. some, someone). Die Grundform (quis ... qui ...) ohne voranstehendes ali wird gewöhnlich nach sī, nisi, nē, quō und num verwandt. (vgl. D. irgendjemand, jemand).
2. Ad mortem tē dūcī iam prīdem oportēbat.
   Den a.c.i. (vgl. K. 8 C 5) setzt der Lateiner nicht nur nach Verben des Wahrnehmens und Denkens, sondern auch nach unpersönlichen Ausdrücken wie oportet, decet, nōtum est, apertum est, wenn der Infinitiv ein besonderes Subjekt hat. Die Übersetzung ist die gleiche (D.: daß-Satz), wenn auch der a.c.i. hier keine Objekts-, sondern eine Subjektsergänzung zum Verbum bildet.

Der a.c.i. als Objekt	als Subjekt
Sallustius dē sociīs Catilinae supplicium sūmptum esse narrat.	Nōtum est dē sociīs Catilinae supplicium sūmptum esse.

3. Exclūsī eōs, quōs ego ad mē ventūrōs esse praedīxeram.
   Der a.c.i. ist in einen Relativsatz gestellt (a.c.i. im Relativsatz).
   Diese im L. häufige Konstruktion ist im D. kaum wörtlich wiederzugeben. Es gibt folgende Möglichkeiten:
   a) das Relativum als relativischen Anschluß auffassen: ich hatte vorausgesagt, daß diese ...
   b) den Relativsatz mit einer Präposition anschließen: von denen ich vorausgesagt hatte, daß sie ...
   c) das Prädikat praedixeram einschieben: die, wie ich voraus gesagt hatte (die nach meiner Voraussage), kommen würden.
4. mihi timeo, vōbīs timeo: ich fürchte für mich (euch), bin besorgt um mich (euch). timēre und metuere mit dem Dativ: besorgt sein um.
5. ubī gentium: wo unter den Völkern (vgl. K. 12 C 6).

D.

1. Ergänze die Pronomina indefinita:
   Quis Catilina fuit? (Irgendwer) Catilinam accusavit. (Irgendetwas) Catilina in animo habuit. (Irgendeinen) consilium civitatis perturbandae Catilina cepit. (Irgendein) perniciem molitus est. (Irgendwelche) homines miseri consilia Catilinae probaverunt.
   Si (jemand) hoc dicit, non laudandus est; si (irgendwelche) homines hoc dicunt, improbi sunt. Interrogo te, num (irgendjemanden) in atrio videris. Quo (jemand) validior est, eo facilius adversariis resistere potest. Caesar legiones distribuit, ne (irgendein Teil) Galliae vacua esset ab exercitu Romano. Si in (irgendeiner Seite) legiones laborare videbantur, Caesar eo auxilia mittebat. Nisi (irgendwelche Hilfstruppen) missa essent, condicio legionum periculosa fuisset.
   Aber: Milites fortiter resistebant neque dabat (irgendeiner) suspicionem fugae. Ille homo neque illustris est neque (irgendein) auctoritatem habet.
2. Der a.c.i. nach unpersönlichen Ausdrücken:
   In te pestem conferri oportet. Omnes homines odio vacuos esse decet. Catilinam coniurationem fecisse notum est. Libertatem Galliae a Dumnorige defensam esse apertum est.

Senatssitzung unter Vorsitz des Princeps aus dem Film „Der Untergang des Römischen Reiches" (vgl. Bild S. 110)

Iunius Silanus primus sententiam rogatus de iis, qui in custodiis tenebantur, et de ceteris, si qui[C1] deprehensi essent, supplicium sumendum esse decrevit. Sed Caesar huius modi verba locutus est: „Omnes homines, patres conscripti, qui de rebus dubiis consultant, ab odiō, amicitiā, irā atque misericordiā vacuos esse decet. Haud facile animus verum providet, ubi illa officiunt. Neque quisquam libidini simul et usui paruit. Hoc item vobis providendum est, patres conscripti, ne magis irae

18	II. sententia, ae (sentīre 11)	die Meinung (E., F. sentence)
	sententiam rogāre	(offiziell) nach der Meinung befragen
21	odium, iī (ōdisse 16)	der Haß, die Abneigung
	vacuus, a, um (ab oder Abl.)	leer, frei von (E. vacuous)
	decēre, decet, decuit	zieren, sich geziemen
22	providēre, eo, vīdī, vīsus (improvidus 16)	vorhersehen, in Betracht ziehen, sorgen für (F. pourvoir)
	officere, io, fēcī, fectus	entgegenwirken, im Wege stehen
	libīdo, inis f.	die Lust, Willkür

3. Übersetze die a.c.i.-Konstruktionen im Relativsatz auf verschiedene Weise: Nonnulli iuvenes nobiles, quos inopiā afflictos esse scimus, partes (Partei) Catilinae secuti sunt. Hos in senatu video, quos ferro trucidari oportebat. Plerique senatores Catilinam, quem novis rebus studere arguerent, condemnaverunt. Cicero, quem virum rei publicae amantissimum fuisse notum est, quattuor orationes in Catilinam habuit.
4. Unterscheide die verschiedenen Objekte (syntaktische Valenz): Non te metuo, sed tibi metuo. In bello alii homines magis suis rebus timent, alii magis hostes timent.
5. Partitive Genititive: multa milia hominum, plus pecuniae, multum temporis, ubi terrarum?

E.

1. patres conscripti: Formelhafte Anrede der Senatsmitglieder; eigentlich: adlige Senatoren und später beigeordnete plebejische Senatoren.
2. Die lex Porcia – nach Porcius Cato benannt – aus dem Jahre 195 v. Chr. verbot es, entgegen dem altrömischen Zwölftafelgesetz, das Geldstrafen, Versklavung, Prügelstrafen, Ächtung und auch die Todesstrafe gekannt hatte, einen römischen Bürger ohne Zustimmung des Volkes zu prügeln oder zu töten. Ein anderes Gesetz (lex Calpurnia) aus dem Jahre 149 setzte besondere Gerichte (quaestiones perpetuae) ein; für diese bestand das höchste Strafmaß in der Verurteilung zur Verbannung und zum Tode. Die lex Sempronia (123) schrieb allerdings für die Todesstrafe einen Volksbeschluß vor.
3. Im letzten Jahrhundert v. Chr. beunruhigten innere Auseinandersetzungen die res publica Romana. Die regierende Nobilität widersetzte sich friedlichen Reformversuchen (z. B. der Gracchen), und einzelne Männer (wie Sulla, Pompejus, Cäsar) traten mit persönlichen Machtansprüchen auf. In dieser Lage versuchte der ehrgeizige Adlige Lucius Sergius Katilina mit Hilfe unzufriedener Adliger und Plebejer einen Staatsstreich, der die politischen und wirtschaftlich-sozialen Zustände ändern sollte. Der Konsul des Jahres 63, Cicero, trat dem entgegen und brachte die Angelegenheit vor den Senat. Katilina selbst, der rechtzeitig nach der Rede Ciceros die Stadt verlassen hatte und bewaffneten Widerstand leistete, fiel im Kampf. Die vier Reden Ciceros, veröffentlicht im Jahre 60, und die Einzelschrift des jüngeren Zeitgenossen Sallust „De coniuratione Catilinae“ aus dem Jahr 42 unterrichten uns eingehend über die politischen Vorgänge.
4. Wortbildung: Das Partizip Perfekt Passiv (P.P.P.) wird oft zum Adjektiv: aperire > apertus. Wie lauten die Adjektive von noscere, regere, alere, sancire, tacere, docere?

F.

1. Die antike Redekunst (Rhetorik) kann dir für Stilübungen und Reden heute noch Anregungen dazu geben, wie man eine Rede wirkungsvoll gestaltet. Beachte in der Rede Ciceros die vielen rhetorischen Fragen an den Angeklagten, die mehrfache Anrede der Zuhörer, die Wiederholung der gleichen Gedanken (vivis, vivis; hic, hic), die Steigerung im Ausdruck (ad mortem te duci, pestem in te conferri) und die wirkungsvollen Gegenüberstellungen (deponere audaciam, confirmare audaciam). Denke auch an die Wortspiele in 17 E 2 und 26 E 3. Ebenso finden sich in den von Sallust stilisierten Reden Cäsars und Katos rhetorische Mittel: Gegensatzpaare und damit verbundene Steigerungen, z. B. odio – amicitia, ira – misericordia. Suche weitere!

vestrae quam famae consulatis. Plerique eorum, qui ante me sententias dixerunt, composite atque magnifice causam rei publicae miserati sunt: fana atque domos spoliari, caedem, incendia fieri. Sed, per (bei) deos immortales, quo illa oratio pertinuit? An (etwa) ut(i) vos infestos coniurationi faceret? At lex Porcia et aliae leges condemnatis civibus animam eripi vetant, sed exsilium permitti iubent. Itaque ego ita censeo: publicandas sceleratorum pecunias, ipsos in vinculis habendos esse, neve quis de iis postea ad senatum referat."

III. Postquam Caesar dicendi finem fecit, M. Porcius Cato rogatus sententiam huius modi orationem habuit: „Longe alia mihi mens est, patres conscripti, cum res atque pericula nostra considero. Non agitur de vectigalibus neque de sociorum iniuriis. Libertas et anima nostra in dubio est. Caesar paulo ante censuit pecunias eorum publicandas, ipsos in custodiis habendos esse. Vanum (nichtig, erfolglos) equidem hoc consilium est. Si Caesar in tanto omnium metu solus non timet, eo (desto) magis refert, me mihi[C4] atque vobis timere. Non votis neque suppliciis muliebribus auxilia deorum parantur: vigilando, agendo, bene consulendo prospere omnia cedunt. Quare ego ita censeo: Cum nefario consilio sceleratorum civium res publica in maxima pericula venerit, de iis sicuti de manufestis rerum capitalium more maiorum supplicium esse sumendum."

Postquam Cato assedit, senatus decretum fit, sicuti ille censuerat.

Quo quis[C1] (jemand) sapientior est, eo modestior esse solet.

24	plērīque, plēraeque, plēraque	sehr viele, die meisten
25	compositus, a, um	wohlgesetzt
	magnificus, a, um	prächtig (E. magnific, F. magnifique)
	miserārī, or, ātus sum	beklagen, bedauern
26	spoliāre (spolium 16)	berauben, plündern
	caedēs, is, ium f. (caedere 19)	das Gemetzel, Morden
	incendium, iī	das Feuer, die Brandstiftung (F. incendie)
27	īnfēstus, a, um	feindlich, erbittert gegen
28	anima, ae	der Atem, die Seele, das Leben
	ēripere, io, ripuī, reptus	entreißen
	exsilium, iī	die Verbannung (E. exile, F. exil)
29	vinculum, ī (vincīre 14)	die Fessel, das Gefängnis
30	ad senātum referre	beim Senat wieder vorbringen
33	III. cōnsīderāre	betrachten, überlegen (E. to consider, F. considérer)
	agitur dē (agere 10)	es handelt sich um
34	in dubiō esse	in Gefahr sein, auf dem Spiele stehen
36	metus, ūs (metuere 26)	die Furcht, Besorgnis
37	rēferre, rēfert, rētulit	es kommt darauf an
	vōtum, ī	das Gelübde, Gebet (F. vœu)
38	vigilāre (vigilia 8)	wachen, achtgeben
40	manifēstus, a, um	offenbar, ertappt, überführt (E. manifest, F. manifeste)
	capitālis, e (caput 11)	wobei es um den Kopf geht (Kapitel ...) (E. capital)
42	assīdere, o, sēdī, sessus	sich hinsetzen (F. s'asseoir)
	dēcrētum, ī (dēcernere 10)	der Beschluß, die Entscheidung (E. decree, F. decret)

2. Über die verschiedenen politischen Einstellungen zum Fall Katilina sollst du dir selbst ein Urteil bilden. Lege dir folgende Fragen vor:
   a) Wie beurteilt Cicero die Lage des Staates? Als was sieht er Katilina an: Held, Reformer, Revolutionär, Verbrecher, Vertreter der herkömmlichen Ordnung?
   b) Welchen Antrag stellt der erste Diskussionsredner in der entscheidenden Sitzung?
   c) Weshalb spricht Caesar am Beginn seiner Rede von odium, ira, libido und stellt diesen Schlagworten usus und fama gegenüber? Was beinhaltet sein Gegenantrag?
   d) Welche Rolle spielen libertas und anima nostra in der Rede Katos?
   e) Weshalb führt Cäsar die lex Porcia aliaeque leges an? Identifiziert er sich mit den Plänen Katilinas? Inwiefern ist seine Rede ein Meisterstück der Diplomatie? Was will Kato mit dem Hinweis auf die mores maiorum erreichen?
   f) Entscheidet sich der Senat mehr für eine politische oder eine rechtliche Lösung des Falles?
3. Was hältst du von der Todesstrafe damals und heute?

Der Carcer Mamertinus in Rom am Fuß des Kapitols dient als römisches Staatsgefängnis. Er besteht aus zwei untereinanderliegenden Räumen. In dem unteren wurden die zum Tode verurteilten Verbrecher, so auch die Anhänger Katilinas, erdrosselt. Im oberen Raum sollen die Apostel Petrus und Paulus vor ihrer Hinrichtung mehrere Monate verbracht haben, daher der heutige Name „San Pietro in Carcere".

XXVIII. Frühes Christentum und Christenverfolgung

A.

I. Das Vaterunser aus der Vulgata (nach Matthäus VI 9–13)

Sic ergo vos orabitis: Pater noster, qui es in caelis, sanctificetur nomen tuum. Adveniat regnum tuum. Fiat voluntas tua, sicut in caelo et in terra. Panem nostrum cottidianum (täglich) da nobis hodie. Et dimitte nobis debita nostra, sicut et nos dimittimus debitoribus nostris. Et ne nos inducas in temptationem (Versuchung), sed libera nos a malo. Quia tuum est regnum et potestas et gloria in saecula. Amen.

II. Briefwechsel zwischen Plinius und dem Kaiser Trajan über Behandlung der Christen.

C. Plinius Traiano imperatori. Sollemne est mihi, domine, omnia, de quibus dubito, ad te referre. Quis enim potest melius vel cunctationem meam regere vel ignorantiam instruere? Cognitionibus de Christianis interfui nunquam; propterea nescio, quid et quatenus (inwieweit) aut puniri soleat aut quaeri. Interea in iis, qui ad me tamquam Christiani deferebantur, hunc sum secutus modum. Interrogavi ipsos, an essent Christiani. Confitentes iterum ac tertium interrogavi supplicium minatus. Perseverantes ad supplicium duci iussi. Neque enim dubitabam, quodcumque (quidquid)[C2] esset, quod faterentur, pertinaciam certe et inflexibilem (unbeugsam) obstinationem debere puniri.

Qui negabant esse se Christianos aut fuisse, cum deos appellarent et imagini tuae et simulacris numinum ture (mit Weihrauch) ac vino supplicarent, praeterea maledicerent Christo, dimittendos esse putavi. Ad te consulendum decurri. Visa

B.

1	I. sānctificāre (sānctus 27)	heiligen
3	dēbitum, ī (dēbēre 4)	die Schuld, Verpflichtung (E. debte, F. dette)
4	dēbitor, ōris, m	der Schuldner
	indūcere, o, dūxī, ductus	hineinführen, verleiten
5	malum, ī	das Übel, Böse (F. mal)
7	II. solemnis, e	gewohnt, üblich
8	cūnctātio, ōnis f. (cūnctārī 13)	das Zögern, Zaudern, die Unentschlossenheit
	īgnōrantia, ae (īgnōrare 7)	die Unkenntnis, das Nichtwissen (E., F. ignorance)
9	cōgnitio, ōnis f. (cōgnōscere 13)	die Untersuchung, das Gerichtsverfahren
	interesse, sum, fuī (b. Dat.)	dabeisein, teilnehmen an
10	tamquam	gleichwie, angeblich als
12	minārī, or, ātus sum (minae 10)	drohen, androhen
	persevērāre	ver-, beharren, standhaft bleiben (E. to persevere, F. persévérer)
13	quīcumque, quaecumque, quodcumque	wer (was) auch immer
	quisquis, quidquid (Subst.)	wer (was) auch immer
14	pertinācia, ae	die Hartnäckigkeit, der Starrsinn
	obstinātio, ōnis f.	die Beharrlichkeit, der Eigensinn
17	simulācrum, ī (similis 13)	das Abbild, Bildnis
18	maledīcere, o, dīxī, dictus (b. Dat.)	Übles nachreden, lästern
	dēcurrere, o, currī, cursus	herablaufen, seine Zuflucht nehmen

C.

1. Chrīstiānī, sī dēferantur et arguantur, pūniendī sunt.
   Potestis indulgentiam prōmerērī, sī ad bonam mentem redeātis.
   Der potentiale Konjunktiv, d.h. die gemilderte Behauptung (vgl. K. 26 C 1b), findet sich im L. oft in Konditionalsätzen (Bedingungssätzen), wenn der Sprecher die Bedingung weder als real (wirklich) noch irreal (unwirklich), sondern nur als möglich oder angenommen hinstellt: sī dēferantur = wenn sie angegeben werden sollten; sī redeātis = falls ihr etwa zurückkehrt. D.: „wenn sollte, wollte" oder „falls etwa", „wenn vielleicht" mit Indikativ.
2. Quodcumque (quidquid) fatentur, pertinācia dēbet pūnīrī. Quōscumque deōs Rōmānī adōrābant, in templīs immolābant. Utcumque potes, ad mē veniās (K. 26 A).
   Relativsätze können verallgemeinert werden, indem
   a) an das Relativpronomen qui, quae, quod (auch an „ut", „ubi") die Silbe cumque angehängt wird;
   b) das Fragepronomen verdoppelt wird: quisquis, quidquid (Substantiv).

D.

1. Erkläre die Art der konditionalen Aussage: Si prudenter agis, mihi places. Si ita ageres, prudens esses; si ita egisses, prudens fuisses. Si ita agas, prudens sis et mihi placeas.
   Verwandle in die anderen konditionalen Ausdrucksformen: Si quis ita loquitur, non verum dicit. Tibi ipsi noces, nisi consilio meo obtemperas. Si plus petitis, pecuniae cupidi estis; sin minus, modesti.
2. Setze das verallgemeinernde Relativpronomen ein:
   Caesar Dumnorigem coercere constituit, (auf welche Weise auch immer) potuit. (Welche Menschen auch immer) Catilina idoneos putabat, sibi socios conciliavit. Vobis discedere licet, in (welche auch immer) partes vultis. Vestra praeda sit, (was auch immer) hostes reliquerunt! (Jeder, der) adest, taceat!
3. Begründe das „wenn" bei der Übersetzung ins D.:
   Incolae miseri, si satis ciborum haberent, contenti essent.
   Incolae miseri, cum satis ciborum habebant, contenti erant.

E.

1. Die drei Stellen geben Zeugnis von den Anfängen des Christentums.
   I. Aus der Vulgata stammt das „heiligste Gebet", das Christus seine Jünger in der Bergpredigt gelehrt hat und das von den Aposteln Matthäus und Lukas auf griechisch (vgl. K. 22 E) festgehalten ist. Schon im 2. Jahrhundert wurde das Neue Testament wegen der Bedürfnisse der christlichen Mission ins L. übertragen: es entstand die „Itala", in kunstloser Volkssprache für einfache Kreise berechnet. Um 390 schuf der Heilige Hieronymos die allgemein verbreitete Übersetzung „Vulgata", die von der katholischen Kirche als verbindlich angesehen wird. – Die letzten Worte des Vaterunsers (die sogenannte Doxologie) entstammen der Didache (Doctrina XII apostolorum), einer Anweisung für den Gottesdienst aus der Zeit um 100 n. Chr. Sie wurden schon früh häufig dem Vaterunser angefügt.
2. Die berühmte Korrespondenz zwischen Plinius, dem Verwalter der kleinasiatischen Provinz Bithynien, und seinem Kaiser Trajan schildert die Schwierigkeit, vor die sich ein kaiserlicher Beamter gestellt sieht, nachdem sich das Christentum in

Das Relief stellt die wichtigsten römischen Götter dar: In der Mitte Jupiter mit langem Zepter und Blitz in den Händen, rechts Juno mit dem Diadem und dem Schleier der Matrone, links Minerva mit Helm, Lanze und der Ägis (Unheil abwehrendem Fell) über der Brust. Dahinter von links Herkules mit der Keule, der Weingott Bacchus, die fackeltragende Ceres mit dem Ährenkranz auf dem Haupt und Merkur mit dem beflügelten Reisehut.

der östlichen Welt rasch ausgebreitet hat. Wann soll eingeschritten werden? Welches ist der Hauptanlaß für eine Bestrafung?

3. Die dritte Quelle stellt das früheste Protokoll eines Verhörs von Christen dar, das der Provinzialstatthalter Saturninus in Karthago abgehalten hat. Die Angeklagten stammen aus der Stadt Scili in Nordafrika. Zeitpunkt: im Jahr 180 n. Chr., als Praesens und Klaudianus Konsuln waren; sexto decimo Kalendas Augusti = 17. Juli. Im sogenannten Cognitions-Prozeß wird das Urteil von Geschworenen gefällt (decretum) und vom Prokonsul verkündet. Welches ist auch hier der entscheidende Punkt der Verurteilung?
4. Vieldeutigkeit der Verben agere und quaerere.
   a) agere (treiben, handeln) mit Vokativ: Aufforderung; m. Akk. abhalten, feiern – vorschieben – ausführen – hinführen, schlagen an – treiben – (Zeit) verbringen, im Alter stehen – ziehen – darstellen, spielen; Passiv mit de: sich handeln um. Age, Tite! agite, pueri! (3 A). Pompeius triumphum aget (10 A 2). Milites vineas egerunt (12 A 1). Nihil memorabile a me actum est (15 A 1). Germani viginti centuriones in crucem egerunt (16 A 1). Mater quaesivit, quid senatores egissent (18 A 1). Augustus annum septuagesimum sextum agebat (19 A 3). Limes agitur (21 A 2). Tranio servum callidum agit (5 A). Agitur de vectigalibus (27 A 3).
   b) quaerere (zu erfahren suchen) mit Akk.: suchen, untersuchen – jmd. fragen nach; ex mit Abl. der Person, Akk der Sache oder indir. Fragesatz; – de mit Abl.: forschen nach.
   Cyclopes causam clamoris quaesiverunt (14 A 1). Nomen eius rei, de qua quaeritur, explicatur (17 A 1). Mater quaerit violentius, quid in senatu actum sit. Caesar e Divitiaco et ex aliis causam quaerit (24 A 1). Nescio, quatenus in cognitionibus quaeri soleat (28 A 1).

Grabstein eines Christen aus Trier: EUTICIANUS IN PACE FEDELIS (= fidelis).
Im Kreis das Christogramm (griechische Buchstaben X = CH + P = R, Anfang von ChRistus), seitlich zwei Tauben und Weinranken.
(3. Jahrhundert nach Christus)

est enim mihi res digna consultatione, maxime propter periclitantium numerum. Multi enim omnis aetatis utriusque sexus vocantur in periculum et vocabuntur.

Traianus Plinio
Actum (das richtige Handeln, die Richtschnur), quem debuisti, in inquirendis causis eorum, qui Christiani ad te delati fuerant, secutus es. Neque enim in universum aliquid constitui potest. Conquirendi non sunt; si deferantur et arguantur, puniendi sunt, ita tamen, ut is, qui negaverit se Christianum esse idque re ipsa manifestum fecerit – id est supplicando deis nostris – veniam ex paenitentia (Reue) impetret.

III. Ein Christenverhör
Praesente iterum et Claudiano consulibus ante XVI Kalendas Augustas (17. Juli 180) Carthagine in secretario impositis Speratō, Nartzalō, Cithinō, Donatā, Secundā, Vestiā Saturninus proconsul dixit: „Potestis indulgentiam domini nostri imperatoris promerēre (erwerben), si ad bonam mentem redeatis[C1].
Speratus reus dixit: „Nunquam malefecimus; iniquitati nullam operam praebuimus."
Saturninus proconsul: „Et nos religiosi sumus. Simplex est religio nostra, et iuramus per (bei) Genium domini nostri imperatoris et pro salute eius supplicamus, quod etiam vos facere debetis."
Speratus: „Ego imperium huius saeculi non cognosco. Sed magis illi Deo servio, quem nemo hominum vidit nec videre his oculis potest."
Saturninus proconsul dixit ceteris: „Nolite huius furoris et dementiae esse participes."
Cithinus reus: Nos non habemus alium, quem timeamus, nisi dominum Deum nostrum, qui est in caelis.
Donata: Honorem Caesari quasi Caesari, timorem autem Deo. Si cunctatione deliqui, virtute corrigam.
Vestia: Christiana sum.

19	dīgnus, a, um (b. Abl.)	würdig, wert, angemessen (F. digne)	reus, reī m.	der Angeklagte	32
	maximē (Adv.)	am meisten, besonders	malefacere, io, fēcī, factus	Böses zufügen, tun	
	perīclitārī, or, ātus sum (perīculum 3)	Gefahr laufen, gefährdet sein	religiōsus, a, um	gottesfürchtig, fromm, *religiös* (E. religious, F. réligieux)	33
20	sexus, ūs	das Geschlecht (E. sex, F. sexe)	simplex, plicis	einfach (E., F. simple)	
24	in ūniversum	im allgemeinen	iūrāre (per oder Akk.) (iūs 16)	schwören bei, beschwören (F. jurer)	34
	conquīrere, o, quīsīvī, quīsītus	zusammensuchen, aufspüren	dēmentia, ae (mēns 14)	die Unsinnigkeit, der Wahnsinn	38
29	III. sēcrētārium, ī	der abgesonderte Raum	particeps, cipis (b. Gen.)	teilhaftig an, der Teilnehmer	
	impōnere, o, posuī, positus (pōnere 12)	hineinsetzen, einliefern	corrigere, o, rēxī, rēctus (regere 13)	berichtigen, bessern (E. to correct, F. corriger)	42
30	indulgentia, ae	die Nachsicht			

5. Erkläre aus den Vokabeln der Kapitel 25 bis 28 folgende Wörter des D.: (25) Defensive, Offensive, Fakultät, Küster, monieren, Offizier (officium!), Statuten; (26) florieren, Karitas, Karneval, Konfekt, Konfektion, Komplex, Lektor, Lektüre, Valenz, Valuta; (27) Assessor, dezent, Depositen, exklusiv, Kapital, Kapitel, Manifest, Patience (Spiel!), Sentenz, Vakuum, Votum; (28) Dekret, Induktion, Interesse, Kapsel, Partizip, Ritus, Sekretär, Tabelle, universal.

F.

1. Das Verhältnis Staat – Kirche ist auch heute noch umstritten. Geschichtlich gesehen gibt es grundsätzlich drei Arten der Beziehung:
   a) Staatskirchentum, d.h. der Herr des Staates ist Herr der Kirche, Cäsaropapismus
   b) Neutraler Staat – freie Kirche (gemeinsame Fragen werden friedlich geregelt: Konkordate)
   c) Totalitärer Staat – abhängige oder unfreie Kirche (Benachteiligung bzw. Verfolgung der Gläubigen).
2. Erkläre die Bezeichnungen Misereor, Adveniat.

Den Kern des heutigen Trierer Doms bildet eine quadratische römische Palasthalle, die wahrscheinlich zur Zeit Konstantins in eine christliche Bischofskirche umgewandelt wurde. Die auf dem Bild gezeigte Nordwand des heutigen Doms weist bis zu einer Höhe von 25 m – bis zu den später daraufgesetzten barocken Querschiffgiebeln – abwechselnde Lagen von römischen Ziegeln und Rotsandstein auf. Trotz vielfacher Zerstörung im Laufe der Jahrhunderte bestehen die heutige Nord- und Südwand des Domes aus diesem zwei Meter starken römischen Mauerwerk. Ein 1600 Jahre altes Wahrzeichen der Verbindung von Antike, Christentum und Germanentum.

Secunda: Quod sum, ipsa esse volo.
Saturninus: Num quod ad deliberandum spatium vultis?
Speratus: In re tam iusta nulla est deliberatio.
Saturninus: Quae sunt res in capsa vestra?
Speratus: Libri legis divinae et epistulae Pauli, viri iusti. —
Saturninus decretum ex tabella recitavit: In Speratum, Nartzalum, Cithinum, Donatam, Vestiam, Secundam ritu Christiano se vivere confessos, quoniam oblata facultate ad Romanorum morem redeundi obstinatione perseveraverunt, gladio animadverti placet.
Universi: Deo gratias agimus. Hodie martyres in caelis esse meruimus.

46	iūstus, a, um	gerecht, rechtmäßig (E., F. just)	tabella, ae	das Brettchen, die (Schreib)tafel	49
	dēlīberātio, ōnis f. (dēlīberāre 5)	die Überlegung	rītus, ūs	der Brauch, die Sitte	50
47	capsa, ae	die Kapsel, das Kästchen	martyr, tyris	der Glaubens-, Blutzeuge, *Märtyrer*	53

XXIX. Von der antiken Medizin

A.

I. Der Eid des Hippokrates

Apollinem medicum et Aesculapium Hygeamque iuro, deosque omnes itemque deas testes facio me hoc ius iurandum et hanc contestationem (Zeugenanruf) pro viribus et iudicio meo integre servaturum esse.
Quod ad aegros pertinet sanandos, diaetam ipsis constituam pro facultate et iudicio meo commodam, omneque detrimentum et iniuriam ab eis prohibebo. Neque vero ullius hominis preces apud me adeo validae erunt, ut cuipiam[C1] venenum sim propinaturus (pr.: zu trinken geben), neque etiam ad hanc rem consilium dabo. Similiter neque mulieri quicquam ad corrumpendum fetum (fetus, us: die Leibesfrucht) dabo.

B.

2	I. testis, is, ium	der Zeuge	quispiam, quaepiam, quidpiam (quodpiam)	irgendein beliebiger	
	iūs iūrandum, iūris iūrandī n.	der Eid	venēnum, ī	das Gift, der Gifttrank	
3	iūdicium, iī n. (iūdicāre 2)	das Gericht, Urteil, Urteilsververmögen	corrumpere, o, rūpī, ruptus	verderben, vernichten (E. to corrupt, F. corrompre)	8
	integer, gra, grum (tangere 18)	unversehrt, unbeeinflußt	castus, a, um	sittenrein, anständig, keusch (E., F. chaste)	9
4	sānāre (sānus 25)	gesund machen, heilen	calculus, ī	der Blasen-, Gallenstein	
	diaeta, ae (G.)	die geregelte Lebensweise, Diät (E. diet, F. diète)			
6	adeō (Adv.)	so sehr			

3. Messe: Wegen der für die Entlassung der Gemeinde nach dem Abendmahl (Eucharistie) gebrauchten Formel „Ite, missa est contio" (= Gemeinde) wurde der gesamte Gottesdienst Messe genannt (F. messe, I. missa). Nach dem Gottesdienst fand früher vielerorts Markt statt, so ging die Bezeichnung Messe auf große Märkte, z.B. Frankfurt, Leipzig, über. Aber auch Kurzweil wurde nach der kirchlichen Messe vor dem Gotteshaus geboten: Kirchmesse > Kirmes.
4. Marci panis: Der Apostel Markus, dessen Gebeine in Venedig aufbewahrt werden, wurde Schutzpatron dieser Stadt, die heute noch durch Markusdom, Markusplatz berühmt ist. Nach der Legende stellten die Zuckerbäcker von Venetia (heute Speiseeishersteller!) aus Mandeln und Zucker ein Gebäck (= panis) her, das sie nach Markus benannten. (D.: ?)
5. Moderne Firmen und Werbebezeichnungen sind oft aus L. Wörtern gebildet. Erkenne, was sie bedeuten und ordne sie entsprechend zu:

Consumenta	Ausstellung für Umweltschutz
Equitana	neuer widerstandsfähiger Werkstoff
Interhospital	Versicherungsgesellschaft
Pro aqua – pro vita	Lebensmittelausstellung
Variodomo	Internationale Krankenhausausstellung
Securitas	Pferdeschau
Novodur	Stadtausbaugesellschaft
Urbana	Hausbau mit auswechselbaren Wänden

C.

1. Precēs nōn validae erunt, ut cuipiam venēnum propīnātūrus sim. Cum in senātū rēs māior quaepiam prōlāta est, placuit, nē quis rem ēnūntiāret (K. 18).
   quispiam, quaepiam, quidpiam (Adj. quodpiam): zusammengesetzt aus den Pronomina quis, quid (Subst.) und quis, quae, quod (Adj.) mit piam: irgendein beliebiger.
2. nequīre, Kompositum von īre (aus neque it = [und] es geht nicht): nicht können.

D.

1. Ersetze aliquis durch quispiam: praedo alicui civi pecuniam ademit; aliqua cohors castellum reliquit; dicat aliquis.
2. Verwende nequire: loqui non possum; venire non poterant; homines morbos evitare non possunt; viri illo loco clausi respirare non poterunt.

E.

1. Wortbildung:
   Substantivierte Partizipien des Perfekts Passiv bezeichnen das Ergebnis einer Tätigkeit: consulere – consultum; decretum, debitum, factum.
2. In frühester Zeit und bei Naturvölkern war die Heilkunst eine Mischung von praktischer Erfahrung, Zauberei und Suggestion. Die alten Griechen verehrten als Gott der Heilkunde Asklepius, L. Aesculapius, dargestellt mit Schlange und Zauberstab (vgl. Äskulapstab, das Abzeichen der Mediziner). Als Tochter des Äskulap galt

Porro (ferner) caste et sancte vitam et artem meam conservabo. Nec vero calculo laborantes secabo, sed viris chirurgiae operariis eius rei faciendae locum (Gelegenheit) dabo. In quascumque autem domus ingrediar, ob utilitatem aegrotantium intrabo, ab omnique iniuria voluntaria inferenda et corruptione abstinebo, sive muliebria sive virilia corpora mihi contigerint curanda.

Quaecumque vero inter curandum videro aut audivero aut in communi hominum vita cognovero, ea si enuntiare non contulerit, tacebo et tamquam arcana apud me continebo.

II. Behandlung der Pest

Pestis tamquam belua quaedam haud paucos aliquos, sed etiam civitates totas depascens male conficit; quippe prava (schlimme) quaedam aeris ad corruptionem prompta mutatio peste efficitur. Et homines, cum respirationis necessitate coacti periculum evitare nequeant[C2], ipsum aerem veluti venenum quoddam vel virus ad se per os attrahunt (attrahere einziehen). Quam ob rem etiam Hippocratem illum multis modis admirandum laudo, qui pestem illam ex Aethiopia Graecos invadentem non aliter curaverit quam aeris infecti mutatione, ne talis aer amplius inspiraretur.

10	secāre, o, secuī, sectus	(zer)schneiden, *sezieren*
	chīrūrgia, ae (G)	die Wundheilkunde, operative Heilkunst
	operārius, iī (opera 7)	der Handwerker, Berufstätige (F. ouvrier)
11	aegrōtāre (aeger 5)	krank sein, leiden
12	voluntārius, a, um (voluntās 17)	freiwillig, willentlich (E. voluntary, F. volontiers)
	īnferre, fero, tulī, illātus	hineintragen, beibringen
	corruptio, ōnis f.	die Verderbnis, Verschlechterung, Bestechung, (E., F. corruption)
	abstinēre, eo, uī, tentus (tenēre 4)	sich fernhalten von (E. to abstain, F. abstenir)
13	virīlis, e (vir 4)	männlich
	contingere, o, tigī, tāctus (tangere 18)	berühren, zuteil werden
15	cōnferre, cōnfert, contulit	es trägt dazu bei, ist förderlich
	arcānum, ī	das Geheimnis
18	II. dēpāscere, o, pāvi, pāstus	abfressen, aufzehren

āēr, āeris m.	die Luft (E., F. air)	
mūtātio, ōnis f. (mūtāre 6)	die Veränderung	19
respīrātio, ōnis f.	das Atemholen (E. respiration)	
necessitās, ātis f.	die Notwendigkeit (E. necessity, F. nécessité)	
cōgere, o, coēgī, coāctus (agere 10)	zusammen-, dazubringen, zwingen	
ēvitāre	vermeiden, entgehen (F. éviter)	20
nequīre, eo, iī, itus	nicht können	
velut(i)	gleichsam, gleichwie	
vīrus, ī n.	das Gift, der Giftstoff	
invādere, o, vāsī, vāsus (ēvādere 14)	eindringen, befallen (E. to invade)	22
aliter (Adv.)	anders(wie)	23
īnficere, io, fēcī, fectus (facere 16)	hineintun, vergiften (E. to infect, F. infecter)	
īnspīrāre	einhauchen, einatmen (E. to inspire, F. inspirer)	

Äskulapstab mit Schlange

Hygieia, daher Hygiene = Gesundheitslehre. Eine wissenschaftliche Medizin entwickelte sich bei den Griechen erst im fünften Jahrhundert v. Chr. und war eng mit dem Namen des berühmten Arztes Hippokrates verbunden. Der von ihm in klassischer Kürze formulierte Eid, später auch auf den Gott der Christen und Allah geleistet, enthält die hohe sittliche Verpflichtung des Arztes. Er wurde in ähnlicher Form vom Weltärztebund im sogenannten Ärztegelöbnis von 1948 erneuert.

3. Den Höhepunkt der alten Heilkunst bildete Galen, ein gebürtiger Grieche, der im 2. Jahrhundert n. Chr. in Rom als kaiserlicher Hofarzt wirkte. Die unter seinem Namen laufenden Werke dienten bis ins 16./17. Jahrhundert als Quelle alles medizinischen Wissens.
4. Auch der im Mittelalter von den Arabern gepflegten Medizin – Schule von Isfahan – dienten Galens Werke als Grundlage. Ihr Hauptvertreter: Avicenna-arab. Ibn Sina (um 1000 n. Chr.).

F.

1. Die Haut-, Beulen- und Lungenpest hat jahrhundertelang die Menschheit heimgesucht. Große Pestepidemien – 429 v. Chr. in Athen, um 530 n. Chr. im römischen Reich, um 1348 in Zentraleuropa (Schwarzer Tod genannt), um 1895 in den europäischen Hafenstädten – haben Millionen Menschenleben gefordert. Die Galenische Medizin mit ihren Mitteln wie auch die Ärzte der Neuzeit waren dagegen ebenso machtlos wie kirchliche Gelübde (Oberammergauer Passionsspiele von 1633). Erst als durch die moderne Bakteriologie der Pestbazillus (1895 von Yersin und Kitasato) entdeckt wurde, konnten erfolgreiche Abwehrstoffe entwickelt werden.
2. Die Fachsprache der Mediziner ist bis heute eine Mischung griechischer und lateinischer Wörter. So heißen die einzelnen Disziplinen des Faches: Physiologie = Lehre von den Vorgängen in den menschlichen Organen (Blutkreislauf, Atmung, Verdauung), Pathologie = Lehre von den Krankheiten, Anatomie (eigentlich das Aufschneiden) = Lehre vom Körperbau, Chirurgie = Heilung durch operatives Eingreifen, Diätetik = Lehre von der geeigneten Ernährung (Diät), Gynäkologie = Lehre von der Geburt und Frauenleiden, Pharmazie oder Pharmakologie = Heilmittel aus Pflanzen, Mineralien und chemischen Stoffen. Das G. Wort archiatros > lateinisch archiater > deutsch Arzt.

Cum igitur ignem per totam urbem incendi iussisset, non simplicem materiam, sed flores suavissimos alimentum ignis esse consuluit unguentaque pinguissima (pinguis fetthaltig) et odorifera (duftende) floribus superfundi, ut aerem hoc modo purum redditum (gemacht) homines in (zum) mali subsidium respirarent.

Medicus curat, natura sanat.

Quae medicamenta non sanant, ferrum sanat;
quae ferrum non sanat, ignis sanat. (Hippokrates, Vorwort zu Schillers „Räubern“)

24	ignis, is, ium m.	das Feuer
	incendere, o, cendī, cēnsus (incendium 27)	anzünden
25	flōs, flōris m. (flōrēre 26)	die Blume, Blüte (E. flower, F. fleur)
	suāvis, e	süß, lieblich duftend (E. sweet)
	alimentum, ī (alere 25)	die Nahrung, der Nährstoff
	unguentum, ī	das Salböl
26	superfundere, o, fūdī, fūsus	darüberschütten
27	pūrus, a, um	rein, lauter, *pur* (E. pure, F. pur)
	subsidium, ī	das Hilfsmittel, der Schutz
	respīrāre	auf-, einatmen (E. to respire, F. respirer)
29	medicāmentum, ī	das Heilmittel, Hilfsmittel

XXX. Von der antiken Medizin

A.

I. Das Herz

Cor animalibus ceteris medio in pectore est, homini tantum infra sinistram papillam (Brustwarze). Huic praecipuus calor est. Palpitat certe (regelmäßig) et quasi alterum animal movetur intra animal. Molli firmoque opertum est membranae involucro, munitum costarum ac pectoris muro, ut pariat praecipuam vitae causam et originem. Prima domicilia intra se animo et sanguini praebet in sinuoso (tropfenförmig) specu, in magnis animalibus triplici, in ceteris gemino specu. Ibi mens habitat. Ex hoc fonte duae grandes venae in priora et terga discurrunt sparsaque ramorum

B.

1	I. cor, cordis n. (concordia 7)	das Herz (F. cœur)
2	praecipuus	besonders, außerordentlich
	palpitāre	klopfen, schlagen
3	mollis, e	weich
	membrāna, ae	das Häutchen
	involūcrum, ī	die Umwicklung, Hülle
4	costa, ae	die Rippe (F. côte)
	orīgo, inis f. (orīrī 13)	der Ursprung, die Entstehung (E. origin, F. origine)
6	specus, ūs m.	die Höhle
	triplex, plicis	dreifach, dreiteilig
	geminus, ī	der Zwilling, doppelt
7	fōns, fontis, ium m.	die Quelle, der Ursprung
	grandis, e	groß, bedeutend (F. grand)
	vēna, ae	die Blutader, *Vene* (E. vein, F. veine)
	priōra, um n.	die Vorderseite
	tergum, ī	die Rückseite, der Rücken
	discurrere, o, currī, cursus	auseinanderlaufen, sich verteilen
	spargere, o, sparsī, sparsus	zerstreuen, verästeln

3. Mit deinen Kenntnissen des L. kannst du die Wirkung mancher Medikamente verstehen. Ordne sinngemäß zu:

Dolorsan	Schlafmittel
Pektoral	Nahrungsmittel für Kinder
Inspirol	schmerzlinderndes Mittel
Alete	Mittel zur Erleichterung der Atemwege
Dorminokt	Mittel gegen Erschütterung der Brust durch Husten
Vivimed	Mittel zur Belebung nach Erschöpfung

4. Ärztliche Rezepte werden meist lateinisch verschrieben. Nach folgendem Beispiel kannst du leichter andere verstehen: Zinksalbe zum Verbinden von Wunden.

Rp. oder Rcp. Datum	Recipe (nimm ein!), Tag der Ausstellung.
Zinci oxydati crudi	von Zinkoxyd, unrein
Olei Olivarum	vom Öl der Oliven
aa 25,0 g	ana (G.: zu) partes aequales = zu gleichen Teilen, 25,0 Gramm
M.D ad vitrum amplum	misce (mische), da (gib) in ein weithalsiges Glas
S.	signa (kennzeichne)
Rep.	Repetatur (kann wiederholt werden)

C.

1. revertī: ein Semideponens, das umgekehrt wie die anderen Semideponentien passive Formen im Präsensstamm, aktive im Perfektstamm hat; dazu Part. Perf.: reversus
2. Die Konjunktion dum.
   a) Dum ā legiōnibus castra collocantur, fabrī pontem facere parant (K. 8). Caesar, dum hieme nāvigat, ā praedōnibus comprehēnsus est (K. 10).
   b) Caesar, dum in praedōnum potestāte erat, illōs illūdēbat (K. 10). Cūrā, dum potes, ut valeās (K. 26).
   c) Fēminae in querimōniā persevērāvērunt, dum iūdicēs Hagnodicam absolverent. Manē, dum revertero!
   Die Konjunktion dum drückt die zeitliche Beziehung eines Vorgangs zum Hauptsatz aus. Durch die Verschiedenheit der Verbalformen, nämlich
   a) im Indikativ Präsens,
   b) im Tempus des Hauptsatzes,
   c) im Konjunktiv (bei finalem Nebensinn),
   im Indikativ Perfekt oder Futur II (rein temporal)
   entspricht die eine Konjunktion dum den drei Konjunktionen des D.
   a) während,
   b) solange, als,
   c) bis.
3. Medicī, cum prīmum hoc sēnsērunt, Hagnodicam accūsāvērunt.
   cum prīmum: „in dem Augenblick, als" drückt eine genaue Zeitangabe aus und steht entsprechend dem cum temporale mit dem Indikativ (vgl. K. 16 C 6).

D.

1. Ersetze die Formen von redire durch reverti und recedere: redit, redeunt, redeamus, redibit, redii, redierunt, redeuntes, redibamus.

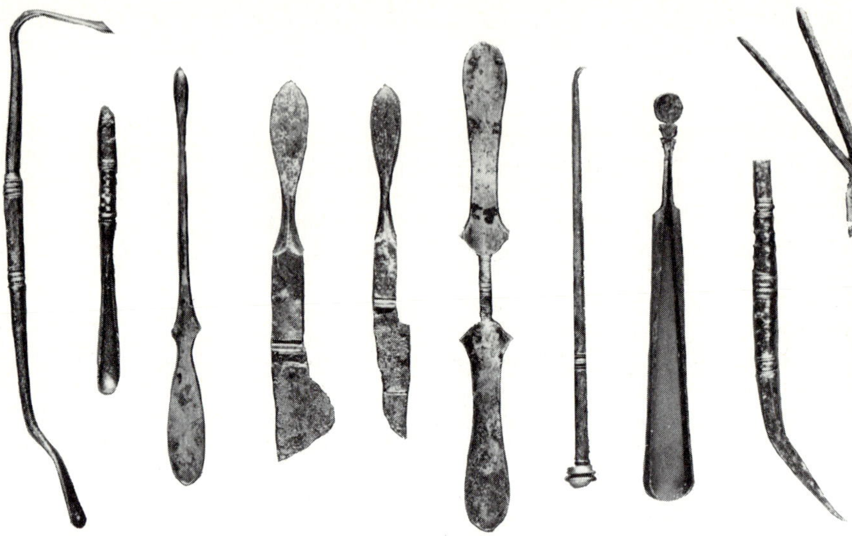

Das in Bingen gefundene Ärztebesteck aus dem 2. Jahrhundert n. Chr. enthält – von links nach rechts – einen Unterbindungshaken mit Ösen (uncus), einen schmalen Löffel (lingula), vier eiserne Messer (scalpellus), deren Bronzegriffel als Spatel (spatula) dienten, eine spitze Sonde (specillum), eine federnde Pinzette (forficula) und zwei andere nicht näher bestimmbare Instrumente.

serie per alias minores venas omnibus membris vitam et sanguinem rigant. Cor solum viscerum vitiis non maceratur, sed ipsum laesum mortem ilico (sofort) affert. Ceteris corruptis vitalitas in corde durat.

II. Die erste Ärztin

Athenis multae feminae, cum[D3] morbo laborabant, pudore retentae medicum non consultabant. Tum Hagnodica quaedam virgo medicinam discere cupivit. Cum Athenienses interdixissent, ne quis servus aut femina artem medicinam disceret, Hagnodica veste virili vestita in disciplinam Herophili medici se contulit et apud

8	seriēs, ēī f.	die Reihe, *Serie* (E. series, F. série)
	rigāre	bewässern, zuleiten
9	vīscus, eris n.	die Eingeweide, inneren Organe
	mācerāre	aufreiben, schwächen
	laedere, o, laesī, laesus (collīdere 22)	verletzen
10	vītalitās, ātis f. (vīta 4)	die Lebenskraft (E. vitality, F. vitalité)
	dūrāre	ausdauern, weiter bestehen
11	II. morbus, ī	die Krankheit
	pudor, ōris m.	das Schamgefühl (F. pudeur)
12	(ars) medicīna, ae	die Heilkunst, *Medizin* (E. medicine, F. médicine)
	cupere, io, īvī, ītus (cupidus 18)	wünschen, begehren
13	interdīcere o, dīxī, dictus, (nē)	untersagen, verbieten (daß, zu) (F. interdire)
14	vestīre, io, īvī, ītus (vestis 14)	bekleiden (F. vêtir)
	disciplīna, ae	der Unterricht, die Schule, Ordnung (E., F. discipline)

2. Erkläre die Zeichnung zur Konjunktion dum und gib das zeitliche Verhältnis des Nebensatzes zum Hauptsatz an:
   Dum C. navigat, navigium comprehensum est. dum ______ N. S.
   ______ H. S.

   Caesar dum in potestate praedonum erat, illudebat. dum ______ N. S.
   ______ H. S.

   Feminae perseveraverunt, dum iudices absolverent. ______ H. S.
   Mane, dum revertero! dum ______ N. S.

3. Unterscheide die verschiedenen Bedeutungen des cum (eigentlich quom, alter Akkusativ des Relativums) mit dem Indikativ, die sich aus der Verbform und dem Zusammenhang ergeben.
   Cum summa rerum penes unum est, regem illum nominamus (K. 17). Classis in alta aqua stabat, cum subito novus terror inicitur (K. 22). Germani arma corripiunt, cum Varo magna fiduca erat (K. 16). Cum Romae eramus, semper in eodem hospitio habitabamus. Dumnorix in silvis densis Galliae occultatus se tutum existimabat, cum ab equitibus Caesaris exploratus et interfectus est. Hagnodica, cum ad feminas aegrotas venerat, a medicis accusabatur. Cum Columbus iterum in Americam navigavit, Maximilianus imperator Romanus nationis Germanae delectus est.

E.

1. Wortbildung:
   Adjektive, die eine Zugehörigkeit und Möglichkeit ausdrücken, werden gebildet mit den Morphemen -ilis und -bilis: civ-is – civilis. Wie lauten die Adjektive zu serv-us, fac-ere, ut-i, no-scere, mov-ere? Welche Bildungssilben haben die Adjektive navalis, muralis, vitalis, naturalis?
2. Plinius, der uns schon bekannte Naturwissenschaftler (vgl. K. 13), kennt im großen und ganzen den Bau des menschlichen Herzens. – praecipuus calor: im Herzen wird das Blut auf 37° gebracht. – cor opertum volucro: umschlossen von dem Herzbeutel, der aus einer Haut besteht. – prima domicilia: Herzvorkammern, auch atria cordis genannt, ebenso wie die eigentliche Herzkammer bei den Säugetieren durch eine Wand in zwei Höhlen getrennt. Bei Kriechtieren (Schildkröten, Krokodilen) und Amphibien ist die Wand in einer Kammer recht ausgebildet, so daß der Eindruck von drei Herzkammern entsteht. – duae venae: die zwei großen, vom Herzen fortführenden Adern nennt die Medizin heute arteriae, die das Blut zurückführenden venae. – viscerum vitia: Erkrankungen von Magen, Darm, Nieren etc. Den Unterschied von vena und arteria kennt Plinius nicht. Der Blutkreislauf wurde erst von William Harvey (1630) entdeckt: „De motu cordis" (1628) und „De circulatione sanguinis" (1630). Ist die Meinung des Plinius richtig, daß Gemüt (animus) und Verstand (mens) ihren Sitz im Herzen haben?
3. Die spaßige Geschichte der Hagnodika spielt im 3. Jahrhundert v. Chr. Hagnodikas Lehrer in der ärztlichen Kunst, Herophilus von Kalchedon (Kleinasien), war der eigentliche Begründer der Anatomie, weil er in Alexandria menschliche Leichen sezieren durfte. Die in der Geschichte vertretene Gleichberechtigung der Frau hat sich erst nach mehr als zwei Jahrtausenden durchsetzen können.

eum artem medicinam didicit. Quae Athenas reversa[C1], cum feminam quandam ab interiore parte aegram esse audivisset, ad eam veniebat. Sed femina medicum virum esse aestimans morbum dissimulavit neque illi se mandare voluit. Iam propinquae eius desperabant, cum[D3] Hagnodica tunicā sublatā se feminam esse ostentavit. Ita eam aliasque curavit.

Ceteri medici autem, cum[C3] primum senserunt se non iam ad feminas arcessi, Hagnodicam accusare coeperunt. Quare feminae ad iudicium convenerunt et in querimonia perseveraverunt, dum[C2] iudices Hagnidicam absolverent.

Plenus venter non studet libenter.

15	revertī, revertor, revertī (P. P. reversus)	zurückkehren
16	interior, ius	der innere (E. interior, F. intérieur)
	intimus, a, um	der innerste (F. intime)
17	aestimāre (exīstimāre 17)	(ab)schätzen, halten für (E. to esteem, F. éstimer)
	dissimulāre	verhehlen, verheimlichen
	mandāre	übergeben, anvertrauen
20	cum prīmum (b. Perfekt)	sobald als
21	convenīre, io, vēnī, ventus	zusammenkommen (F. convenir)
22	querimōnia, ae	die Klage, Beschwerde
	dum (final: b. Konj., temporal: b. Perfekt oder Fut. II)	bis
	iūdex, iūdicis m. (iūdicium 29)	der Richter (E. judge, F. juge)
	absolvere, o, solvī, solūtus (solvere 11)	losmachen, freisprechen (E. to absolve, F. absoudre)
23	plēnus, a, um (b. Genitiv)	voll (von) (F. plein)

XXXI. Vom römischen Recht

A.

I. Aus dem Lehrbuch des römischen Rechts

Iustitia est constans et perpetua voluntas ius suum cuique[C1] tribuens. Iuris prudentia est divinarum atque humanarum rerum notitia, iusti atque iniusti scientia. Iuris praecepta sunt haec: honeste vivere, alterum non laedere, suum cuique tribuere.

B.

1	I. cōnstāns, antis	stetig, standhaft (E., F. constant)
	perpetuus, a, um	ununterbrochen, beständig
	quisque, quaeque, quidque (Adj. quodque)	jeder, (einzelne), jeder (für sich)
2	dīvīnus, a, im	göttlich (E. divine, F. divin)
	iniūstus, a, um	ungerecht (E. unjuste, F. injuste)
3	praeceptum, ī	die Vorschrift

F.

1. Fachausdrücke der Medizin, die du gelernt hast. Wiederhole die Bedeutung:
   L.: calor, cor, costa, dens, exitus, medicamentum, medicina, membrum, membrana, morbus, papilla, pectus, sanguis, remedium, tergum, vena, venter, venenum, virus, viscera, vitalitas.
   D.: Desodorans (Vorsilbe des = weg), Fraktur (frangere), Infektion, infizieren (inficere), Desinfektion, desinfizieren, Injektion (inicere), Stimulantia (stimulare).
   Verkleinerung des Gegenstandes durch Ableitungssilben ol, ul, il (vgl. filia > filiola) pila > pilula > D.___? baculus > bacilulus > D.___? capsa > capsula > D.___?
2. Andere Fachausdrücke, die du dir erklären kannst und kennen solltest: febris, furunculus, nervus, serum, tuberculus (Lungenbeule), tuberculosus, angina (Beklemmung) pectoris, carcinoma (G.: Krebs, CA), aorta (G.: Hauptschlagader).
3. Der Apotheker muß Kenntnis der Botanik haben (weshalb?). Pflanzen wachsen auf der ganzen Welt; zu deren Bezeichnung führte der Botaniker Linné ein international verständliches System ein („Systema naturae" 1736; „Genus plantarum" 1737). Er teilte die Pflanzen ein nach species, genera, varietas, series und forma mit lateinischen Namen, z. B.

coniferae, pinus, pinea silvestris (Lin.)	Zapfentragende Pflanzen, Pinie, Kiefer
oleaceae, oliva, oliva europaea (Lin.)	Ölbaumartige Pflanzen, Olive, europäischer Ölbaum
rosaceae, rosa odorata, hybrida (Konrad Adenauer)	Rosenpflanzen, duftende Rose, Hybride (Konrad Adenauer)

   Der Entdecker (Namensgeber, Züchter) einer Pflanze wird in Klammern angegeben. Hybride bezeichnet eine Kreuzung verschiedener Arten.
   Überlege, welche Bedeutung dieses System für die Fleurop (flores [F. fleur] Europae) und den internationalen Austausch von Pflanzensamen hat.
   Zur Beschreibung einer Pflanze dienen: radix, truncus, ramus, folium, flos, fructus.
4. Bekannte L. Pflanzennamen: carota, cerasus (21 E), cupressus, hyacinthus, larica (Lärche), lilium, lensa (Linse), ligustrum, pinus, persica (21 E), pōpulus (Pappel), prunus (Pflaume), porrum (Porree), rosa, tulipa, ulmus, viola (Veilchen).

C.

1. Suae quisque fortūnae faber est (K. 10). Levissimus quisque Gallōrum hoc solum occupāvit (K. 21). Iūstitia iūs suum cuique tribuit. Quod quisque populus iūs cōnstituit, id ipsīus proprium cīvitātis est. Nōn singulīs annīs hoc fit, sed tertiō quōque annō.
   Das Pronomen quisque, quaeque, quidque (Substantiv), quodque (Adjektiv) = jeder – wird nur mit seinem ersten Teil dekliniert; es lehnt sich gern an ein anderes Pronomen, einen Superlativ oder ein Zahlwort an.

2. In librīs ūtilibus cōgnitū: In Büchern, nützlich zum Kennenlernen.
   Vom Supinum gibt es neben der Form auf -um (vgl. K. 25 C 4) noch eine Form auf **-ū;** dies ist entweder ein Ablativ (in bezug auf das Kennnenlernen) oder ein Dativ des Zwecks (= ui, zum Kennenlernen). Die Form wird nur nach Adjektiven gebraucht.

Die Kapitolinische Wölfin stellt das Wahrzeichen von Roms Ursprung, Macht und Größe dar. Die von der Wölfin gesäugten Gründer Roms, die Zwillinge Romulus und Remus, gehörten zwar von Anfang an zu diesem Werk, doch wurden sie bereits im Altertum zerstört und in der Renaissance – nicht ganz stilecht – ergänzt.

Huius studii duae sunt positiones, publicum et privatum. Publicum ius est, quod ad statum rei Romanae spectat (gerichtet ist); privatum, quod ad singulorum utilitatem pertinet. Ius privatum autem est tripertitum. Collectum enim est ex naturalibus praeceptis aut civilibus aut gentium praeceptis. Ius naturale est, quod natura omnia animalia docuit. Hinc descendit maris atque feminae coniunctio, quam nos matrimonium appellamus; hinc liberorum procreatio et educatio. Ius autem civile a iure gentium ita distinguitur.

Quod quisque[C1] populus ipse sibi ius constituit, id ipsius proprium civitatis est vocaturque ius civile. Quod apud omnes populos aeque custoditur, ius gentium vocatur.

4	positio, ōnis f. (pōnere 12)	die Stellung, Form (E., F. position)
5	singulī, ae, a (singulāris 12)	einzelne (E. single)
6	tripertītus, a, um (pars 14)	dreifach, dreigeteilt
	colligere, o, lēgī, lectus (legere 26)	sammeln (E. to collect, F. cueillir)
7	nātūrālis, e	natürlich (E. natural, F. naturel)
8	coniūnctio, ōnis f. (coniungere 21)	die Verbindung, *Konjunktion* (E. conjunction, F. conjonction)
9	prōcreātio, ōnis f.	die Zeugung
	ēducātio, ōnis f.	die Erziehung (E. education, F. éducation)
10	distinguere, uo, stīnxī, stinctus	unterscheiden (E. to distinguish, F. distinguer)
11	proprius, a, um	eigen(tümlich), wesentlich (E. proper, F. propre)

3. vīgintī quīnque aeris: Die Stoffbezeichnung aeris steht im kollektiven Genitiv Singular. D.: 25 des Kupfers, 25 Kupferasse (vgl. D.: 25 Pfennig, hundert Mark, E. two thousand head).
4. crumīna plēna pecūniae (Genitiv): D.: ein Beutel voll von Geld, voll des Geldes oder voller Geld (vgl. K. 18 C 5).

D.

1. Begründe die Stellung des quisque und gib im D. treffend wieder:
   Optimum quidque rarissimum est. Quinto quoque anno Olympia (Olympische Spiele) celebrabantur. Gratissimis quemque amicum donis delectavimus. Suum cuique tribuitur. Panis est cibus, quo quisque utitur et vescitur.
2. Übersetze die Supina:
   Hoc est iucundum visu. Sententia tua est difficilis intellectu. Pleraque faciliora sunt dictu quam factu.
3. Kollektive Begriffe, im L. Singular, im D. besser Plural:
   Dumnorix suo sumptu (!) equitatum alebat. Nausicaa vestem (!) lavandam ad flumen tulit. Senatus populusque Romanus censet (!).
4. Übersetze: poculum vini plenum, hortus plenus florum, capsa plena margaritarum.

E.

1. Die älteste Aufzeichnung des römischen Rechts waren die Gesetze der 12 Tafeln (451 v. Chr.). An der Weiterbildung dieses Stadtrechts entwickelte sich der juristische Scharfsinn der Römer. Wichtig für die weitere Rechtsbildung wurden die Entscheidungen der Prätoren (edicta praetorum) und die Senatsbeschlüsse (senatus consulta). Die Zusammenfassung des gesamten römischen Rechts im Corpus iuris civilis erfolgte unter dem oströmischen Kaiser Justinian (Abschluß 534 n. Chr.).
2. Der erste Teil des Textes gehört den Institutiones (d.h. dem Lehrbuch des Rechts) im Corpus iuris civilis an. Der zweite Teil, ein amüsanter Vorfall aus dem Rechtsleben, ist dem Sammelwerk ,,Noctes Atticae" des Aulus Gellius (125 bis 175 n. Chr.) entnommen, der im Beruf Richter war und sich nebenbei mit dem Sammeln juristischer und historischer Themen beschäftigte. Als Fachmann nimmt er auf das Zwölftafelgesetz Bezug und kennt den Juristen Antistius Labeo, der zur Zeit des Kaisers Augustus einen Kommentar zum Zwölftafelgesetz geschrieben hat.
3. Geldentwertung in Rom: Die gebräuchlichste Münze der ältesten Zeit war der As. Er bestand aus Kupfer, war 300 g schwer und hatte einen Wert von etwa 2 DM. Dadurch, daß die Kupfermünzen mit dem Eintritt Roms in die Mittelmeerwelt durch Silbermünzen (denarius) ersetzt und in der Kaiserzeit durch Goldmünzen (aureus) ergänzt wurden, verlor der As immer mehr an Wert und entsprach zur Zeit des Augustus etwa 5 Pf. Berechne selbst die Wertlosigkeit der im Zwölftafelgesetz festgelegten Strafe zur Zeit des Vorfalls.
   – Vergeblich erließ Kaiser Diokletian ein Festpreisedikt, um der Geldentwertung (Inflation) entgegenzutreten.
4. Aes, aeris heißt auch Löhnung, Sold. Plural aera = Löhnungstermine, Zeitabschnitte, D.: Ära.

F.

1. Das ,,ius Romanum" hat nachhaltigste Wirkung in vielen Staaten gehabt. In Deutschland ist es nach seiner Rezeption im späten Mittelalter bis 1900 geltendes Recht über den verschiedenen Landesrechten geblieben.

II. Ein amüsanter Vorfall aus dem Rechtsleben

Trecentesimo post Romam conditam anno duodecim tabularum leges compositae scriptaeque sunt, quibus populus Romanus uteretur. Nonnulla dura et iniqua in his legibus scripta esse videntur velut illa lex, quae furem manifestum ei, cui furtum factum est, in servitutem tradit. Nimis dilutum (milde) autem esse videtur, quod de iniuria punienda scriptum est: ,,Si quis iniuriam alteri faciat, viginti quinque aeris[C3] poenae sunto (sollen sein)!" Quis enim est tam inops, quem ab iniuriae faciendae libidine viginti quinque asses deterreant!

Itaque eam legem Labeo, iuris peritissimus, in libris utilibus cognitu[C2], quos ad duodecim tabulas conscripsit, non probat. Hoc exemplum affert: L. Veratus fuit homo improbissimus atque ingenti vecordia (der Wahnwitz). Is pro delectamento habebat ōs hominis liberi palmā manus suae pulsare. Eum servus sequebatur ferens cruminam (einen Beutel) plenam[C4] assium. Ut quemque[C1] depalmaverat (dep. = ohrfeigen), numerari statim secundum duodecim tabulas quinque et viginti asses iubebat. Propterea praetores postea hanc legem relinqui censuerunt.

Constat ad salutem civium inventas esse leges.

14	II. tābula, ae	das Brett, die (Gesetzes)*tafel* (E., F. table)
	compōnere, o, posuī, positus (compositus 27)	zusammen-, aufsetzen (E. to compose, F. composer)
15	inīquus, a, um (aequus 12)	ungleich, unbillig
16	fūr, fūris m.	der Dieb
	fūrtum, ī n.	der Diebstahl
17	nimis	allzusehr
	aes, aeris n.	das Erz, Kupfer, Kupfergeld
19	inops, inopis	mittellos, bedürftig
20	ās, assis, ium m.	Barren von 300 g Kupfer, Kupfermünze (D. As [!],
	dēterrēre, eo, terruī, territus	abschrecken von
22	conscrībere, o, scrīpsī, scrīptus	zusammenschreiben, verfassen
23	dēlectāmentum, ī (dēlectāre 2)	die Kurzweil, das Vergnügen
24	palma, ae	die Handfläche, der *Palm*(zweig) (E. palm)
26	secundum (b. Akk.)	gemäß, entlang
28	cōnstāre, cōnstat, cōnstitit (stāre 6)	feststehen

Römische Münzen

Die Münzen der römischen Kaiserzeit halten als sichtbare Dokumente der Reichsmacht Bildnisse der römischen Kaiser und ihrer Angehörigen fest. Links: Goldmünze mit Germanicus Caesar – Enkel des Augustus – auf einem Viergespann (Quadriga): aureus quadrigatus. Rechts: Zwei As-Stück mit dem Bild der Kaiserin Livia, Gattin des Augustus (s. K. 20). Umschrift: Salus Augusta = Kaiserliches Wohlergehen.

2. Im Rechtsleben werden heute noch viele Grundsätze und Redensarten des L. angewandt: Legem brevem esse oportet. Audiatur et altera pars. In dubio pro reo. Delinquitur aut proposito aut impetu aut casu. Res iudicata pro veritate accipitur. Ultra posse nemo obligatur (obligare = verpflichten). Nemo plus iuris in alium transferre (übertragen) potest quam ipse habet. In absentia (Abwesenheit) condemnare. In flagranti (flagrans = brennend, frische Tat) comprehendere. Nulla poena sine lege.
3. Latein in der Politik: Pacta sunt servanda. Cuius regio, eius religio (1555). Conditio sine qua non. Status quo ante. De facto – de iure. Modus vivendi. Persona non grata. Ultima ratio. – Rezession, Montanunion, bilateral (bis!), multilateral, multinational.
4. Beliebt sind lateinische Wappensprüche. Ordne sinngemäß die linke Seite der rechten zu:

Artibus et litteris	Wappen Magellans
A mari usque ad mare	Leitsatz der UNO
Primus orbem circumnavigavit	Familienwappen mit zwei Schlüsseln
Aperit et claudit	Spruch über einem Universitätseingang
Pax, iustitia, fraternitas, caritas (Fürsorge)	Wappen Kanadas

5. Die Aufgabe Roms (Sendungsbewußtsein?) drückt der römische Dichter Vergil zur Zeit des Kaisers Augustus folgendermaßen aus:
Tú regere ímperió populós, Románe, meménto
párcere súbiectis et débelláre supérbos!
Frage: Liegt nach deiner Meinung darin
a) Machtimperialismus Roms, b) Wille zur Ordnung in einer Vielvölkerwelt, c) Zivilisatorische Aufgabe in der „zweiten Welt“?

Das Kolosseum. Größtes Amphitheater des Altertums, eingeweiht im Jahr 80 n. Chr. Bauwerk mit dem Grundriß einer 188 m langen Ellipse, mit dorischen, jonischen und korinthischen Säulen, 50 m hoch, für 80000 Zuschauer (etwa 50000 Sitzplätze). 80 Rundbogen des Erdgeschosses ermöglichen den Zugang zum Inneren.

XXXII. Der antike Kran

A.

I. Machina est continens e materia coniunctio, quae maximas ad onerum motus habet virtutes. Ea movetur circulorum rotundationibus (durch Drehungen). Inter machinas et organa id videtur esse discrimen, quod machinae pluribus operis ac vi maiore coguntur (dazu gebracht werden) effectūs habere. Organa autem unius operae prudenti tactu perficiunt, quod est propositum. Et organa et machinarum ratio ad usum sunt necessaria; sine quibus nulla res potest esse expedita. Omnis autem est machinatio rerum naturā procreata (vorgebildet) ac mundi versatione instituta. Namque animadvertamus primum et aspiciamus continentem solis, lunae, quinque etiam planetarum naturam, quae nisi machinata versarentur, non habuissemus interdum lucem nec fructuum maturitates.

II. Primum instituemus de iis machinis, quae ad operum publicorum perfectionem (perfectio, onis Ausführung) necessitate comparantur; quae fiunt ita. Tigna duo ad (entsprechend) onerum magnitudinem ratione expediuntur. A capite (an der Spitze) ea tigna fibulā coniuncta et in imo divaricata (gespreizt) eriguntur; funibus in capitibus collocatis et circa dispositis (verspannt) tigna erecta retinentur. Alligatur in summo (an der Spitze) troclea. In trocleam induuntur duo orbiculi, qui per axiculos versationes habent. Per orbiculum summum traicitur ductarius (Führungs...) funis, deinde demittitur et traducitur circa orbiculum trocleae

B.

1	I. māchina, ae (G.)	die Vorrichtung, *Maschine*
	onus, eris n. (onerārius 23)	die Last
2	circulus, ī	der Kreis, das Rad
3	organum, ī (G.)	das Werkzeug, Instrument
	discrīmen, inis n.	der Unterschied
	opera, ae	die Tätigkeit, der Arbeitsvorgang
4	effectus, ūs (efficere 17)	die Wirkung, Leistung
5	tāctus, ūs (tangere 18)	die Berührung, Handhabung, Bedienung
	perficere, io, fēcī, fectus	vollenden, ausführen, leisten
6	ratio, ōnis f.	die Vernunft, der vernünftige Einsatz
	necessārius, a, um	notwendig
7	versāre (vertere 13)	drehen, herumdrehen
	versātio, ōnis f.	die Drehung, Möglichkeit zum Drehen
9	planēta, ae (G.)	der Wandelstern, *Planet*
	māchinātus, a, um (G.)	nach mechanischen Gesetzen (betrieben)
10	frūctus, ūs	die *Frucht*
	mātūritās, ātis, f.	die Reifung
12	II. tīgnum, ī	der Balken, Ständer
14	fībula, ae	die Spange, Klammer, der Bolzen
	ērigere, o, rēxī, rēctus	aufrichten, aufrecht hinstellen
	fūnis, is m.	das Seil, Tau
16	troclea, ae (G.)	die Hülse, Flaschenzuggehäuse
	induere, o, duī, dūtus	anbringen, einfügen
	orbiculus, ī	die Scheibe, Rolle
17	axiculus, ī (G.)	die kleine *Achse*, Rolle
	trāicere, io, iēcī, iectus	herüber-, herumleiten
18	dēmittere, o, mīsī, missus	herablassen
	trādūcere, o, dūxī, ductus	herüber-, herumführen

C. + D.

Die stark verbale Sprache des frühen Lateins (verbale Prädikate, Partizipien, Gerundien, Gerundive) wird durch die kunstvolle Prosa Ciceros, die Fachsprache Vitruvs und in der späteren Zeit überhaupt bedeutend nominaler. Vergleiche in unserem Text: māximās ad onerum mōtūs virtūtēs; – ad operum pūblicōrum perfectiōnem; – ad onerum māgnitūdinem. Der stilistische Unterschied verbaler und nominaler Ausdrucksweise läßt sich vielfach in Sprachen und bei Schriftstellern beobachten.

E.

1. Beachte den Unterschied von organum = Werkzeug (vgl. D.: Organe des Körpers) und machina oder machinatio = aus mehreren Teilen bestehende Maschine.
2. Die naturphilosophische Erklärung des Ursprungs der Technik aus dem Weltensystem entstammt dem Denken griechischer Philosophen.
3. Das Prinzip des beschriebenen Flaschenzugs ist das gleiche wie beim heutigen, d.h. nach dem Gesetz der Mechanik wird die zum Heben der Last notwendige Kraft vermindert durch die Länge des Wegs der Seile. Die Winde erleichtert das Aufrollen des langen Seils. Die hölzernen Ständer müssen für den Arbeitsvorgang seitlich vielfach verspannt werden, wie es das antike Bild zeigt. Auch der heutige eiserne Mastenkran, zur Erhöhung der Standfestigkeit unten stark belastet, hat an seinem Ausleger einen Flaschenzug zum Heben der Lasten.
4. Die Leistung der antiken Krane war beträchtlich. Mit ihnen wurden im Rom des Altertums die noch heute vorhandenen Obelisken – aus einem Stück bestehende Steine – hochgehoben und aufgestellt: „Obelisco Flamineo“, 36 m hoch, 300 t schwer, auf der Piazza del Popolo und der „Egiziano“, 32 m hoch, 540 t schwer, vor dem Lateranpalast.
5. Erkläre aus den Vokabeln der Kapitel 29 bis 32 folgende Wörter des D.: (29) Sanatorium, Diät, kalkulieren, Sekante, Chirurg, Korruption, Abstinenzler, Aeronautik, Virus, Invasion, inspirieren; (30) absolut, Fontäne, Konvention, Mandant, Mandat, Membrane; (31) Justiz, komponieren, Komposition, Konstante, perpetuum mobile, Palme, Palmin; (32) Organ, Takt, Zirkel.

F.

1. Die antike Technik, theoretisch besonders begründet von den mathematisch-physikalischen Erkenntnissen der griechisch-alexandrinischen Wissenschaftler (Pythagoras, Demokrit [Atome!], Euklid, Thales) kennt bereits eine Menge Erfindungen, die das menschliche Leben erleichtern: Hebel, Walze, Rolle, Rad, Wasserheber u.a. Die Römer mit ihrem ausgesprochenen Sinn für das Praktische haben sich die Erkenntnisse der Griechen zunutze gemacht. Davon zeugen ihre technischen Leistungen: Kolosseum in Rom mit 50000 Sitzplätzen, Steinüberwölbungen mit 35 m Spannweite und 50 m Höhe (Brücke von Alcantara), Wandheizungen bis 30 m Höhe (Basilika in Trier), Tunnelbauten von 4,5 km Länge (am Fuciner See), Wasserleitungen zu den bedeutenden Städten (in Rom zwölf, davon die aqua Marcia 90 km lang), von Tieren gezogene Erntemaschinen, die Römerstraßen in 23 Hauptlinien mit 86000 km Länge (Bundesautobahn 1983: 7500 km!) mit fester Decke (sternere, stravi, stratus = mit Steinen bedecken, daher via strata > Straße).

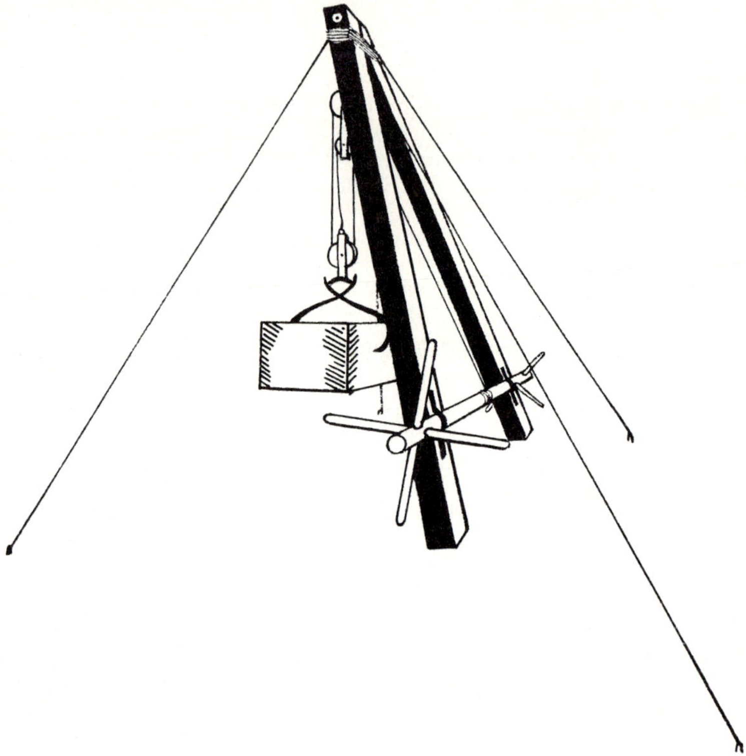

Schematische Darstellung des Baukrans mit einer Haspel – wie von Vitruv beschrieben – statt mit einem Tretrad, wie auf dem Hateriergrab.

inferioris. Refertur autem ad orbiculum imum trocleae superioris et ita descendit ad inferiorem trocleam et in foramine eius religatur. Altera pars funis refertur inter imas machinae partes.

III. Ad trocleam autem imam ferrei forfices (Greifzangen) religantur, quorum dentes in saxa forata, (foratus mit Löchern versehen) accommodantur. Cum autem funis habet caput (das Ende) ad suculam religatum et operarii eam suculam versant, funis se involvendo circum suculam extenditur et ita allevat onera ad operum collocationes (Baustellen).

19	referre (vgl. K. 14)	zurückführen, zurückbringen	religāre	befestigen	
			accommodāre (commodus 5)	an-, einpassen	23
	īmus = īnfimus	der unterste, ganz unten	sucula, ae	die Haspel, Winde	24
20	forāmen, inis n.	das Loch, der Haken	involvere, o, volvī, volūtus (revolvere 17)	herumwickeln, herumrollen	25
22	III. ferreus, a, um (ferrum 27)	eisern	extendere, o, tendī, tēnsus	anspannen	

Das Grabmal der Haterier ist als erst im Bau befindlich dargestellt. Es ist zweigeschossig, unten die Grabkammer, im Obergeschoß mit vorgesetzter Säulenhalle die Kultstätte. Darüber – durch eine Girlande getrennt – das Innere der Grabkammer mit der Toten, die auf einem Lager ruht. Das Bemerkenswerte an dem Bild ist die Hebemaschine am linken Rand. Der leicht schräggestellte Kran – die Spreizung der zwei Ständer ist auf dem Steinrelief schlecht zu erkennen – wird von 7 starken Seilen, die von Flaschenzügen straff gespannt werden, aufrechtgehalten. Der Bolzen, der die zwei Ständer verbindet, ist mit einer Art Haube überdeckt. Zum Heben der Lasten dient ein vielzügiger Flaschenzug – zwei Rollen oben, eine Rolle unten – dessen Seile zu einer Trommel in einem Tretrad hinablaufen. Nach der Größe der Gestalten im Tretrad muß die Höhe des Krans auf etwa 16 m geschätzt werden.

Die Porta nigra in Trier. Nordtor der röm. Stadtbefestigung, 36 m breit, 30 m hoch, aus Steinquadern bis zu 2 m Länge ohne Mörtel gefügt. Ein römisches Baudenkmal in Deutschland, das fast unversehrt erhalten geblieben ist.

Rekonstruktion eines Römischen Baukrans für ca. 5000 kg Hebelast. Das Modell befindet sich im Archäologischen Park von Xanten.

2. Der Verfasser des technischen Textes ist der Römer Vitruv, der zur Zeit des Kaisers Augustus gelebt hat. Sein Buch „De architectura" ist das einzige größere Werk über Technik im römischen Altertum. Das Mittelalter ist im technischen Fortschritt wenig weiter gekommen. In der Renaissancezeit war Vitruvs Werk eines der zuerst gedruckten Bücher, Leonardo da Vinci und Michelangelo kannten es. Erst die Neuzeit hat mit der rapiden Entwicklung der letzten zwei Jahrhunderte durch Dampfkraft, Elektrizität, Verbrennungsmotore und Atomkraft die antike Technik weit überholt.
3. In dem lateinischen Text kommen zahlreiche, aus dem G. übernommene Fremdwörter vor. Wie damals, so spielen auch heute noch G. Wortstämme in unseren Fachsprachen – neben dem E. – eine Rolle. Man sollte deshalb einige wichtige G. Stammwörter kennen: auto (von selbst), bio (Leben), graph, gramm (schreiben, zeichnen), log (Wort, Kunde), tele (weit, fern), phon (Laut), phot (Licht), phys (Natur).
   Erkläre: Automat, Autogramm, Biologie, Biographie, Graphik, Graphologe, Grammophon, Telegraph, Telegramm, Telephon, Phonetik, Photographie, Photopapier, Physik, Physiologie.
4. In 30 E lerntest du für die Biologie den Begriff Hybride kennen, auch in der Sprachwissenschaft gebraucht man den Ausdruck. Inwiefern sind folgende Wörter „Kreuzungen"? Sozius-Sitz, Aqua-planing, Auto-mobil, Tele-objektiv, Tele-vision, Photo-kopie, Bio-vital (Medikament), Multi-bionta (Medikament).
5. Viele Autofabrikate werden mit L.-Namen bezeichnet: Omnibus (abgekürzt: Bus), Audi (früher Horch!), Mercedes, Senator, Konsul, Transit, Turbo-Motor, Volvo; aber Fiat = I. (Fabricia Italiana Automobili Torino).
6. Auch eine der modernsten internationalen Wissenschaften – die Raketenforschung und Raumfahrt – arbeitet mit vielen L.-Begriffen: Astronauten, Astronavigation, Kapseln mit Vakuumkammern, Lunar – Orbiter (Mondumkreiser), Lunar – Gemini, Saturn, Apollo.
   Mondflächen, früher für Meere gehalten, heißen: mare nubium, mare frigoris, mare imbrium, sinus aestuum. Bestimmte Punkte auf dem Mond sind nach Naturforschern benannt: Pythagoras, Archimedes, Eratosthenes, Plinius, Kopernikus u. a.
7. Planeten: Das Altertum kennt nur fünf mit Götternamen bezeichnete Planeten: Mercur(ius), Venus, Mars, Iupiter, Saturn(us). Auch die später entdeckten Planeten erhielten die Namen römischer Götter: Uranus (1781), Neptun(us) (1848), Pluto (1930).

2. Verzeichnis der Eigennamen

Abkürzungen der Vornamen:

A. = Aulus C. = Gāius Cn. = Gnaeus D. = Decimus L. = Lūcius M. = Mārcus
P. = Pūblius Q. = Quīntus T. = Titus Ti. = Tiberius

Acīlius	Freund des Plinius 11
Aenēās	Trojaner 3
Aeolus	Windgott 14 E
Aesculāpius	Arzt Äskulap 29
Aethiopia	Land Äthiopien 19, 29
Āfrica	Erdteil 4, 10
Agrippa, Gājus Iūlius	römischer Feldherr 23
Albis	Fluß Elbe 16, 19
Alcinous	König der Phäaken 14
Alcantara	Ort in Spanien 32
Alexander	König 15, 22
Alexandrīa	Stadt 22 E, 30 E
Allūcius	keltiberischer Fürst 9
Alpēs	Alpen 4, 15
Alpīnus	in, von den Alpen 11 E 3
Alsātia	Elsaß 24 F
Ancȳra	Stadt Ankara 19 E
Angeln und Sachsen	Stämme 23 F
Antōnīnus Aurēlius Caracalla	römischer Kaiser 21
Antōnius, Mārcus	Freund Cäsars 19 E
Antumnācum	Stadt Andernach 16 F
Apollō	Gott 29
Appia via	Straße Roms 6
Aprīlis	Monatsname 6 F
Aquae Mattiācae	Stadt Wiesbaden 21 E
Arabia	Land Arabien 19
Arminius	Cheruskerfürst 16, 22 D
Asia	Erdteil 10, 15 D
Athēnae, ārum	Stadt Athen 29
Athēniēnsis	Einwohner von Athen 29
Atīlius Rēgulus	Römer 7
Atlanticus	atlantisch 10 F
Atlās, antis	Riese, Gebirge 10 F
Augusta Taurīnōrum	Stadt Turin 20 F
Augusta Treverōrum	Stadt Trier 20 F, 32 E
Augusta Vindelicōrum	Stadt Augsburg 20 F
Augustus	römischer Kaiser 19, 20
Augustus	Monatsname 6 F
Augustus, a, um	augusteisch, kaiserlich 21 A 4
Aurēliānus	römischer Kaiser 6
Aurēlia via	Straße Roms 6 F
Austria	Land Österreich 24
Avaricum	Stadt Bourges 12, 15
Aventīnus	Hügel Roms 6
Baetica	Süden der Pyrenäenhalbinsel 9
Basilia	Stadt Basel 6 F
Bavāria	Bayern 24 F
Bibulus, Mārcus Calpurnius	römischer Konsul 15
Bingium	Stadt Bingen 16 F
Biturīgēs	gallischer Stamm 12, 25
Bonōnia	Stadt Bologna 15 E
Borussia	Preußen 24 F
Britannī	Einwohner Britanniens 15
Britannia	Britannien 23, 25
Brundisium	Stadt Brindisi 15 E, 26
Caelius	Hügel Roms 6 E
Caesar, Gāius Iūlius	Cäsar 10, 12, 15 etc.
Caesarēa Augusta	Stadt Saragossa 20 F
Calchēdōn	Ort in Kleinasien 30 E
Calpurnia lēx	Gesetz des Calpurnius 27
Calypsō	Nymphe 14 E
Campānia	Landschaft Italiens 2 E
Canāriae	Kanarische Inseln 24
Capitōlīnus	Hügel Roms 6
Caracalla	s. Antōnīnus 21
Carthāginiēnsis	Karthager, Punier 9
Carthāgo	Stadt Karthago 28
Carthāgo Nova	Stadt Cartagena 9
Cassius	römischer Vorname
Catilīna, L. Sergius	römischer Adliger 26, 27
Catilīnāriī	Anhänger Katilinas 27
Cato, M. Porcius (Uticēnsis)	römischer Adliger (zur Zeit Cäsars) 27
Cato, M. Porcius (Cēnsōrius)	römischer Adliger und Schriftsteller 18, 27 E
Celtibērī	Keltiberer, Einwohner Spaniens 9

Charybdis	Meeresungeheuer 14
Chattī	germanischer Stamm 16
Cheruscī	germanischer Stamm 16
Chrīstiānī	Christen 28
Chrīstophorus	Christoph 24
Chrīstus	Christus 28
Cicero, M. Tullius	römischer Gebildeter und Staatsmann 10, 27
Ciconēs	Stamm in Nordgriechenland 14
Cimbrī	germanischer Stamm in Jütland 19
Cinna, Cn.	römischer Adliger 20
Circa	Zauberin Zirze 14 F
Cithīnus	Christ 28
Cīvitās Augusta	Stadt Aosta 20 F
Claudia	weiblicher Vorname 7
Claudiānus	Konsul 28
Clōdius	Volkstribun 21
Colōnia Agrippīna (Agrippīnēnsis)	Stadt Köln 16 F
Colōnus	Kolumbus 24
Cōnfluentēs	Stadt Koblenz 16 F
Cyclōps	Riese, Zyklop 14
Dānuvius	Donau 19, 21
December	Monatsname 6 F
Dīdō	Königin von Karthago 17
Dionȳsius Exiguus	Kirchenvater 19 E
Dīviciācus	gallischer Fürst 25
Domitiānus	römischer Kaiser 21
Dōnāta	Christin 28
Drūsus	Stiefsohn des Augustus, Feldherr 16
Dumnorīx	gallischer Fürst 25
Elīsabētha	spanische Königin Isabela 24
Eratosthenēs	griechischer Gelehrter 22 E
Esquilīna porta	Stadttor Roms 6
Esquilīnus	Hügel Roms 6
Fabius Māximus, Quīntus	römischer Feldherr 4
Februārius	Monatsname 6 F, 10
Fernandus	spanischer König Ferdinand 24
Flaccus, M. Laenius	römischer Ritter 26
Flāminia via	Straße Roms 6 F
Formiānus	in, von Formiä, Ort in Latium 11
Fortūnātae īnsulae	Kanarische Inseln 24
Fūcinus lacus	See in Latium 32
Gādēs	Stadt Cadiz, 15, 19, 24
Gāia	weiblicher Vorname 6
Gāius	römischer Vorname 2, 6, 16
Galēnus	Arzt 29 E
Gallia	Gallien 4, 8, 15 etc.
Gallus	Gallier 12, 21, 23
Gallicus	gallisch 25
Gellius, Aulus	Schriftsteller 18, 31 E
Germānia	Germanien 16, 21
Germānus	Germane, germanisch 8, 16, 21 etc.
Gracchī	römische Adlige 27 E
Graecia	Griechenland 10
Graecus	Grieche, griechisch 10, 17, 29
Guanahānī	Karibische Insel 24
Hadriānus	römischer Kaiser 21
Hadriāticum	Adriatisches Meer 15 E
Haeduī	gallischer Stamm 25
Hagnodica	Ärztin 30
Hannibal	punischer Feldherr 4
Helvētia	Schweiz 15
Helvēticus	Schweizer, schweizerisch 24
Herculēs	griechischer Held 5, 15
Hercȳnius saltus	deutsches Mittelgebirge 16
Hērophilus	Arzt 30
Hierōnymus	Kirchenvater 28 E
Hippocratēs	Arzt 29
Hispānia	Spanien 1, 9, 15 etc.
Hispāniōla	Haiti 24
Hispānus	Spanier, spanisch 9, 24
Homērus	griechischer Dichter Homer 14 F
Hungāria	Ungarn 24 F
Hygieia	Göttin der Gesundheit 29
Hygīnus	Schriftsteller 14 F
Iānuārius	Monatsname 6 F

Iānus	Gott des Eingangs und Ausgangs 5 F
Īlias	griechische Dichtung 14 F
Īlium	Troja 14
India	Indien 24
Indicus	indisch 22
Indus	Fluß Indus 22
Iōanna	Kuba 24
Ismarus	Stadt in Nordgriechenland 14
Ītalia	Italien 4, 9 etc.
Ithaca	Insel 14
Iūlius	Monatsname 6 F
Iūnius	Monatsname 6 F
Iūno	Göttin der Ehe, Beinamen Lūcīna, Monēta 5, 6
Iuppiter, Iovis	höchster römischer Gott 5, 6, 10 etc.
Iūstiniānus	oströmischer Kaiser 31 E
Labeo, Antistius	römischer Jurist 31
Laelius	Freund Scipios 17
Lārcius Macedo	römischer Ritter 11
Latīna via	Straße Roms 6 F
Latium	Landschaft um Rom
Latīnus	latinisch, lateinisch
Lemānus lacus	Genfer See 15
Leucothea	Meeresgöttin 14
Liburnica nāvis	leichtes Segelschiff 13
Ligur	Ligurier 24
Līvia	Ehefrau des Augustus 20
Lōtophagī	sagenhaftes Volk 14 E
Lūcās	Apostel 28 D
Lūcius	römischer Vorname 7
Lūna	Mondgöttin 22 F
Lūsītānia	Westen der Pyrenäenhalbinsel 9
Mārcia aqua	Wasserleitung Roms 6, 32
Marcomannī	germanischer Stamm 16
Mārcus	römischer Vorname 1, 6, 28 F
Mārs	Kriegsgott 5 E, 10 E
Mārtius	Monatsname 6
Matthaeus	Apostel 28 E
Māximiliānus	deutscher Kaiser 30
Mattiacī	germanischer Stamm 21 E
Mediolānum	Stadt Mailand 15
Mercurius	römischer Gott 5 E, 21 F
Messāna	Stadt Messina 15 E
Minerva	römische Göttin 5 E
Mīsēnum	Ort am Vesuv 13
Mōgontiācum	Stadt Mainz 16
Morinī	gallischer Stamm an der Küste 23
Mosa	Maas 16
Mutina	Stadt Modena 15 E
Nartzālus	Christ 28
Nausicaa	Tochter des Alkinous 14
Neāpolis	Stadt Neapel 15 (I. Napoli)
Neptūnus	Meeresgott 14
Novaesium	Stadt Neuß 16 F
November	Monatsname 6 F
Ōceanus	Ozean 10, 16, 19 etc.
Octāvia	weiblicher Vorname 7
Octāvius Rūfus	Römer 7
Octāviānus	s. Augustus
Octōber	Monatsname 6 F
Odyssēa	griechische Dichtung 14 F
Olympus	Göttersitz 14 F
Orcades	Orkney-Inseln 23
Padus	Fluß Po 4
Palātīnus	Hügel Roms 6
Panaetius	griechischer Philosoph 17
Pannōniī	Stamm in Westungarn und Jugoslawien 20
Papīrius Praetextātus	römischer Adliger 18
Patavium	Stadt Padua 15 E (I. Padova)
Paulus	römischer Vorname, Apostel 28
Phaeāces	Volk auf Korfu 14
Pharmacussa	Insel Fermaco (Farmakoussi) vor der Küste Kleinasiens 10
Philus	Freund Scipios 17
Phoenīcēs	Phoenizier 23 F
Pictī	schottischer Stamm 23 F
Plautus	römischer Dichter 5 F

Plīnius, C. Secundus	römischer Offizier u. Schriftsteller 13, 25 D
Plīnius, C. Caecilius Secundus	römischer Schriftsteller 11, 13, 28
Poenus	Punier 4
Polybius	griechischer Geschichtsschreiber 17
Polyphēmus	Riese, Zyklop 14
Pompēius, Gnaeus	römischer Adliger 10, 15, 17 E
Pompōniānus	Freund des Plinius 13, 25
Praesēns	römischer Konsul 28
Pūnicus	punisch 9
Pȳrēnaeī	Pyrenäen 15
Pȳthagorās	griechischer Mathematiker 22 E
Pȳtheās	griechischer Seefahrer 23 F
Quīntus	römischer Vorname 1, 6
Quīrīnālis	Hügel Roms 6 E
Quirīnus	Beiname des Mars 10 E
Quirītēs	politische Anrede für Römer 10 E
Raetī	Volksstamm in Tirol 21
Ravenna	Stadt Ravenna 15 E
Rectīna	Bekannte des Plinius 13
Rēgium	Stadt Reggio 15 E
Rhēnānia	Rheinland 24 F
Rhēnus	Fluß Rhein 8, 15, 16 etc.
Rhodanus	Fluß Rhône 4, 15
Rhodus	Insel Rhodus 10
Ricomāgus	Stadt Remagen 16 F
Rōma	Stadt Rom 6, 15 etc.
Rōmānus	Römer, römisch 4, 8, 9, 12 etc.
Rubico	Grenzfluß, heute Fiumicino 15
Salāria via	Straße Roms 6 E
Sallustius	römischer Schriftsteller 27 E
Sardinia	Insel Sardinien 10
Sāturnīnus	Statthalter in Afrika 28
Sāturnus	altrömischer Gott 6, 21 F
Saxōnia	Sachsen 24 F
Scilī	Stadt in Nordafrika 28 E
Scīpio, P. Cornēlius Africānus māior	römischer Adliger 9, 12 C
Scipio, P. Cornēlius Aemiliānus Africānus minor	römischer Adliger 16
Scōtī	Schotten 23 F
Scylla	Sagengestalt 14
Secunda	Christin 28
Semprōnia	weiblicher Vorname 7
September	Monatsname 6 F
Septimius	römischer Vorname 6
Sēquanī	gallischer Stamm 24
Servius Tullius	altrömischer König 6
Sicilia	Sizilien
Sīlānus, Decius Iūnius	römischer Konsul 27
Simo	Gestalt der römischen Komödie 5
Sīrēnae	Sagengestalten 14
Sōl	Sonnengott 21 F
Sōsa	Christin 28
Spērātus	Christ 28
Stabiae	Stadt am Vesuv 15 D
Suēbī	germanischer Stamm 8, 16
Sugambrī	germanischer Stamm 16
Sulla	römischer Adliger 15 E, 27 E
Tarentum	Stadt Taranto 15 E
Tarracōnēnsis	Nordosten der Pyrenäenhalbinsel 9
Tascus	Einwohner von Stabiä 13
Tencterī	germanischer Stamm 8, 13
Terentia	Frau Ciceros 26
Terentius	römischer Dichter Terenz 5 F
Teutoburgiēnsis saltus	Teutoburger Wald 16 F, 22 D
Theopropidēs	Gestalt der römischen Komödie 5
Thūla	Insel Thule (Island ?) 23
Tiberis	Fluß Tiber 6, 15 E (I. Tevere)
Tiberius Nero	Stiefsohn des Augustus 19
Tībur	Stadt Tivoli bei Rom 6, 15 E
Tīburtīna via	Straße Roms 6 F

Tīburtīnus	Einwohner von Tibur 6
Titus	römischer Vorname 1
Toscanelli	italienischer Gelehrter 24 F
Trāiānus	römischer Kaiser 28
Trānio	Sklave 5
Tridentīnum	Stadt Trient 15 E (I. Trento)
Tullia = Tulliola	Tochter Ciceros 26
Tyrrhēnum	Tyrrhenisches Meer 15 E (I. Tirreno)
Ulixēs	griechischer Held Odysseus 14, 25 D
Usipetēs	germanischer Stamm 8, 16
Vārus, Quīntīlius	römischer Adliger 16, 18, 30 D
Vaticānus	Hügel, Stadtteil Roms 6 F
Venostēs	rätischer Soldat 21 D
Venus, eris	Göttin der Liebe 5 E, 21 F
Veratus, Lūcius	reicher Römer 31
Vercingetorīx	gallischer Adliger 26 F
Vērōna	Stadt Verona 15 E
Vesta	Göttin des häuslichen Herdes 19 E
Vestia	Christin 28
Vesuvius	Berg Vesuv 13, 15 E
Vīminālis	Hügel Roms 6
Visurgis	Fluß Weser 16
Vitrūvius	römischer Architekt und Ingenieur 32

3. Lateinische Vokabeln in alphabetischer Reihenfolge

Die Zahlen bezeichnen das Kapitel, in dem – unter Abschnitt B. – die Vokabel erstmals angegeben ist. Zahlen in Klammern betreffen Vokabeln, deren Bedeutung im Text angegeben wird und die nicht zum Lerngut gehören.

ab, a	von 4
abdere	verstecken 16
abesse	abwesend sein 5
abire	weggehen 15
abnuere	ablehnen (23)
abradere	abkratzen 24
absentia	Abwesenheit 31
absens	abwesend 14
absolvere	loslösen 30
abstinere	sich enthalten 29
abuti	mißbrauchen 27
ac	und 6
ac	wie 9
accedere	herangehen 23
accidere	sich ereignen 22
accipere	annehmen 16
accommodare	anpassen 32
accusare	anklagen 1
acies	Schärfe, Heer 19
actus	Handeln (28)
ad	zu, bei, an 4
addere	hinzufügen (19 C)
adducere	heranführen 10
adeo	so sehr 29
adesse	da sein 5
adhortari	ermahnen 22
adhortatio	Ermahnung 22
adhuc	bisher 5
adimere	wegnehmen 25
adire	herangehen 15
aditus	Zugang 23
adiungere	verbinden 10
adiuvare	unterstützen 13
admirabilis	erstaunlich 22
admirari	bewundern 18
admittere	zulassen 17
admonere	ermahnen 8
admovere	heranbringen 12
adorare	anbeten 7
adulescens	Jüngling 9
advenire	ankommen 23
adventus	Ankunft 25
adversarius	Gegner 4
adversus	feindlich 7
advocatus	Anwalt (20)
advolare	herbeifliegen 1
aedificare	erbauen 5
aedificium	Gebäude 3
aeger	krank 5
aegre	mit Mühe (11)
aegritudo	Betrübnis 22
aegrotare	krank sein 29
aequus	gleich (12)
aër	Luft 29
aerarium	Staatsschatz (6)
aes	Erz, Kupfer 31
aestas	Sommer 10
aestimare	abschätzen 30
aestimatio	Abschätzung (22)
aestus	Flut 22
aetas	Zeitalter 15
aeternus	ewig 14
afferre	herantragen 14
afficere	versehen mit 16
afflictus	niedergeschlagen 26
age	wohlan (3)
ager	Acker 2
agere	handeln 10, 20
agger	Damm (12)
aggredi	angreifen 16
agitare	antreiben 11
agmen	Heereszug 23
agricultura	Ackerbau 8
albus	weiß 7
alea	Würfel 15
alere	ernähren 25
alias	sonst (14)
alibi	anderswo (13)
alii ... alii	die einen ... die anderen 8
alimentum	Nahrung 29
alioqui	sonst (11)
aliquando	einstmals 4
aliquantus	etwas (19)
aliqui	irgendein 27
aliquis	irgendwer 27
aliter	anderswie 29
alius, -ud	ein anderer 3
allevare	erheben 7
allicere	anlocken (14)
alligare	anbinden 14
alter	der eine, andere 3
altus	hoch, tief 3
amare	lieben 16
ambulare	spazierengehen 20
amentia	Sinnlosigkeit 25
amica	Freundin 7
amicitia	Freundschaft 20
amicus	Freund 1
amittere	verlieren 14
amplius	mehr 16
amplus	weit 7
an	ob 11
an	etwa (27)
anceps	zweideutig 22
ancora	Anker 23
anima	Atem 27
animadvertere	bemerken 15, 25
animal	Lebewesen 12
animosus	beherzt 3
animus	Herz 1
annus	Jahr 4
ante	vor 5
antea	vorher 7
antecessum,	im voraus (16)
anteire	vorangehen 15
antiquus	alt 6
anulus	Ring 7
anxius	ängstlich 3
aperire	öffnen 9
apertus	offen 12
apparare	zubereiten 12
apparēre	erscheinen 13
appellare	nennen 9
appetere	erstreben 22
applausus	Beifall 22
apportare	hintragen 1
appropinquare	sich nähern 5
apud	bei 9

aqua	Wasser 6
aquaeductus	Wasserleitung (6 E)
aquari	Wasser holen 24
ara	Altar (19)
arbitrari	meinen 23
arbitrium	Entscheidung 15
arbor	Baum 14
arcanum	Geheimnis 29
arcere	abwehren 1, 4
arcessere	herbeiholen 20
arcus	Bogen (6)
ardens	brennend (14)
ardor	Glut 22
area	Hof (13)
argentum	Silber 16
arguere	beschuldigen 11
arma	Waffen 12
aroma	Gewürz (24)
ars	Kunst 17
as	Geldstück (11), 31
ascendere	hinaufsteigen 12
asper	rauh 6
aspicere	anblicken 23
assidere	sich setzen 27
assignare	zuweisen 19
assuescere	sich gewöhnen 23
assuetus	gewohnt 8
astrum	Stern 6
at	aber 25
atque	und 6
atque	wie 9
atrium	Halle 7
attingere	anrühren 12
attrahere	einziehen (29)
attribuere	zuerteilen 17
auctor	Urheber 19
auctoritas	Ansehen 10
audacia	Kühnheit 27
audax	kühn 21
audere	wagen 5, 20
audire	hören 9
auferre	wegtragen 14
augere	vergrößern 19
augurari	ahnen 22
aura	Luft (22)
auris	Ohr 14
aurum	Gold 9
auscultare	zu-, abhören 5
auspicium	Vorzeichen 7
aut	oder 17
aut ... aut	entweder ... oder 17
autem	aber 12
auxiliari	helfen 13
auxilium	Hilfe 25
avunculus	Onkel 13
axiculus	Rolle (32)
baculum	Stab 14
balneum	Bad 5
balteus	Gürtel (14)
barbarus	fremdländisch 8
basilica	Gerichtshalle 6
beatus	glücklich 1
bellare	Krieg führen 4
bellicosus	kriegerisch 8
bellum	Krieg 4
belua	Ungetüm 22
bene	gut 5
beneficium	Wohltat 9
benignus	gütig 6
bis	zweimal 19
blandus	schmeichelnd 24
bonus	gut 1
brevi	bald 22
brevis	kurz 12
cadere	fallen 13
caedere	fällen 19
caedes	Ermordung 27
caelum	Himmel 23
caerimonia	Feierlichkeit 7
calculus	Steinchen 29
calidus	heiß 13
callidus	schlau 5
calor	Wärme 11
campus	Feld 2
cancellus	Kanzel (21 E)
candidus	weiß 13
canis	Hund (13)
capax	fassend 24
capere	nehmen 16
capitalis	den Kopf betreffend 27
capsa	Kapsel 28
captivus	Gefangener 16
caput	Haupt(stadt) 11
caravela	Segelschiff (24)
carcer	Kerker (21 E)
carere	entbehren 2, 4
carmen	Lied 14
caro	Fleisch 14
carus	lieb 26
castellum	Befestigung 17
castra	Lager 8
castus	sittenrein 29
casus	Zufall 15
caterva	Haufe 18
cathedra	Stuhl 20
catholicus	katholisch 24
caupo	Wirt (21 F)
causa	Grund, Rechtssache 5
causa (b. Gen.)	wegen 7
cavere	sich hüten 13
cedere	gehen, weichen 20
celeber	berühmt 12
celebrare	feiern 1
celer	schnell 12
celeritas	Schnelligkeit 10
cella	Gemach (5)
cellarium	Keller (21 E)
cena	Essen 7
cenare	essen 13
censere	schätzen 8
census	Schätzung 19
centum	hundert 19
centurio	Hundertschaftsführer 16
cera	Wachs (14)
cerasum	Kirsche (21 E)
cernere	unterscheiden 22
certare	wettstreiten 2
certiorem facere	benachrichtigen 16
certus	gewiß 16
ceteri	die anderen 3
chirurgia	Chirurgie (29 F)
christianus	christlich 24
cibus	Speise 1
cinis	Asche (13)
circa, circum	um ... herum 19
circensis	Zirkus ... (20 F)
circiter	ungefähr 19
circulus	Kreis 32
circumdare	umgeben 23
circumire	herumgehen 15
circumsistere	sich herumstellen 11
circumspectare	umherschauen 6
circumvehi	umfahren 23
cis	diesseits 15
cisalpinus	diesseits der Alpen 15
citare	herbeirufen 16
cito	rasch (15 C)
citus	rasch 15

civilis	bürgerlich 17
civis	Bürger 17
civitas	Bürgerschaft 9
clades	Verlust 13
clam	heimlich 15
clamare	schreien 1
clamor	Geschrei 8
claritas	Helligkeit (13)
clarus	hell, berühmt 6
classis	Abteilung, Flotte 13
claudere	schließen 14
clementia	Milde 20
clivus	Hügel 6
coemere	aufkaufen 19
coercere	zurückhalten 22
coetus	Versammlung 17
cogere	zusammenführen, zwingen 29
cogitare	denken 3
cognitio	Untersuchung 28
cognomen	Beiname 18
cognoscere	erkennen 13
cohors	Kohorte 21
collega	Amtsgenosse 15
collidere	zusammenstoßen 22
colligere	sammeln 31
collocare	aufstellen 8, 25
colonia	Kolonie 19
comes	Begleiter 15
comitatus	Begleitung 15
comitia	Wahlplatz 15
commercium	Handel 6
commilito	Kamerad 8
committere	begehen 10
commodum	Vorteil 5
commodus	bequem 5
commovere	bewegen 14
communicare	mitteilen (27 F)
communio	Gemeinsamkeit 17
communis	gemeinsam 12
comparare	bereiten 5
comperire	erfahren 18
competitor	Mitbewerber (15)
complecti	umarmen 13
complexus	Umarmung 26
complures	mehrere 19
componere	zusammenstellen 31
comportare	zusammentragen 8
compositus	geordnet 27
comprehendere	umfassen 10
computare	rechnen (19 C)
concedere	einräumen 20
concidere	zusammenfallen 13
conciliare	gewinnen 9
concitare	erregen 25
concordia	Eintracht 7
concupiscere	begehren 23
concurrere	zusammenlaufen 11
concutere	erschüttern 16
condemnare	verurteilen 20
condere	gründen 19
condicio	Bedingung 9
confectus	ermattet 26
conferre	zusammenbringen 14, 29
conferre, se	sich begeben 14
conficere	fertigmachen 26
confidere	vertrauen 20
confirmare	(be)stärken 9
confiteri	bekennen 11
confluere	zusammenströmen (16 F)
confundere	zusammengießen 22
congregare	zusammenscharen 7
congressio	zusammenkunft 17
coniectare	vermuten 22
coniunctio	Verbindung 31
coniungere	verbinden 21
coniunx	Gattin 13
coniuratio	Verschwörung 16
conquirere	zusammensuchen 28
conscius	Mitwisser 20
conscribere	aufschreiben 31
consecrare	weihen 19
consensus	Übereinstimmung 17
consentire	übereinstimmen 9
conservare	aufbewahren 6
considerare	betrachten 27
considere	sich niederlassen 21
consilium	Plan, Rat 3
consistere	sich aufstellen 15
constans	standhaft 31
constare	bestehen, feststehen 15
constituere	festsetzen 12
constitutio	Einrichtung 17
construere	erbauen 20
consul	Konsul 8
consulatus	Konsulat 15
consulere	beraten, sorgen 24
consultare	beraten 6
consultatio	Frage 17
consultum	Beschluß 18
consumere	verbrauchen 14
contendere	sich bemühen 20
contentus	zufrieden 7
contestatio	Zeugenanrufung (29)
continens	zusammenhängend 12
continere	zusammenhalten 15
contingere	berühren 29
continuus	ununterbrochen 24
contra	gegen 15
contrahere	zusammenziehen 23
contrarius	entgegengesetzt 20
contumelia	Mißhandlung 11
convenire	zusammenkommen 30
conventus	Zusammenkunft 15
convertere	hinwenden (15)
convivium	Gastmahl 5
convocare	zusammenrufen 14
copia	Menge 4
copiae	Truppen 4
copiosus	reich an Vorrat 9
cor	Herz 30
cornu	Horn 15
corona	Kranz 16
corpus	Körper 11
corrigere	berichtigen 26
corripere	ergreifen 16
corrumpere	verderben 29
corruptio	Verderbnis 29
costa	Rippe (30)
cottidianus	täglich (28)
cottidie	täglich 3
cras	morgen 6
creare	schaffen, wählen 9
creber	häufig 13

credere	glauben 14
crescere	wachsen 15
crimen	Verbrechen 11
cruentus	blutig 16
crumina	Beutel (31)
crux	Kreuz 16
cubare	liegen 13
cubiculum	Schlafgemach 13
cui	wem 1
cuius	wessen 1
cultura	Anbau, Kultur (1 C)
cum	als, da 7; wenn 6; obgleich (12) 23; damals, als 16; als plötzlich (12) 22
cum	mit 2
cum primum	sobald als 30
cum ... tum	sowohl ... als auch besonders 26
cunctari	zögern 13
cunctatio	Zögern 28
cuncti	alle 3
cuniculus	Tunnel (12)
cupere	wünschen 30
cupiditas	Verlangen 22
cupidus	begierig 18
cur	warum 4
cura	Sorge 9
curare	besorgen 21
curia	Rathaus 6
currere	laufen 12
cursus	Lauf 15
custodia	Wache 16
custodire	bewachen 9
custos	Wächter 25
damnare	verurteilen 20
dare	geben 7, 12
de	von, herab, über 2
dea	Göttin 6
debere	verdanken, müssen 1, 4
debitor	Schuldner 28
debitum	Schuld 28
decedere	weggehen 11
decem	zehn 7
decere	sich geziemen 27
decernere	entscheiden 10
decertare	kämpfen 4
decimus	zehnte 8

declarare	erklären 17
decorare	schmücken 14
decumates agri	Dekumatland 21
decurrere	herabeilen 28
dedere	übergeben 12
deducere	herabführen, leiten 10, 26
deesse	fehlen 22
defendere	verteidigen 25
deferre	übertragen 14
defungi	erledigen 11
deinde	dann 10
delectamentum	Vergnügen 31
delectare	erfreuen 2
delectus	Auserwählter 17
delere	zerstören 4
deliberare	überlegen 5
deliberatio	Überlegung 28
deligere	auswählen 16
delinquere	sich vergehen 20
dementia	Sinnlosigkeit 28
demittere	herabsenden 32
demonstrare	zeigen 5
demum	schließlich 11
denarius	Denar 19
denique	zuletzt 4
dens	Zahn 18
densus	dicht 13
denuo	von neuem 22
depalmare	ohrfeigen (31)
depascere	abfressen 29
deponere	ablegen 27
deportare	wegtragen 11
deprehendere	ergreifen 20
descendere	hinabsteigen 22, 23
describere	beschreiben 12
deserere	verlassen 10
desiderare	ersehnen 5
desperare	verzweifeln 9
desperatio	Verzweiflung 15
destinare	beschließen 7
deterrere	abschrecken 31
detrimentum	Schaden 7
deus	Gott 6
devotus	ergeben 21
dexter	rechts 7
dextera	Rechte 7
diaeta	geregelte Lebensweise 29
dicere	sagen 10

dicio	Botmäßigkeit 21
dicitur	er soll 20
dies	Tag 17
difficilis	schwierig 12
diffundere	ausbreiten (13)
dignitas	Würde 15
dignus	würdig 28
dilabi	sich zerstreuen 11
diligens	sorgfältig 17
dilutus	mild (31)
dimicare	kämpfen 12
dimidium	Hälfte 15
dimittere	entlassen 10
dirigere	lenken 13
discedere	weggehen 25
discere	lernen 17
disciplina	Unterricht, Zucht 30
discipulus	Schüler 1
discrimen	Unterschied 32
discurrerere	auseinanderlaufen 30
discutere	erörtern 17
dispar	ungleich 22
dispergere	zerstreuen 22
disponere	verteilen 16
disputare	erörtern 2
disputatio	Erörterung 17
disserere	auseinandersetzen 17
dissimulare	verhehlen 30
distare	entfernt sein 24
distinguere	unterscheiden 31
distribuere	verteilen 14
diu	lange 5
diurna acta	Tagesgeschehen (15)
diutius	länger 20
diuturnus	langdauernd 9
dives	reich 20
dividere	teilen 16
divinus	göttlich 21
docere	lehren 2, 4
dolere	schmerzen, bedauern 15
dolor	Schmerz 17
dolosus	listig (9 E)
dolus	List, Betrug 1
domare	zähmen 16
domesticus	häuslich 17
domi	zu Hause 9
domicilium	Wohnung 5

domina	Herrin 4
dominatio	Herrschaft 19
dominus	Herr 3
domo	von Hause 15
domum	nach Hause 6
domus	Haus 15
donare	(be)schenken 1
donum	Geschenk 9
dormire	schlafen 14
dos	Mitgift (9)
dubitare	zögern, zweifeln 17
dubius	zweifelhaft 18
ducatus	Führung 19
ducere	führen 10
ductarius	Führungs... (32)
dulcis	süß 17
dum	während 8; solange als 10; solange bis (15), 30
dumtaxat	nur (22)
duo	zwei 9
durare	ausdauern 30
duritia	Härte 8
durus	hart 4
dux	Führer 16
ecce	siehe da (7)
edictum	Verordnung 19
educatio	Erziehung 31
effectus	Wirkung 32
efficere	bewirken 17
effodere	ausgraben 16
effrenatus	zügellos (27)
ego	ich 1
egredi	hinausgehen 18
egregius	vortrefflich 25
elegantia	Feinheit 23
elementum	Urstoff 17
elementarius	grundlegend 17
elephantus	Elefant 4
eligere	auswählen 16
eloquentia	Beredsamkeit 23
eludere	verspotten 27
emere	kaufen 19
emerēre	ausdienen 19
emetiri	ausmessen 19
emigrare	auswandern 8
eminere	hervorragen 22
emittere	herauslassen (20)
enim	nämlich 16
enuntiare	aussagen, verraten 18
epistula	Brief 13
eques	Reiter 11
equester	zu Pferde 25
equidem	jedenfalls 17
equitatus	Reiterei 25
equus	Pferd 2
erat, erant	war(en) 3
ergo	also 20
erigere	aufrichten 32
eripere	entreißen 27
eructare	ausspeien (14)
eruditus	gebildet 13
erumpere	ausbrechen 12
esse	sein 5, gereichen zu 5 E
est	er ist 1
et	und 1
et ... et	sowohl ... als auch 4
etiam	auch, sogar 3
evadere	entkommen 14
evitare	entgehen 29
ex, e	aus, seit 2
exaestuare	hochwogen (22)
exanimatus	entseelt 11
excaecare	blenden (14)
excedere	herausgehen 13
excelsus	erhaben 6
excitare	wecken, reizen 11
excludere	ausschließen 27
excolere	ausbilden 16
exemplum	Beispiel 5
exercere	üben, betreiben 3, 4
exercitus	Heer 15
exhaurire	ausschöpfen 9
exigere	aus-, eintreiben 14
exire	herausgehen 19
existimare	glauben, halten für 17
exitus	Ausgang (13)
exolescere	verschwinden (19)
expedire	bereit machen 12
expellere	vertreiben 15
experiri	erproben 11
explicare	entwickeln 6
explorare	ausspähen 8
explorator	Späher 8
expressus	herausgehoben 11
expugnare	erobern 9
exsilium	Exil 27
exspectare	erwarten 6
exstruere	erbauen 12
extendere	an-, ausspannen 20, 32
externus	auswärtig 19
extra	außerhalb 19
extremus	äußerster 23
exurere	ausbrennen 14
faber	Handwerker 6
fabula	Geschichte 5
facere	machen 16
facile	leicht 24
facilis	leicht 17
facinus	Tat 11
factio	Partei 19
facultas	Fähigkeit 25
fama	Ruf, Gerücht 15
familia	Familie 4
fanaticus	begeistert (17)
fanum	Heiligtum 6
fari	verkünden (17)
fascis	Rutenbündel 16
fateri	gestehen 11
fatigare	ermüden 16
fatigatus	ermüdet 6
fatum	Geschick 14
faustus	gesegnet 7
favere	gewogen sein 1, 14
favor	Gunst 15
febris	Fieber (30 F)
feliciter	Glück! (7)
felix	glücklich 15
femina	Frau 4
femininus	weiblich (12 D)
fenestra	Fenster (21 E)
fere	fast 15
feriae	Ferien 17
feritas	Wildheit 14
ferre	tragen, hervorbringen 14
ferreus	eisern 32
ferrum	Eisen, Schwert 27
fertilis	fruchtbar 12
festum	Fest 7
fetus	Leibesfrucht (29)
fibula	Klammer 32
fides	Treue, Glaube 18
fidere	vertrauen (12) 20
fiducia	Vertrauen 16
fidus	treu 1

fieri	(gemacht) werden 16
filia	Tochter 7
filiola	Töchterchen 26
filius	Sohn 1
finire	beenden 10
finis	Ende, Grenze 15
finitimus	Nachbar 4
firmare	(be)festigen 9
firmus	fest 10
fiscus	Staatskasse 24
flagitare	verlangen 15
flamma	Flamme 13
flammeum	Brautschleier (7)
flectere	umbiegen 13
florere	blühen 26
flos	Blüte 29
flumen	Fluß 15
fluvius	Fluß 3
fodere	graben 16
folium	Blatt 14
fons	Quelle 30
foramen	Loch, Haken 32
foratus	mit Löchern (32)
fore	sein werden 23
foris	draußen (9)
forma	Gestalt 9
formosus	hübsch (9 E)
fortis	tapfer 12
fortitudo	Tapferkeit 12
fortuna	Geschick, Glück 6, 26
fortunatus	glückhaft 24
forum	Markt 6
fossa	Graben (21 E)
frangere	brechen 11
frater	Bruder 25
frequens	zahlreich 23
fretum	Meerenge 22
frigus	Kälte 11
frons	Vorderseite 14
fructus	Frucht 32
frumentatio	Getreidespende 19
frumentum	Getreide 19
frustra	vergebens 4
frustrare	täuschen 5
fuga	Flucht 5
fugare	verjagen 8
fugere	fliehen 22
funda-mentum	Grundlage 21
funditus	in der Tiefe 21
fungi	verrichten 11
funis	Seil 32
fur	Dieb 31
furor	Wut 8
furtum	Diebstahl 31
futurus	zukünftig (13 C)
gallinaceus	von Hühnern (14)
gaudere	sich freuen 1, 20
gaudium	Fröhlichkeit 7
gemere	seufzen 20
geminus	Zwilling 30
generalis	allgemein 20
genius	Schutzgeist 1
gens	Sippe, Stamm 13
genus	Geschlecht, Art (12 D), 17
gerere	(aus)führen 10
gestare	tragen 7
gladiatorius	Fechter ... 19
gladius	Schwert 2
gloria	Ruhm 10
gradus	Stufe 15
grandis	groß 30
gratia	Dank, Gunst 9
gratia (Gen.)	wegen, zuliebe 24
gratus	dankbar, willkommen 6
gravis	schwer 12
guber-naculum	Steuer (13)
gubernator	Steuermann 13
habere	haben 1, 4
habitare	wohnen 4
habitus	Haltung, Kleidung 23
haerere	hängenbleiben 22
haud	nicht 8
haurire	schöpfen 9
heres	Erbe (20)
heri	gestern (4)
heus	hallo! (8)
hic, haec, hoc	dieser 10
hīc	hier 7
hiems	Winter 8
hinc	von hier 6
historia	Geschichte 18
hodie	heute 6
hodiernus	heutig 20
homo	Mensch 8
honestas	Ehrenhaftigkeit 9
honestus	ehrenhaft 15
honor	Ehre 15
hora	Stunde 6
hortari	ermahnen 22
hortus	Garten 2
hospitium	Gastfreundschaft 6
hostia	Opfertier (7)
hostis	Feind 19
huc	hierhin 10
humanitas	Menschlichkeit 23
humanus	menschlich 14
humi	im, am Boden (16)
humus	Erdboden 16
iacere	werfen 21
iactare	werfen 14, 27
iam	schon 4
ianua	Tür 5
ibi	dort 6
idem	derselbe 9
identidem	wiederholt 22
idoneus	geeignet 23
idus	Monatsmitte (13 F)
igitur	also 17
ignavia	Untätigkeit 15
ignis	Feuer 29
ignorantia	Unwissenheit 28
ignorare	nicht wissen 7
ignoscere	verzeihen 20
ignotus	unbekannt 15
ilico	sofort (30)
ille, a, ud	jener 10
illuc = illo	dorthin 23
illudere	verspotten 10
illustris	berühmt 17
imago	Bild 11
imber	Regen (12)
imitari	nachahmen 19
imminere	drohen 5
immobilis	unbeweglich 11
immortalis	unsterblich 27
immolare	opfern 1
impavidus	furchtlos 10
impedire	hindern 13, 22
impellere	antreiben 22
impensa	Aufwand 19
imperare	befehlen 12
imperator	Feldherr 8
imperitus	unkundig 23
imperium	Befehl, Reich 4
impetrare	erbitten 25

impetus	Angriff 16
implorare	anflehen 4
imponere	auflegen 28
imprimis	besonders 7
improbus	ruchlos 26
improvidus	unbesorgt 16
imus	unterster 32
impugnare	bekämpfen 21
in (Abl.)	in, auf 2
in (Akk.)	in, auf 3
inaccessus	unzugänglich (16)
inauditus	unerhört 24
incendere	anzünden 29
incendium	Brand 27
incidere	hineinfallen 13
incipere	beginnen 16
includere	einschließen 14
incognitus	unbekannt 23
incola	Einwohner 4
incolere	bewohnen 15
incolumis	unversehrt 20
incumbere	sich verlegen auf 22
inde	von da 5
indicare	anzeigen 22
indicium	Anzeige 20
indignatio	Entrüstung 10
inducere	hineinführen 28
induere	einfügen 32
indulgentia	Nachsicht 28
inebriare	trunken machen (14)
iners	träge 16
infandus	unsagbar (17)
infans	Kleinkind 12
inferior	unterer 14
inferre	hineintragen 29
infestus	feindlich 27
inficere	hineintun 29
infirmitas	Schwäche 12
inflexibilis	unbeugsam (28)
infra	unterhalb 14
ingenium	Begabung, Einfall 7
ingens	gewaltig 12
ingredi	hineingehen 17
inicere	hineinwerfen 22
inimicus	Feind 7
iniquitas	Ungerechtigkeit 15
iniquus	ungleich, unbillig 31
inire	hineingehen 15
initium	Anfang 11
iniuria	Unrecht 4
iniussu	ohne Befehl 25
iniustus	ungerecht 31
inopia	Mangel 12
inopinato	unvermutet (5)
inopinatus	unvermutet (15 C), 24
inops	bedürftig 31
inquietus	unruhig 20
inquirere	nachforschen 10
inquit	er sagte 3
inscius	unwissend 25
insepultus	unbestattet (5)
insidiae	Nachstellungen 8
inspicere	hineinsehen 18
inspirare	einatmen 29
instare	bedrängen 24
instituere	einrichten 24
institutum	Einrichtung 23
instruere	ein-, unterrichten 24
insuetus	ungewohnt 25
insula	Insel 10
integer	unberührt 29
intellegere	verstehen 17
intemperantia	Maßlosigkeit (18)
intendere	anspannen 20
inter	zwischen, unter 9
interdicere	untersagen (23 C) 30
interdum	manchmal 13
interea	inzwischen 9
interesse	dabei sein 28
interficere	zugrunde richten 25
interior	innerer 30
interitus	Untergang 27
interpellare	unterbrechen 20
interrogare	fragen 3
intestinus	innerlich 27
intimus	innerster 30
intra	innerhalb 10
intrare	be-, eintreten 5
introire	hineingehen 18
intumescere	anschwellen (22)
intus	innen (5)
inundare	einströmen 22
invadere	eindringen 29
invehi	hineinfahren 22
invenire	finden 9
invictus	unbesiegt 22
invidere	beneiden 20
invocare	anrufen 5
involucrum	Hülle (30)
involvere	herumwickeln 32
iocus	Scherz 10
ipse	selbst 12
ira	Zorn 22
iratus	erzürnt 24
ire	gehen 15
irritamentum	Verlockung 23
irritus	unwirksam 4
is, ea, id	dieser 9
iste, a, ud	dieser da 17
ita	so 7
itaque	daher 16
item	ebenso 19
iter	Weg 24
iterum	wieder 13, zum zweitenmal 28
iterum iterumque	immer wieder 13
iubere	auffordern, befehlen 13
iucundus	angenehm 4
iudex	Richter 30
iudicare	beurteilen 2
iudicium	Gericht, Urteil 29
iungere	verbinden 21
iurare	schwören 28
ius	Recht 16
ius iurandum	Eid 29
iussus	Befehl 25
iustitia	Gerechtigkeit 21
iustus	gerecht 28
kalendae	Monatserster 6
labi	gleiten 11
labor	Arbeit 8
laborare	arbeiten, leiden 3
laboriosus	arbeitsam (9 E)
lacrima	Träne 26
lacrimare	weinen 18
lacus	See 15
laedere	verletzen 30
laetitia	Freude 7
laetus	froh 1
lapis	Stein 21
largiri	schenken 25
largiter	reichlich 25
largitio	Schenkung 25
latebrae	Versteck 10

latus	weit, breit 2
latus	Seite 12
laudare	loben 8
lavare	waschen 11
lavari	baden 11
lectus	Bett 27
legatus	Gesandter 23
legere	lesen 26
legio	Legion 8
legionarius	Legionär 8
lenire	besänftigen 13
lenis	sanft 22
leo	Löwe (22 F)
lepidus	niedlich (18)
levis	leicht 21
lex	Gesetz 9, 19
libenter	gern 5
liber	Buch 2
līber	frei, freimütig 8
liberalis	freigebig 23
liberare	befreien 4
liberi	Kinder 8
libertas	Freiheit 9
libido	Lust 27
libra	Pfund 11
licere	erlaubt, möglich sein 5
lictor	Liktor 16
ligare	binden 14
ligneus	hölzern 2
lignum	Holz (11 E)
limen	Schwelle (7)
limes	Grenzlinie 21
linea	Linie (19 E)
lingua	Zunge, Sprache 23
linteum	Leinendecke (13)
littera	Buchstabe 10
litterae	Brief, Wissenschaft 10
litus	Gestade 16
loca	Plätze 23
locus	Ort 9
longinquus	entfernt 10
longus	lang 7
loqui	sprechen 18
ludus	Spiel 1
luna	Mond(göttin) 12
lux	Licht 18
luxuria	Üppigheit 23
macerare	verzehren 30
machina	Maschine 32
machinatio	mechan. Vorrichtung 12

magis	mehr 16
magister	Lehrer 2
magistratus	Amt 15
magnificus	prächtig 27
magnitudo	Größe 13
magnopere	sehr 5
magnus	groß 1
maior	größer 17
maiores	Ahnen 19
maledicere	schmähen 28
malefacere	Übles tun 28
malle	lieber wollen 18
malum	Übel 28
malus	schlecht 1
mālus	Mast (14)
mandare	anvertrauen 30
mane	morgens 14
manere	bleiben 7, 10
manifestus	offenbar 27
manus	Hand 15
mare	Meer 12
margarita	Perle 24
maritimus	Meeres... 23
martyr	Glaubenszeuge 28
mas	männlich 17
masculinus	männlich (12 D)
mater	Mutter 12
materia	Baustoff 8
matrimonium	Ehe 7
in matrimonio collocare	in die Ehe geben 7
matrona	ältere Frau 18
maturitas	Reife 32
maxime	am meisten 28
maximus	größter 4, 17
medicamentum	Heilmittel 29
medicina	Heilkunst 30
medicus	Arzt 10
medium	Mitte, Mittelweg 18
medius	mittlere, mitten 10
melior	besser 17
membrana	Häutchen 30
membrum	Glied 3
memento	gedenke 16
meminisse	sich erinnern 16
memor sum	ich bin eingedenk 5
memorabilis	denkwürdig 15
memoria	Gedächtnis 4

mendacium	Lüge 18
mens	Geist 14
mensis	Monat 10
mercator	Kaufmann 10
mercatorius	Kaufmanns... 24
mercatus	Markt (21 E)
merces	Waren (6)
merere	verdienen 15
mergere	eintauchen 14
meridies	Mittag 23
metuere	fürchten 26
metus	Furcht 27
meus	mein 3
migrare	gehen, wandern 6
miles	Soldat 9
milia	Tausende, Meilen 19
militia	Kriegsdienst 19
mille	Tausend 19
minae	Drohungen 10
minari	drohen 28
minimus	kleinster 17
minister	Diener 4
minor	kleiner 17
minor natu	jünger 17
minuere	vermindern (12 F)
minus	weniger 16
mirari	sich wundern 18
miscere	mischen 22
miser	arm 14
miserari	beklagen 27
miserēri	sich erbarmen (5)
miseria	Elend 26
misericordia	Mitleid 4
missio	Entlassung (15)
mittere	schicken 10
mobilis	beweglich 11
modestus	bescheiden 2
modo	eben (23)
modo ... modo	bald ... bald 24
modus	Art, Weise 9
moenia	Mauern 12
moliri	in Bewegung setzen 24
mollis	weich 30
monasterium	Kloster (21 E)
monere	ermahnen 8
moneta	Münze (6)
mons	Berg 13
monstrare	zeigen 5

monstrum	Gespenst (5)
monumentum	Denkmal 6
mora	Aufenthalt 13
morbus	Krankheit 30
mori	sterben 16
mors	Tod 13
mortuus	tot 11
mos	Sitte 8
motus	Bewegung 25
movere	bewegen 14
mox	bald 6
mulcere	besänftigen (24)
muliebris	weiblich 14
mulier	Weib 14
multiplicare	vervielfachen (19 C)
multitudo	Menge 8
multus	viel 1
mundus	Welt 22
municipium	Landstadt 19
munire	befestigen 9
munus	Geschenk, Schauspiel 19
muralis	Mauer . . . 21
murmurare	murren (24)
murus	Mauer 6
mutare	verwandeln 6
mutatio	Änderung 29
nam	denn 8
nancisci	erlangen 23
narrare	erzählen 18
nasci	geboren werden 19
natalis dies	Geburtstag (1)
natare	schwimmen (14)
natio	Volksstamm 8
nativus	natürlich 24
natura	Natur 12
naturalis	natürlich 31
natus	geboren, alt 19
naufragium	Schiffbruch 14
nauta	Seemann 14
navalis	zu Schiff 20
navigare	segeln 3
navigatio	Schiffahrt 24
navigium	Fahrzeug 5
navis	Schiff 13
navis longa	Kriegsschiff 13
nē	(daß) nicht 7
-ne	(Fragewort) 2
nec	und nicht 3
necare	töten 5
necessarius	notwendig 32
necesse est	es ist notwendig (3)
necessitas	Notwendigkeit 29
nefarius	ruchlos 11
negare	leugnen 8
neglegere	vernachlässigen 14
nemo	niemand 5, 14
nepos	Neffe, Enkel 19
neque	und nicht 3
neque . . . neque	weder . . . noch 5
neque enim	denn nicht 23
neque vero	aber nicht 9
ne quidem	nicht einmal 16
nequire	nicht können 29
nescire	nicht wissen 9
neuter	keiner von beiden (12 C)
neve	und daß nicht 8
niger	schwarz 13
nihil	nichts 16
nihildum	noch nichts (15)
nimis	zu sehr 31
nisi	wenn nicht 15
niti	sich stützen auf 13
nobilis	vornehm 25
nobiscum	mit uns 6
nocere	schaden 20
nocturnus	nächtlich 27
nolle	nicht wollen 18
nomen	Namen 11
nominare	nennen 14
non	nicht 1
nonae	Monatseinschnitt (13 F)
nondum	noch nicht (27)
non iam	nicht mehr 20
non modo, sed etiam	nicht nur, sondern auch 13
non solum, sed etiam	nicht nur, sondern auch 25
nonne	denn nicht? 3
nonnulli	einige 4
nonus	neunter 13
noscere	kennenlernen 13
noster	unser 3
notitia	Kenntnis 23
notus	bekannt 17
nova res	Neuigkeit (8)
novae res	Umsturz 25
novem	neun 15
novisse	kennen 16
novus	neu 5
nox	Nacht 13
nubere	heiraten 25
nubes	Wolke 13
nudare	entblößen 21
nudus	nackt (14)
nullus	keiner 10
num	ob, etwa 7
numen	Gottheit 21
numerare	zählen, rechnen 10
numerus	Zahl 1
nummus	Münze 1
nunc	jetzt 6
nunquam	niemals 3
nuntiare	melden 8
nuntius	Botschaft, Bote 8
nuper	neulich 27
nupta	Ehefrau 18
nuptiae	Hochzeit 7
nutare	schwanken (13)
ob	wegen 17
obesse	dagegen sein 7
obligare	verpflichten (31 F)
obnoxius	ausgesetzt 11
obscurus	dunkel 21
obsecrare	beschwören 18
obsequium	Untertänigkeit 21
observare	beobachten 8
obses	Geisel 9
obsidere	belagern 12
obsidio	Belagerung 12
obsistere	sich entgegenstellen 15
obsorbere	einschlürfen (14)
obstinatio	Beharrlichkeit 28
obstringere	verpflichten 25
obtemperare	gehorchen 3
obtendere	entgegenstrekken (23)
obtinere	innehaben 9
obturare	verstopfen (14)
obvenire	zufallen 15
occidens	Westen 23
occidere	untergehen 14
occīdere	niederhauen 20
occultare	verstecken 8
occultus	versteckt 12
occupare	besetzen 4
occupatus	beschäftigt 4
occurrere	entgegenlaufen 12

oceanus	Ozean 24
octavus	achter 7
octo	acht 15
oculus	Auge 6
odisse	hassen 16
odium	Haß 27
odor	Geruch 13
odoriferus	duftend (29)
offendere	angreifen 25
offerre	anbieten 14
officere	entgegenwirken 27
officium	Pflicht 25
oleum	Öl 7
omen	Vorzeichen 11
omnis	jeder, ganz, all 12
onerarius	Last tragend 23
onus	Last 32
opera	Tätigkeit 7
operam dare	sich bemühen um 7
operarius	Handwerker 29
operire	bedecken 14
opinari	vermuten 26
oportere	nötig sein 27
oppidanus	städtisch 7
oppidum	Stadt 4
opplere	erfüllen 13
opponere	entgegenstellen 15
opprimere	bedrücken 16
oppugnare	bestürmen 9
ops	Macht 9
optare	wünschen 24
optimates	Aristokraten 17
optimus	bester 17
opulentus	reich 5
opus	Werk 12
ora	Rand, Küste 5
oraculum	Orakel (14)
orare	beten, bitten 3
oratio	Rede 9
orbiculus	Rolle 32
orbis	Kreis 15
orbis terrae	Erdkreis 15
ordiri	beginnen 17
ordo	Reihe, Ordnung (11 F)
organum	Werkzeug 32
oriens	Morgenland 19
origo	Ursprung 30
oriri	entstehen 13
ornare	schmücken 7
ortus	Aufgang 22
os	Knochen 11
ōs	Mund 11
ostentare	zeigen 23

ostium	Mündung 10
otium	Muße 23
pacare	befrieden 19
pactum	Vertrag 16
paene	beinahe 12
paenitentia	Reue (28)
palatium	Palast (6 F)
palma	Handfläche 31
palpitare	klopfen, schlagen 30
palus	Sumpf 16
panis	Brot 20
papilla	Brustwarze (30)
par	gleich 16
parare	bereiten 1
paratus	bereit 4
parcere	schonen 19
parentes	Eltern 9
parere	gebären 16
parēre	gehorchen 19
parricida	Mörder 20
pars	Teil 14
partes	Partei (27 D)
particeps	teilhaftig 28
partim	teils 10
parum	wenig (11 C)
parvus	klein 1
passus	Schritt 21
patefacere	öffnen 16
pater	Vater 11
patere	offenstehen 13
pati	leiden 20
patiens	geduldig 22
patientia	Geduld 27
patria	Vaterland 5
patricius	Adeliger 20
patrimonium	Vermögen (20)
patrius	heimisch 8
pauci	wenige 15
paulatim	allmählich 23
paulisper	ein Weilchen 24
paulo ante	kurz vorher 11
paulo post	bald darauf 11
paulus	wenig 11
pavimentum	Fußboden 11
pavor	Angst 18
pax	Friede 9
pectus	Brust 11
pecunia	Geld 10
pecus	Vieh, Schaf 14
pedester	zu Fuß 20
peior	schlechter 17 C
pendere	abwägen, zahlen 12

penes	bei 17
per	durch 4
percurrere	durchlaufen 15
percussor	Mörder (20)
percutere	durchbohren 16
perdere	zu Grunde richten 26
perditus	verloren 26
perfectio	Ausführung (32)
perficere	vollenden 32
periclitari	gefährdet sein 28
periculosus	gefährlich (9 E)
periculum	Gefahr 3
perimere	zugrunde richten 24
peritus	erfahren 1
perlustrare	durchstreifen 6
permanere	fortdauern 13
permittere	gestatten, überlassen 22
pernicies	Vernichtung 27
perpetuus	beständig 31
persaepe	sehr oft (17)
persequi	verfolgen 25
perseverare	beharren 28
persicum	Pfirsich (21 E)
perspicere	durchschauen 23
pertinacia	Hartnäckigkeit 28
pertinere	sich erstrecken 24
perturbare	ganz verwirren 8
pervenire	gelangen 14
pes	Fuß 19
pessimus	schlechtester 17 C
pestis	Pest 27
petere	erstreben 13
philosophus	Philosoph (26D)
pietas	Frömmigkeit 9
pila	Ball 3
pinguis	fett (29)
pirata	Seeräuber 10
piscis	Fisch (14)
pius	fromm 21
placere	gefallen 3, 4
placidus	flach, ruhig 22
planeta	Planet 32
planta	Pflanze (21 E)
plebs	Volk 9
plenus	voll 30
plerique	die meisten 27
plurimi	die meisten 15
plus	mehr 15

poculum	Becher 13
poena	Strafe 20
poeta	Dichter 20
polliceri	versprechen 17
pompa	Festzug 7
pondus	Gewicht 11
ponere	setzen, legen 12
pons	Brücke 15
pontifex	Priester 15
pontificatus maximus	oberstes Priesteramt 15
popularis	Volks... 17
populus	Volk 4
porro	ferner (29)
porta	Tor 4
portare	tragen 7
porticus	Säulenhalle 23
portus	Hafen 23
positio	Lage 31
posse	können 6
possessio	Besitz 21
post	nach, hinter 20
postea	später 14
posterus	später, nachfolgend 18
posthac	hinfort (18)
postquam	nachdem 9
postridie	am folgenden Tag 12
postulatio	Forderung 18
potens	mächtig 15
potentia	Macht 5
potestas	Gewalt 9
potissimum	am liebsten 17
potius	lieber, eher 17
prae	vor, wegen 8
praebere	darreichen 6
praeceps	abschüssig 24
praeceptum	Vorschrift 31
praecipuus	besonderer 30
praeclarus	hochberühmt 6
praeco	Herold (16)
praeda	Beute 14
praedicare	preisen 5
praedicere	voraussagen 10
praedo	Räuber 10
praeesse	vorstehen 15
praefectus	Befehlshaber 19
praemium	Belohnung 19
praesens	gegenwärtig 19
praesidium	Schutz 10
praestare	voranstehen, leisten 17, 26
praeter	außer, entlang 18
praeterea	außerdem 16
praetermittere	vorübergehen lassen, übergehen 10
praetervehi	vorbeifahren 14
praetextatus	freigeborener Jugendlicher 18
praetor	Prätor 23
praetura	Amt des Prätors 11
pravus	schlimm (29)
precari	bitten 11
preces	Bitten 9
prehendere	ergreifen 10
premere	bedrücken 10
pretium	Preis 25
pridem	längst 16
pridie	am vorigen Tag 22
primo	zuerst 6
primum	zum erstenmal (19 C)
primus	erster 6
princeps	Fürst 9
principatus	Führung 15
principium	Anfang, Stabsgebäude (21 D)
prior, prius	früher 20
priusquam	bevor 18
privatim	persönlich 19
privatus	persönlich 19
pro	für 5
pro	ach! (10)
probare	prüfen, billigen 3
procedere	vorschreiten 22
proclamare	laut sprechen 20
proconsul	Prokonsul 8
procreare	vorbilden (32)
procreatio	Erzeugung 31
procul	in der Ferne 12
procurrere	vorlaufen 12
prodesse	nützen 20
proditio	Verrat 24
proelium	Kampf 20
profanus	unheilig (17 E)
proferre	vor-, aufschieben 18
proficere	erreichen 20
proficisci	sich aufmachen 12
profugere	davonfliehen (12)
profundum	Tiefe 21
progenies	Nachkommenschaft 17
progredi	vorrücken 18
prohibere	verhindern 8
proicere	herabstürzen 24
promerēri	erwerben (28)
promovere	vorschieben 21
promptus	bereitwillig 23
pronuba	Ehestifterin (7)
pronus	schräg, gebeugt (12)
prope	nahe bei 8
properare	eilen 3
propinare	zu trinken geben (29)
propinquus	benachbart, verwandt 25
propior, ius	näher 13
proponere	vorschlagen 17
propositum	Vorsatz 4
proprius	eigen 31
propter	wegen 4
propterea	deshalb 25
prospectus	Ausblick 24
prosper	glückbringend 19
protrahere	hinziehen 24
providere	voraussehen, (be)sorgen 27
provincia	Provinz 9
provocare	hervorrufen 7
proximus	nächster, letzter 8
prudens	klug 12
prudentia	Klugheit 18
publicare	veröffentlichen 15
publicus	öffentlich 6
pudor	Scham 30
puella	Mädchen 5
puer	Knabe, Kind 2
puerilis	kindlich (2)
pugna	Schlacht 4
pugnare	kämpfen 8
pulcher	schön 2
pulsare	schlagen 5
punire	bestrafen 10
purus	rein 29
putare	glauben, halten für 8
qua	wo (14)
quadraginta	vierzig 10
quadriremis	m. 4 Ruderbänken (13)
quaerere	suchen, fragen 14

quaestor	Quästor 15
qualis	wie beschaffen 17
quam	wie (sehr) 22
quam	als 13
quamquam	obgleich 21
quando	wann 20
quantum	wieviel 22
quantus	wie groß 9
quare	wodurch 2
quartus	vierter 8
quasi	gleichsam 11
quasi	wie wenn 16
quatenus	inwieweit (28)
quattuor	vier 2
-que	und 3
quem ad modum	in welcher Weise 20
querimonia	Klage 30
qui	welcher 5
quia	weil 11, 25
quicumque	wer auch immer 28
quid	was 1
quidam	ein gewisser 14
quidem	freilich 16
quies	Ruhe 23
quiescere	ruhen 13
quin	warum nicht, daß nicht 22, 23 C
quinquaginta	fünfzig 10
quinque	fünf 3
quintus	fünfter 1
quippe	ja, nämlich 25
quis	wer 1
quispiam	ein beliebiger 29
quisquam	irgendwer 23
quisque	jeder 31
quisquis	wer auch immer 28
quo	wohin 3
quo ... eo	je ... desto 13
quo modo	auf welche Weise 9
quod	weil 4
quod	daß 25
quodsi	wenn aber 18
quominus	desto weniger, daß (nicht) 22, 23
quoniam	da ja 17
quoque	auch 1
quoquo modo	auf jede Weise (17)
quot	wie viele 11
radix	Wurzel 10
ramus	Zweig 13
rapere	rauben 16
rarus	selten 4
ratio	Verstand, Berechnung 23
recedere	zurückgehen (30 D)
recipere	ein-, aufnehmen 19
reciprocari	zurückströmen (22)
recitare	vorlesen 2
recordari	sich erinnern 11
recreare	erfrischen 2
rectus	richtig 13
recuperare	wiedererlangen 9
recurrere	zurücklaufen 22
recusare	ablehnen, sich weigern 24
reddere	zurückgeben 13
redigere	(zurück)bringen 12
redimere	zurückkaufen 10
redire	zurückkehren 15
reditus	Rückkehr 19
reducere	zurückführen 19
referre	zurückbringen, berichten 14, 26
refert	es kommt darauf an 27
reficere	wiederherstellen 24
refugere	zurückfliehen 22
refugium	Zuflucht 21
regere	lenken 13
regina	Königin 7
regio	Gegend 8
regius	königlich 24
regnum	Königreich 17
regressus	Rückkehr 21
religare	festbinden 32
religio	Glaube 24
religiosus	gläubig 28
relinquere	zurücklassen 17
reliquus	übrig 25
relucere	aufleuchten (13)
remanere	zurückbleiben 10
remedium	Heilmittel 22
remigare	rudern 22
remigrare	zurückwandern 6
remittere	zurücksenden 19
removere	beiseite legen 3
remus	Ruder 22
renavigare	zurückfahren 5
renovare	erneuern 17
repente	plötzlich 12
reperire	finden 23
repetere	wiederholen 20
reportare	berichten 8
repugnare	Widerstand leisten 25
requirere	suchen 11
res	Sache, Ding 17
res arduae	Not 17
res civilis	Politik 17
res familiaris	Vermögen 25
res publica	Staat 17
resistere	sich widersetzen 14
resonare	widerhallen 22
respirare	einatmen 29
respiratio	Atemholen 29
respondere	antworten 4, 18
retinere	zurückhalten 6
retro(rsum)	rückwärts, umgekehrt 13
reus	Angeklagter 28
reverentia	Achtung 21
reversus	zurückgekehrt (5)
reverti	zurückkehren 30
revocare	zurückrufen 11
revolvere	zurückwälzen 17
rex	König 14
rigare	zuleiten 30
ripa	Ufer 6
ritus	Brauch 28
rogare	bitten, beantragen 17
rosa	Rose (30 F)
rotundatio	Drehung (32)
rudis	roh 23
rumpere	brechen 12
rursus	wiederum 23
rusticus	ländlich 2
saccus	Sack (21 E)
sacer	heilig 6
sacerdos	Priester 27
sacramentum	Fahneneid 16

saeculum	Jahrhundert 19
saepe	oft 1
saepes	Zaun 21
saevitia	Wut (16)
saevus	wild 11
saltus	Bergwald 15
salus	Heil 9
salutare	grüßen 6
salve	sei gegrüßt! 5
salvus	gesund 5
sanare	heilen 29
sancire	heiligen, bestätigen 9
sanctificare	heiligen 28
sanctus	heilig 27
sanguis	Blut 22
sanus	gesund, vernünftig 25
sapiens	weise 17
sapientia	Weisheit 11
satis	genug 6
saxum	Fels 14
sceleratus	verbrecherisch 5
scelus	Verbrechen 11
schola	Schule 7
scientia	Wissen 5
scire	wissen 9
scribere	schreiben 12
scriptor	Schriftsteller (13 E)
scutum	Schild 4
se	sich 5
secare	schneiden 29
secretarium	abgesonderter Raum 28
secretum	Geheimnis 18
secretus	geheim 18
secundum	entlang, gemäß (21 C), 31
secundus	zweiter 6
secundus	günstig 13
securitas	Sicherheit 13
securus	sicher 20
sed	aber, sondern 4
sedere	sitzen 3, 14
sedes	Sitz 21
semel	einmal (19 C)
semper	immer 4
senator	Senator 9
senatorius	senatorisch (11 E)
senatus	Senat 15
sensus	Sinn, Meinung (15)
sententia	Meinung 27
sentire	fühlen, meinen 11
separare	trennen 21
septem	sieben 6
septentrionalis	nördlich 23
septimontium	Siebenhügelstadt (6)
septimus	siebter 13
sequi	folgen 22
series	Reihe 30
sermo	Redeweise 20
serva	Dienerin 4
servare	retten 20
servire	dienen 11
servitium	Dienst(leistung) 9
servitus	Knechtschaft 23
servus	Sklave 1
severitas	Strenge 20
severus	streng 25
sex	sechs 14
sextus	sechster 6
sexus	Geschlecht 28
si	wenn 5
sibi	sich 5
sic	so 18
sicut	so wie 18
siccus	trocken 22
sidus	Gestirn (8)
signum	Zeichen, Feldzeichen 12
silentium	Schweigen 18
silva	Wald 8
similis	ähnlich 13
simplex	einfach 28
simul	gleichzeitig 7
simulacrum	Bildnis 28
simulare	heucheln 11
sin	wenn aber 26
sine	ohne 11
singularis	einzigartig 12
singuli	einzelne 31
sinister	links 8
sinuosus	gekrümmt (30)
sinus	Busen 21
sistere	haltmachen (16)
sitis	Durst 12
situs	gelegen 6
sive	oder (17)
sive ... sive	sei es, sei es 11
sociare	verbinden (17)
socius	Bundesgenosse 1
sol	Sonne 8
solacium	Trost 11
solemnis	üblich 28
solere	pflegen 1, 20
sollicitare	aufwiegeln 25
solum	Boden 21
solus	allein 14
solvere	lösen 11
somnus	Schlaf 13
soror	Schwester 25
spargere	ausstreuen 30
spatium	Raum 23
spectaculum	Anblick, Schauspiel 8
spectare	sehen 2
specula	Warte 22
spelunca	Höhle 14
specus	Höhlung 30
sperare	hoffen 8
spes	Hoffnung 18
spoliare	berauben 27
spolium	Beutestück 16
sponsa	Braut 7
sponsus	Verlobter, Bräutigam 7
stadium	Sportfeld 3
stare	stehen 6, 16
statim	sogleich 7
statio	Wachposten 8
statua	Standbild 6
statuere	hinstellen 25
status	Zustand 17
stimulare	anspornen 24
stipendia merere	Kriegsdienste leisten 15
stipendium	Sold 15
stipes	Pfahl 21
strata	Straße (21 E)
struere	bauen 20
studere	sich bemühen 3, 4
studiosus	eifrig (9 E)
studium	Eifer 3
stultus	töricht 5
stupere	staunen 6
suadere	raten 24
suavis	süß 29
sub	unter 14, 16
subicere	unterwerfen 21
subigere	unterwerfen 15
subinde	wiederholt 20
subire	heraufgehen 22
subito	plötzlich 3
sublimis	nach oben (12 A)
submergere	untertauchen 14
subsidium	Schutz 29

subtrahere	wegziehen 12
succedere	nachrücken (23 D)
successus	Erfolg 15
sucula	Haspel 32
suffragium	Wählerstimme (15)
sulphur	Schwefel (13)
sumere	nehmen 10
summa	Gesamtheit 17
summus	höchster 6
sumptus	Aufwand 25
super	über . . . hinaus 7
superare	überwinden 4
superbia	Hochmut 16
superbus	stolz 11
super-fundere	darüber-schütten 29
superior	oberer, überlegen 14
supplicare	beten 19
supplicium	Hinknien, Gebet, Todes-strafe 10
suppressus	leise (5)
supra	oberhalb 14
surgere	sich erheben (13)
suscipere	auf-, über-nehmen 17
suspicere	beargwöhnen 16
suspicio	Verdacht 25
sustentare	hochhalten 26
suus	sein, ihr 3
tabella	Brettchen, Tafel 28
taberna	Bude, Schanke (21 D)
tabula	Brett, Tafel 12
tacere	schweigen 18
tacitus	still 24
tactus	Handhabung 32
talassio	(Hochzeits-ruf, 7)
talentum	Geldsumme 10
talis	so beschaffen 17
tam	so 10
tamen	dennoch 12
tamquam	gleich wie, wie wenn 28
tandem	endlich 20
tangere	berühren 18
tantum	nur 21
tantus	so groß 9
tardare	verzögern 12
tectum	Dach 13
tegula	Ziegel (21 E)
telum	Speer 3
tempestas	Wetter, Sturm 14
templum	Tempel 6
temptare	versuchen 20
temptatio	Versuchung (28)
tempus	Zeit 12
tendere	spannen 20
tenebrae	Dunkelheit 13
tenere	halten 4
ter	dreimal 19
tergum	Rücken 30
terminus	Grenze 6
terra	Erde 4
terra marique	zu Wasser und Lande 12
terrere	erschrecken 3, 4
terribilis	schrecklich 22
terror	Schrecken 22
tertius	dritter 6
testis	Zeuge 29
testudo	Schildkröte (12 F)
tignum	Ständer 32
timere	fürchten 3, 4
timidus	furchtsam 3
timor	Furcht 8
toga	Obergewand, Toga 25
tollere	er-, aufheben 14
tot	so viele 15
totus	ganz 12
tractare	behandeln 2
tractus	Zug, Sog 22
tradere	übergeben 19
traducere	hinüberführen 25
trahere	ziehen 18
traicere	herüber-, herumleiten 32
traiectus	Überfahrt 23
trans	über 6
transferre	übertragen 31 F
transigere	zu Ende bringen 26
transire	hinübergehen 15
transportare	hinüberbringen 9
tremor	Zittern, Beben 13
trepidare	hin- und herlaufen 8
tres	drei 16
tribuere	zuerteilen, anrechnen 17
tribunal	Gericht (16)
triclinium	Speisezimmer (7)
triduum	drei Tage 22
tripertitus	dreigeteilt 31
triplex	dreifach 30
triremis	mit 3 Ruder-bänken 19
triumphare	den Sieg davon-tragen (5)
triumphus	Siegeszug 10
troclea	Gehäuse 32
tropaeum	Siegesmal (16)
trucidare	erschlagen 27
truncus	Stamm 13
tu	du 8
tum	da, dann 4
tumulus	Hügel 16
tunica	Untergewand 7
turbare	verwirren 8
turbidus	aufgewühlt 13
turris	Turm 12
tus	Weihrauch (28)
tutela	Schutz (16)
tuto	sicher (15 C)
tutus	sicher 10
tuus	dein 3
ubi	wo 6
ubi (primum)	sobald als 12
ubique	überall 4
ullus	irgendeiner 3
ulterior	jenseitig 15
ulterius	darüber hin-aus 24
ultimus	letzter 15
ultio	Sühne (11)
ultra	über, jenseits 21
ultro	aus freien Stücken (20)
unda	Woge 14
unde	woher 22
undique	von allen Seiten 16
unguentum	Salbe 29
unguere	salben (7)
universus	gesamt 19
unus	einer 12
urbanus	städtisch 19
urbs	Stadt 13

urgere	drängen 18
usitatus	üblich
usque ad	bis an 19
usus	Brauch
ut	wie 13
ut	daß, damit 7
utcumque	wie auch immer 26
uterque	jeder (von zweien) 12
uti	gebrauchen 17
utilis	nützlich 17
utilitas	Nutzen, Gebrauch 17
utinam	wenn doch 26
utrum ... an	ob ... oder 13
uxor	Ehefrau 18
vacuus	leer 27
vadum	Untiefe 22
vagari	umherstreifen 13
vale	lebe wohl! 11
valere	gesund, stark sein 11, 26
validus	stark 16
vallum	Wall (21 E)
vanus	nichtig (27)
varius	mannigfach 20
vastus	öde 23
vecordia	Wahnwitz (31)
vectigal	Steuer 12
vehemens	heftig 13
vehere	fahren 22
vel	oder 4
vel	sogar (24)
vel ... vel	entweder ... oder 8
velle	wollen 18
velle sibi	bedeuten 18

velut	gleich wie, gleichsam 29
vena	Ader 30
vendere	verkaufen 16
venenum	Gift 29
venia	Verzeihung 19
venire	kommen 9
vēnīre	verkauft werden 16
venter	Bauch 11
ventus	Wind 13
venustas	Anmut (18)
verbum	Wort 3
verecundia	Achtung (9)
vereri	fürchten 11
veritas	Wahrheit (14)
vero	aber, in der Tat 17
versare	drehen 32
versari	sich aufhalten 17
versatio	Drehung 32
vertere	wenden 13
verus	wahr 4
vesci	sich nähren 14
vesper	Abend 2
vester	euer 3
vestire	bekleiden 30
vestis	Kleid 14
vetare	verbieten 20
vetus	alt 21
vexare	quälen 8
via	Weg 6
vicinus	Nachbar 2
victor	Sieger 8
victoria	Sieg 10
vicus	Dorf 4
videre	sehen 6, 12
videri	scheinen 13
vigilare	wachen 27

vigilia	Nachtwache 8
viginti	zwanzig 16
villa	Landhaus 4
vincere	besiegen 16
vincire	fesseln 14
vinculum	Fessel 27
vindicare	ahnden, befreien 15
vinea	Sturmwagen 12
vinum	Wein 14
violens	ungestüm 18
vir	Mann 4
virgo	junges Mädchen 9
virilis	männlich 29
viritim	Mann für Mann 19
virtus	Tugend 9
virus	Giftstoff 29
vis	Kraft 12
viscus	Eingeweide 30
visere	ansehen 22
visitare	auf-, besuchen 1
vita	Leben 4
vitalitas	Lebenskraft 30
vitare	vermeiden 5
vitium	Laster 26
vitta	Band (7)
vivere	lebe 11
vivus	lebend 14
vix	kaum 8
vocare	rufen 3
voluntarius	freiwillig
voluntas	Wille 17
voluptas	Vergnügen 23
volvere	wälzen 17
votum	Gelübde 27
vox	Stimme 11
vulgus	Volksmasse 22
vulnerare	verwunden 27

4. Übersicht über den Stoff der Sprachlehre

5. Antike und moderne Sachfragen

6. Die Autoren der Lesetexte

Kapitel

5. Angelehnt an Plautus, Mostellaria 431 – 530, 667 – 856
8. Angelehnt an Caesar, Bellum Gallicum IV 1, 1–2; 15–18; VI 10
9. Nach Livius, Ab urbe condita XXVI 18, 42, 49, 50
10. Suetonius, Divus Iulius 4; Cicero, De imperio Cn. Pompei 31 – 35
11. Plinius Caecilius Secundus, Epistula III, 14
12. Caesar, Bellum Gallicum VII 13, 17; II 30; VII 18, 22, 24, 26, 27; V 22
13. Plinius Caecilius Secundus, Epistula VI 16
14. Hyginus, Fabula 125
15. Suetonius, Divus Iulius 2, 3, 7, 13, 20, 25, 31 – 32
16. Florus II 30, 23 – 30. Velleius Paterculus II 119
17. Cicero, De re publica I 33 - 39, 41 - 42, 47
18. Aulus Gellius, Noctes Atticae I 23
19. Augustus, Monumentum Ancyranum 1, 3, 4, 7, 8, 12, 15, 22, 26
20. Seneca, De clementia I 9
21. Frontinus, Strategemata I 3, 10; Tacitus, Germania 29; Historia Augusta, Vita Hadriani 12, 6; C. I. L. XIII 2, 7465
22. Curtius Rufus, Historia Alexandri Magni IX 9, 34 – 37
23. Caesar, Bellum Gallicum IV 20, 22; Tacitus, Agricola 10, 12, 20–21
24. Petrus Martyr Anglerinus, De orbe novo I 1
25. Caesar, Bellum Gallicum I 9, 3; 18, 2 – 3, 8 – 10; 19, 1, 2, 6; V 5, 4; 6, 3; 7, 1
26. Cicero, Epistulae ad familiares XIV 4, 1 – 3, 5
27. Cicero, Oratio in Catilinam I 1, 2, 4, 5, 9, 10. Sallustius, Catilina 50, 3 – 5; 51, 1, 2, 7, 9, 22, 43; 52, 1, 2, 6, 13, 16, 24, 29, 36; 53, 1
28. Vulgata, Matthaeus VI 9 – 13; Didache 8. Plinius Caecilius Secundus, Epistula X 96, 97. Acta martyrum Scilitanorum
29. Corpus Hippocraticum IV 628–632, Lat. nach J. Cornarius; Galenus (Kühn) XIV 281
30. Plinius Secundus, Naturalis historia XI 181 – 182; Hyginus, Fabula 274
31. Institutiones Iustiniani I 1. Aulus Gellius, Noctes Atticae XX 1, 6 – 7, 12 – 13; XI 18, 6
32. Vitruvius, De architectura X 1, 1, 3, 4; 2, 1, 2

Tabellen zur Formenlehre

Deklinationen

Substantive		**o-Deklination**		**a-Deklination**
Sing. Nom.	animus, m.	liber, m.	cōnsilium, n.	vīlla
Gen.	animī	librī	cōnsiliī	vīllae
Dat.	animō	librō	cōnsiliō	vīllae
Akk.	animum	librum	cōnsilium	vīllam
Abl.	animō	librō	cōnsiliō	vīllā
Vok.	anime			
Plur. Nom.	animī	librī	cōnsilia	vīllae
Gen.	animōrum	librōrum	cōnsiliōrum	vīllārum
Dat.	animīs	librīs	cōnsiliīs	vīllīs
Akk.	animōs	librōs	cōnsilia	vīllās
Abl.	animīs	librīs	cōnsiliīs	vīllīs
Adjektive	beātus	beāta	beātum	

Konsonantische Deklination

	Liquiden	Nasale	Verschluß. mit s	us, oris; men, inis
Sing. Nom.	labor, m.	nātio, f.	cīvitās, f.	corpus, n.
Gen.	labōris	nātiōnis	cīvitātis	corporis
Dat.	labōrī	nātiōnī	cīvitātī	corporī
Akk.	labōrem	nātiōnem	cīvitātem	corpus
Abl.	labōre	nātiōne	cīvitāte	corpore
Plur. Nom.	labōrēs	nātiōnēs	cīvitātēs	corpora
Gen.	labōrum	nātiōnum	cīvitātum	corporum
Dat.	labōribus	nātiōnibus	cīvitātibus	corporibus
Akk.	labōrēs	nātiōnes	cīvitātēs	corpora
Abl.	labōribus	nātiōnibus	cīvitātibus	corporibus

	i-Deklination		**gemischte Deklination**	
	-is, f	ar, e, al, n.	Substantive	Partiz.
Sing. Nom.	turris	animal	clādēs	ēminēns
Gen.	turris	animālis	clādis	ēminentis
Dat.	turrī	animālī	clādī	ēminentī
Akk.	turrim	animal	clādem	ēminentem, ēminēns
Abl.	turrī	animālī	clāde	eminente
Plur. Nom.	turrēs	animālia	clādēs	ēminentēs, ēminentia
Gen.	turrium	animālium	clādium	ēminentium
Dat.	turribus	animālibus	clādibus	ēminentibus
Akk.	turrēs (īs)	animālia	clādēs	ēminentēs eminentia
Abl.	turribus	animālibus	clādibus	ēminentibus

Grund- und Ordnungszahlen

Ziffern		Grundzahlen	Ordnungszahlen
1	I	ūnus, a, um	prīmus, a, um
2	II	duo, duae, duo	secundus
3	III	trēs, trēs, tria	tertius
4	IV	quattuor	quārtus
5	V	quīnque	quīntus
6	VI	sex	sextus
7	VII	septem	septimus
8	VIII	octō	octāvus
9	IX	novem	nōnus
10	X	decem	decimus
11	XI	ūndecim	ūndecimus
12	XII	duodecim	duodecimus
13	XIII	trēdecim	tertius decimus
14	XIV	quattuordecim	quārtus decimus
15	XV	quīndecim	quīntus decimus
16	XVI	sēdecim	sectus decimus
17	XVII	septendecim	septimus decimus
18	XVIII	duodēvīgintī	duodēvīcēsimus
19	XIX	ūndēvīgintī	ūndēvīcēsimus
20	XX	vīgintī	vīcēsimus
21	XXI	vīgintī ūnus	vīcēsimus prīmus
30	XXX	trīgintā	trīcēsimus
40	XL	quadrāgintā	quadrāgēsimus
50	L	quīnquāgintā	quīnquāgēsimus
60	LX	sexāgintā	sexāgēsimus
70	LXX	septuāgintā	septuāgēsimus
80	LXXX	octōgintā	octōgēsimus
90	XC	nōnāgintā	nōnāgēsimus
100	C	centum	centēsimus
200	CC	ducentī, ae, a	ducentēsimus
300	CCC	trecentī, ae, a	trecentēsimus
400	CD	quadringentī, ae, a	quadringentēsimus
500	D	quīngentī, ae, a	quīngentēsimus
600	DC	sescentī, ae, a	sescentēsimus
700	DCC	septingentī, ae, a	septingentēsimus
800	DCCC	octingentī, ae, a	octingentēsimus
900	CM	nōngentī, ae, a	nōngentēsimus
1000	M	mīlle	mīllēsimus
2000	MM	duo mīlia	bis mīllēsimus

Adjektive der i-Deklination

Sing. Nom.	celer, celeris, celere	fortis, forte	prūdēns
Gen.	celeris	fortis	prūdentis
Dat.	celerī	fortī	prūdentī
Akk.	celerem, celere	fortem, forte	prūdentem, prūdēns
Abl.	celerī	fortī	prūdentī
Plur. Nom.	celerēs, celeria	fortēs, fortia	prūdentēs, prūdentia
Gen.	celerium	fortium	prūdentium
Dat.	celeribus	fortibus	prūdentibus
Akk.	celerēs celeria	fortēs fortia	prūdentēs prūdentia
Abl.	celeribus	fortibus	prūdentibus

Steigerung

beātior, beātius
beātissimus
fortior, fortius
fortissimus
celerior, celerius
celerrimus

Adverbien

beātē, beātius,
beātissimē
fortiter, fortius,
fortissimē
celeriter, celerius,
celerrimē

u-Deklin. (m.)		**e-Deklin. (f.)**
N.	exercitus	rēs
S.	exercitūs	reī
D.	exercituī	reī
A.	exercitum	rem
Ab.	exercitū	rē
N.	exercitūs	rēs
G.	exercituum	rērum
D.	exercitibus	rēbus
A.	exercitūs	rēs
N.	exercitibus	rēbus

a- und e-Konjugation

Aktiv, Personenzeichen :o oder m, s, t; mus, tis, nt

Präsens	Indikativ	Konjunktiv		Perfekt	Indikativ	Konjunktiv	
specto	terreo	spectem	terream	spectāvī	terruī	spectāverim	terruerim
spectās	terrēs	spectēs	terreās	spectāvistī	terruistī	spectāveris	terrueris
spectat	terret	spectet	terreat	spectāvit	terruit	spectāverit	terruerit
spectāmus	terrēmus	spectēmus	terreāmus	spectāvimus	terruimus	spectāverimus	terruerimus
spectātis	terrētis	spectētis	terreātis	spectāvistis	terruistis	spectāveritis	terrueritis
spectant	terrent	spectent	terreant	spectāvērunt	terruērunt	spectāverint	terruerint
Imperfekt				Plusquamperf.	Indikativ	Konjunktiv	
spectābam	terrēbam	spectārem	terrērem	spectāveram	terrueram	spectāvissem	terruissem
spectābās	terrēbās	spectārēs	terrērēs	spectāverās	terruerās	spectāvissēs	terruissēs
Futur I				Futur II			
spectābo	terrēbo			spectāvero	terruero		
spectābis	terrēbis			spectāveris	terrueris		
spectābit	terrēbit			spectāverit	terruerit		
spectābunt	terrēbunt			spectāverint	terruerint		

Imperative		Infinitive		Partizipien	
spectā	terrē	spectāre	terrēre	spectāns, ntis	terrēns, ntis
spectāte	terrēte	spectāvisse	teruisse	spectātūrus, a, um	territūrus, a, um
		spectātūrus, a, um esse	territūrus, a, um esse	nd-Form (Gerundium)	
				spectandī	terrendī

Passiv, Personenzeichen : or oder r, ris, tur; mur, mini, ntur

Präsens	Indikativ	Konjunktiv		Perfekt	Indikativ	Konjunktiv	
spector	terreor	specter	terrear	spectātus, a, um sum	territus, a, um sum	spectātus sim	territus sim
spectāris	terrēris	spectēris	terreāris	spectātus es		spectātus sīs	territus sīs
spectātur	terrētur	spectētur	terreātur	spectātus est		spectātus sit	territus sit
spectāmur	terrēmur	spectēmur	terreāmur	spectātī, ae, a sumus	territī, ae, a sumus	spectātī sīmus	territī sīmus
spectāminī	terrēminī	spectēmini	terreāminī	spectātī estis	territi estis	spectātī sītis	territī sītis
spectantur	terrentur	spectentur	terreantur	spectātī sunt	territī sunt	spectati sint	territī sint
Imperfekt	Indikativ	Konjunktiv		Plusquampf.	Indikativ	Konjunktiv	
spectābar,	terrēbar	spectārer	terrērer	spectātus,	territus	spectātus,	territus,
spectābāris,	terrēbāris	spectārēris	terrērēris	a, um eram	a, um eram	a, um essem	a, um essem
Futur I				Futur II			
spectābor	terrēbor			spectātus, a, um ero		territus, a, um	ero
spectāberis	terrēberis			spectātus	eris	territus	eris
spectābitur	terrēbitur			spectātus	erit	territus	erit
spectābuntur	terrēbuntur			spectātī, ae, a,	erunt	territī, ae, a	erunt
Infinitive				Partizip			
spectārī		terrērī		spectātus, a, um		territus, a, um	
spectātus, a, um esse		territus, a, um esse		nd-Form (Gerundivum)			
spectātum īrī		territum īrī		spectandus, a, um		terrendus, a, um	

Deponentien

Präsens	Indikativ	Konjunktiv		Perfekt	Indikativ	Konjunktiv	
recordor	fateor	recorder	fatear	recordātus sum	fassus sum	recordātus sim	fassus sim
Imperfekt				Plusquamperfekt			
recordābar	fatēbar	recordārer	fatērer	recordātus eram	fassus eram	recordātus essem	fassus essem
Futur I				Futur II			
recordābor	fatēbor			recordātus ero	fassus ero		

Imperative		Infinitive			Partizipien		-nd Form (Gerundivum)
recordāre	fatēre	Präs.	recordārī	fatērī	recordāns, tis	fatēns, tis	recordandus,
recordāminī	fatēminī	Perf.	recordātus esse	fassus esse	recordātus	fassus	a, um,
		Fut.	recordātūrus esse	fassūrus esse	recordātūrus	fassūrus	fatendus, a, um
		-nd-Form (Gerundium)	recordandī	fatendī			

Konsonantische, i- und gemischte Konjugation

Aktiv

konson.	i	gemischte	konson.	i	gemischte	konson.	i	gemischte	konson.	i	gemischte
Präsens	Indikativ		Konjunktiv			Perfekt	Indikativ		Konjunktiv		
mitto	mūnio	capio	mittam	mūniam	capiam	mīsī	mūnīvī	cēpī	mīserim	mūnīverim	cēperim
mittis	mūnis	capis	mittās	mūniās	capiās	mīsistī	mūnīvistī	cēpistī	mīseris	mūnīveris	cēperis
mittit	mūnit	capit	mittat	mūniat	capiat	mīsit	mūnīvit	cēpit	mīserit	mūnīverit	cēperit
mittimus	mūnīmus	capimus	mittāmus	mūniāmus	capiāmus	mīsimus	mūnīvimus	cēpimus	mīserimus	mūnīverimus	cēperimus
mittitis	mūnītis	capitis	mittātis	mūniātis	capiātis	mīsistis	mūnīvistis	cēpistis	mīseritis	mūnīveritis	cēperitis
mittunt	mūniunt	capiunt	mittant	mūniant	capiant	mīsērunt	mūnīvērunt	cēpērunt	mīserint	mūnīverint	cēperint
Imperfekt						Plusquamperfekt					
mittēbam	mūniēbam	capiēbam	mitterem	mūnīrem	caperem	mīseram	mūnīveram	cēperam	mīsissem	mūnīvissem	cēpissem

Futur I			Futur II		
mittam	mūniam	capiam	mīsero	mūnīvero	cēpero
mittēs	mūniēs	capiēs	mīseris	mūnīveris	cēperis
mittent	mūnient	capient	mīserint	mūnīverint	cēperint

Imperative			Infinitive			Partizipien		
mitte	mūnī	cape	mittere	mūnīre	capere	mittēns, ntis	mūniēns, ntis	capiēns, ntis
mittite	mūnīte	capite	mīsisse	mūnīvisse	cēpisse	missūrus, a, um	mūnītūrus, a, um	captūrus, a, um
			missūrus, a, um	mūnītūrus, a, um	captūrus esse	-nd-Formen		
						mittendī	mūniendī	capiendī

Passiv

Präsens	Indikativ		Konjunktiv			Perfekt	Indikativ		Konjunktiv		
mittor	mūnior	capior	mittar	mūniar	capiar	missus	mūnītus, a, um	captus sum	missus	mūnītus, a, um	captus sim
mitteris	mūnīris	caperis	mittāris	mūniāris	capiāris	missus	mūnītus	captus es	missus	mūnītus	captus sīs
mittitur	mūnītur	capitur	mittātur	mūniātur	capiātur	missus	mūnītus	captus est	missus	munītus	captus sit
mittimur	mūnīmur	capimur	mittāmur	mūniāmur	capiāmur	missī	mūnītī ae, a	captī sumus	missī	mūnītī ae, a	captī sīmus
mittiminī	mūnīminī	capiminī	mittāminī	mūniāminī	capiāminī	missī	mūnītī	capti estis	missī	mūnītī	captī sītis
mittuntur	mūniuntur	capiuntur	mittantur	mūniantur	capiantur	missī	mūnītī	captī sunt	missī	mūnītī	captī sint
Imperfekt	Indikativ		Konjunktiv			Plusquampf.		Indikativ	Konjunktiv		
mittēbar	mūniēbar	capiēbar	mitterer	mūnīrer	caperer	missus	mūnītus, a, um	captus eram	missus	mūnītus, a, um	captus essem
mittēbāris	mūniēbāris	capiēbaris	mitterēris	mūnīrēris	caperēris						

Futur I			Futur II		
mittar	mūniar	capiar	missus, a, um ero	mūnītus ero	captus ero
mittēris	mūniēris	capiēris	missus eris	munītus eris	captus eris
mittētur	mūniētur	capiētur	missus erit	mūnītus erit	captus erit

Infinitive			Partizip		
mittī	mūnīrī	capī	missus, a, um	mūnītus, a, um	captus, a, um
missus esse	mūnītus esse	captus esse	nd-Form (Gerundivum)		
missum īrī	mūnītum īrī	captum īrī	mittendus	mūniendus,	capiendus

Deponentien

Präsens Indikativ	Konjunktiv	Perfekt Indikativ	Konjunktiv
fungor, experior, aggredior	fungar, experiar, aggrediar	fūnctus, expertus, aggressus sum	sim
Imperfekt		Plusquamperf.	
fungēbar, experiēbar, aggrediēbar	fungerer, experīrer, aggrederer	fūnctus, expertus, aggressus eram	essem
Futur I		Futur II	
fungar, experiar, aggrediar		fūnctus, expertus, aggressus ero	

Imperative	Infinitive	Partizipien
fungere, experīre, aggredere	Präs. fungī, experīrī, aggredī	fungēns, experiēns, aggrediēns
fungiminī, experīminī, aggrediminī	Perf. fūnctus, expertus, aggressus esse	fūnctus, expertus, aggressus
	Fut. fūnctūrus, expertūrus, aggressūrus esse	fūnctūrus, expertūrus, aggressūrus
	-nd-Form (Gerundivum)	
	fungendus, experiendus, aggrediendus	

Die Hilfszeitwörter **esse, posse** und **prōdesse**

Präsens: esse	
Indikativ	Konjunktiv
s-u-m	s-i-m
es	s-ī-s
es-t	s-i-t
s-u-mus	s-ī-mus
es-tis	s-ī-tis
s-u-nt	s-i-nt

Imperfekt	
er-a-m	es-se-m
er-ā-s	es-sē-s
er-a-t	es-se-t
er-ā-mus	es-sē-mus
er-ā-tis	es-sē-tis
er-a-nt	es-se-nt

Futur I
er-o
er-i-s
er-i-t
er-i-mus
er-i-tis
er-u-nt

Imperativ
es, este

Perfekt	
fu-ī	fu-er-i-m
fu-i-stī	fu-er-i-s
fu-i-t	fu-er-i-t
fu-imus	fu-eri-mus
fu-istis	fu-eri-tis
fu-ērunt	fu-eri-nt

Plusquamperfekt	
fu-er-a-m	fu-is-se-m
Futur II	
fu-er-o	
fu-er-i-s	
fu-er-i-nt	

Präsens: posse	
Indikativ	Konjunktiv
pos-sum	pos-sim
pot-es	pos-sīs
pot-est	pos-sit
pos-sumus	pos-sīmus
pot-estis	pos-sītis
pos-sunt	pos-sint

Imperfekt	
pot-eram	pos-sem
Futur I	
pot-ero	
Perfekt	
pot-uī	pot-uerim
Plusquamperfekt	
pot-ueram	pot-uissem
Futur II	
pot-uero	

prōdesse	
Präsens Ind.	Konj
prō-sum	prō-sim
prōd-es	prō-sīs
prōd-est	prō-sit
prō-sumus	prō-sīmus
prōd-estis	prō-sītis
prō-sunt	prō-sint

Imperfekt	
prōd-eram	prōd-essem
Futur I	
prōd-ero	

Perfekt	
prō-fui	prō-fuerim
Plusquamperfekt	
prō-fueram	prō-fuissem
Futur II	
prō-fuero	
Imperativ	
prōd-es,	prōdeste

K. 15 **īre, eo, iī, itum** gehen

Indik. Präs.	Perf.
e-o	i-ī
ī-s	īsti
i-t	i-it
ī-mus	i-imus
ī-tis	īstis
e-u-nt	i-ērunt
Imperf.	Plusquampf.
ī-bam	i-eram
Fut I	Fut. II
ībo	iero
Konj. Präs.	Perf.
e-a-m	i-eri-m
Imperf.	Plusquampf.
ī-re-m	īssem

Infinitive	
Präsens	ī-re
Futur	i-tū-rus, a, um esse
Perfekt	īsse
Partizipien	
Präsens	i-ēns, e-untis
Futur	i-tū-rus, a, um
nd-Formen	e-u-ndus, a, um
	e-u-ndī
Imperativ	ī
	ī-te

K. 14 **ferre, fero tulī, lātus**

Aktiv	Passiv
Indikativ	Präsens
fer-o	fer-or
fer-s	fer-ris
fer-t	fer-tur
fer-i-mus	fer-i-mur
fer-tis	fer-i-mini
fer-u-nt	fer-u-ntur

Aktiv	Passiv
Indikativ	Perfekt
tul-ī	lātus, a, um sum
tul-istī	
tul-it	
tul-imus	lātī, ae, a sumus
tul-istis	
tul-ērunt	

Imperfekt	
fer-ē-ba-m	fer-ē-ba-r
fer-ē-bā-s	fer-ē-bā-ris
Futur I	
fer-a-m	fer-a-r
fer-ē-s	fer-ē-ris
Konjunktiv	Präsens
fer-a-m	fer-a-r
	Imperfekt
fer-re-m	fer-re-r

Plusquamperfekt	
tul-eram	lātus, a, um eram
tul-era-s	lātus eras
Futur II	
tul-er-o	lātus, a, um ero
tul-eri-s	lātus eris
Konjunktiv	Perfekt
tul-eri-m	lātus, a, um sim
Plusquamperfekt	
tul-isse-m	lātus, a, um essem

Imperativ		Infinitive	
fer!	Präsens	fer-re	fer-rī
ferte!	Futur I	lā-tūrus esse	lā-tum īrī
	Perfekt	tul-isse	lātus, a, um esse
		Partizipien	
	Präsens	fer-ēns	
	Futur I	lā-tūrus, a, um	
	Perfekt		lā-tus, a, um

K. 18 **velle, nōlle, mālle**

Indikativ Präsens		
vol-o	nōl-o	māl-o
vī-s	nōn vīs	māvī-s
vul-t	nōn vult	māvul-t
vol-u-mus	nōl-u-mus	māl-u-mus
vul-tis	nōn vultis	māvul-tis
vol-u-nt	nōl-u-nt	māl-u-nt
Imperfekt		
vol-ē-ba-m	nōl-ē-ba-m	māl-ē-ba-m
Futur I		
vol-a-m	nōl-a-m	māl-a-m
vol-ē-s	nōl-ē-s	māl-ē-s
Konjunktiv Präsens		
vel-i-m	nōl-i-m	māl-i-m
Imperfekt		
vel-le-m	nōl-le-m	māl-le-m
Imperativ	nōl-ī, nōlīte	
Perfekt		
vol-u-ī	nōl-u-ī	māl-u-ī

Infinitive:			
Präs.	vel-le	nōl-le	māl-le
Perf.	vol-u-isse	nōl-u-isse	māl-u-isse
Partizip	vol-ēns	nōl-ēns	

K. 16 **fierī, fīo, factus sum** werden, geschehen, gemacht w.

Indikativ	Konjunktiv	Indikativ	Konjunktiv
Präsens		Imperfekt	
fī-o	fī-a-m	fī-ē-ba-m	fi-e-re-m
fī-s	fī-ā-s	fī-ē-ba-s	fi-e-rē-s
fi-t	fī-a-t	usw.	usw.
		Futur I	
fī-mus	fī-ā-mus	fī-a-m	
fī-tis	fī-ā-tis	fī-ē-s	
fī-u-nt	fī-a-nt	usw.	

Pronomina

K. 9 is, ea, id = er, sie, es; dieser, diese, dieses

	Singular				Plural			
Nom.	is	ea	id	er, sie, es	iī	eae	ea	sie
Gen.		eius		seiner, ihrer	eōrum	eārum	eōrum	ihrer
Dat.		eī		ihm, ihr		eīs (iīs)		ihnen
Akk.	eum	eam	id	ihn, sie, es	eōs	eās	ea	sie
Abl.	(ab) eō	eā	eō	von ihm	(ab)	eīs (iīs)		von ihnen

K. 9 idem, eadem, idem = derselbe, dieselbe, dasselbe

Nom.	ī-dem	ea-dem	idem	ī-dem (iī-dem)	eae-dem	ea-dem
Gen.		eius-dem		eōrun-dem	eārun-dem	eōrun-dem
Dat.		eī-dem		īs-dem (eīsdem)		
Akk.	eun-dem	ean-dem	idem	eōs-dem	eās-dem	ea-dem
Abl.	eō-dem	eā-dem	eō-dem	īs-dem (eīs-dem)		

K. 10 hic, haec, hoc = dieser (dieser hier)

Nom.	hic	haec	hoc	hī	hae	haec
Gen.		huius		hōrum	hārum	hōrum
Dat.		huic			hīs	
Akk.	hunc	hanc	hoc	hōs	hās	haec
Abl.	hōc	hāc	hōc		hīs	

K. 10 ille, illa, illud = jener, ebenso; iste, ista, istud = dieser hier (K. 17)

Nom.	ille	illa	illud	illī	illae	illa
Gen.		illīus		illōrum	illārum	illōrum
Dat.		illī			illīs	
Akk.	illum	illam	illud	illōs	illās	illa
Abl.	illō	illā	illō		illīs	

K. 12 ipse, ipsa, ipsum = (aus: is-pse): selbst

Nom.	ipse	ipsa	ipsum	ipsī	ipsae	ipsa
Gen.		ipsīus		ipsōrum	ipsārum	ipsōrum
Dat.		ipsī			ipsīs	
Akk.	ipsum	ipsam	ipsum	ipsōs	ipsās	ipsa
Abl.	ipsō	ipsā	ipsō		ipsīs	

K. 14 Relativpronomen: quī, quae, quod: welcher, welche, welches (der, die, das)

Nom.	quī	quae	quod	quī	quae	quae
Gen.		cuius		quōrum	quārum	quōrum
Dat.		cui			quibus	
Akk.	quem	quam	quod	quōs	quās	quae
Abl.	quō	quā	quō		quibus	

K. 1 und 27 Interrogativpronomen

Nom.	quis?	quid?	wer, was?
Gen.	cuius?		wessen?
Dat.	cui?		wem?
Akk.	quem?	quid?	wen? was?
Abl.	ā quō? cum quō?		von wem? mit wem?

K. 28 Verallgemeinernde Fürwörter

quisquis, quidquid wer, was auch immer

quicumque, quaecumque, quodcumque welcher auch immer

K. 31 quisque, quaeque, quidque (quodque) jeder

K. 27 Pronomina indefinita (unbestimmte Fürwörter)

a) In Sätzen bejahenden Sinnes

Subst. aliquis, aliquid irgendeiner — Adjekt.: aliquī, aliqua, aliquod (Neutr. Plur. aliqua) irgendein

„Nach nē, sī, nisi, num fällt das ali um"

b) in Sätzen verneinten Sinnes (K. 23):

quisquam, quidquam (quicquam) irgendeiner

ūllus, ūlla, ūllum irgendein

K. 29 quispiam, quidpiam irgendein beliebiger

Kapitelübersicht

E.	F.
I. 1. Natalis dies 2. Genius	1. Lateinische Sprache 2. Römische Vornamen im D.
II. 1. Römer als Bauernvolk 2. liber – papyrus	1. Entwicklung der Schrift, lateinische Schriftzeichen 2. Vulgärlatein – romanische Sprachen
III. 1. Stadium, Stadion 2. Lehn- und Fremdwörter im D. 3. L.-D. Wörter	1. Italienisch, jüngste Tochtersprache des L. 2. o-Deklination im I. 3. o-Deklination im F. 4. Bildung der Kasus in modernen Sprachen 5. Dominus vobiscum
IV. 1. Punische Kriege, Hannibal 2. Elefanten als Kriegsmittel	1. Hannibal ad portas 2. Wortgeschichte von domina 3. a- Deklination im I. und F.
V. 1. esse als Vollverb 2. esse b. Dativ 3. Wortbildung: Adjektiv-Substantiv 4. Anrufung der Götter	1. Ianua – Januar 2. Griech.-röm. Komödie und ihre Nachwirkung 3. a-Konjugation im I. und F.
VI. 1. Stadtmauer Roms 2. Wasserleitungen Roms 3. Iuno Lucina – Moneta 4. Basiliken, Curia 5. Trans Tiberim 6. Die sieben Hügel Roms 7. L.-D. Wörter	1. Gerundium im E., F. und I. 2. Roma aeterna 3. Die heutigen Straßen Roms 4. Der Julianische Kalender und die Monatsnamen

A.	C.
VII. Eine römische Hochzeit	1. Indikativ, Konjunktiv, Imperativ 2. Formen des Konjunktivs 3. Konjunktiv im Hauptsatz 4. Nebensätze, Konjunktiv nach Konjunktionen 5. Direkter und indirekter Fragesatz 6. Satzgefüge mit indirektem Fragesatz 7. Doppelter Dativ bei esse 8. Anrede und Ausruf
VIII. Ein römischer Spähtrupp am Rhein	1. Konsonant. Deklination, r. l; n-Stämme 2. Passiv der a- und e-Konjugation im Präsensstamm 3. Passiv im Perfektstamm 4. Infinitive im Aktiv und Passiv 5. A.c.i. (als Objekt) 6. ab beim Abl. u. Abl. als Ursache 7. Nebensatz und verbundenes Partizip
IX. Scipio, ein römischer Ehrenmann	1. Konsonant. Deklination, Verschlußlaut mit s 2. Pronomen is, ea, id 3. Pronomen idem, eadem, idem 4. i-Konjugation 5. Ablativ mit Partizip Perfekt (P.P.P.) 6. Prädikativum
X. Piraterie im Mittelmeer	1. Pronomen hic, haec, hoc; ille, illa, illud 2. Konsonant. Konjugation (v-, u-, s-, Ablaut-, Stammperfekt) 3. Gerundivum 4. Gerundivum bei esse 5. Satzstellung: Haupt- und Nebensatz bei gemeinsamem Subjekt
XI. Ein römischer Kriminalfall	1. Konsonant. Deklination, Neutra 2. Aktive, passive, mediale Verben 3. Deponentien 4. Personalpronomen der 3. Person im a.c.i. 5. Ablativ des Mittels und per 6. Relativsätze (kausal) im Konjunktiv
XII. Belagerung einer Stadt im Altertum	1. i-Deklination 2. Adjektive der i-Deklination 3. Pronomen ipse 4. Pronominaladjektive 5. Reduplikationsperfekte 6. Mengenbegriffe im Genitiv

E.	F.
VII. 1. Eheschließerin (pronuba)	1. Hochzeitssitten
2. Gaius – Gaia	2. Römische Frauennamen im D.
3. Wortbildung: Maskulinum – Femininum	3. Atrium – Haus
4. Gegensatzpaare	
VIII. 1. Übersetzungsmöglichkeiten des Passivs	1. Achtungsanrede im L., D., F.
2. Doppelte Negation	2. Brückenbauten
3. Legion	3. Rheingrenze Galliens
4. barbarus	4. Zauberwort im Kalif-Storch
IX. 1. Mehrdeutigkeit (inhaltliche Valenz); gratia	1. Personifizierung sittlicher Werte
2. Mehrdeutigkeit (syntaktische Valenz): esse	2. Romanisierung der Iberischen Halbinsel
3. Wortbildung: Adjektive – osus	3. i- Konjugation im I. und F.
4. L.-D. Wörter	
X. 1. talentum	1. Cäsar – Pompejus
2. triumphum agere	2. Mittelmeer – Raum und Ozean
3. Quirites	3. Kampf um das Mittelmeer
4. Demonstrativpronomen als Subjekt mit Prädikatsnomen	4. ille: Artikel in den roman. Sprachen
XI. 1. balneum – thermae	1. Zentralheizung (Hypokausten)
2. ordo equester – senatorius	2. Sklaven – Sklaverei
3. Wortsippe: servus, servire	3. Konsonant. Konjugation in den roman. Sprachen.
4. Mehrdeutigkeit (syntaktische Valenz): praebere, putare	
XII. 1. Imperfekt – Perfekt	1. Romanisierung Galliens
2. Wortbildung: Adjektive – ius -anus, -inus, -arius, -eus	2. Franz. Ortsnamen auf -s
3. L.-D. Wörter	3. vigilia, hora, Uhr, Minute, Sekunde
4. Avaricum-Bourges	4. Belagerungstechnik

A.	C.
XIII. Der Ausbruch des Vesuvs und der Tod des Plinius	1. Komparativ – Superlativ, Deklination des Komparativs 2. gemischte Deklination 3. Partizipien der aktiven Verben und Deponentien 4. Verbundenes Partizip des Präsens 5. Pronomen der 3. Person im konjunktivischen Nebensatz
XIV. Von den Abenteuern des Odysseus	1. Relativpronomen 2. ferre und Komposita 3. Ablativ mit Partizip (Partizip Präs.) 4. Relativischer Satzanschluß 5. Ablativ u. Genitiv der Eigenschaft (qualitatis) 6. Satzstruktur (Konstruiermethode)
XV. Entscheidende Augenblicke im Leben Cäsars	1. u- Deklination 2. Adverbien 3. longe beim Superlativ 4. ire und Komposita 5. Ortsangaben bei Städtenamen 6. Konstruieren eines Satzes.
XVI. Die Römer in Germanien und die Schlacht im Teutoburger Wald	1. Gemischte Konjugation 2. Deponentien der gemischten Konjugation 3. fieri 4. Perfektopräsentien 5. Relativsätze im Konjunktiv 6. cum (temporale)
XVII. Scipio disputiert mit Lälius und Philus über den Staat	1. e- Deklination 2. Unregelmäßige Steigerung 3. Komparativ ohne Vergleichsglied 4. Ablativ des Vergleichs (comparationis)
XVIII. Neugier römischer Frauen	1. velle, nolle, malle 2. noli mit Infinitiv 3. velle mit Infinitiv oder a.c.i. 4. Nebensätze mit ut und ne 5. Adjektive mit Genitiv
XIX. Augustus, Mehrer des Reichs und Friedensfürst	1. Grund- und Ordnungszahlen 2. Deklination der Zahlen 3. Zeitangaben 4. Distributivzahlen und Zahladverbien 5. Lat. Ziffern und Bezeichnung der Rechenvorgänge

	E.	F.
XIII.	1. Wortbildung: Substantive vom P.P.P. auf – or 2. Plinius Sekundus 3. Römische Kriegsschiffe 4. P.P.P. in modernen Sprachen	1. Monatseinteilung des röm. Kalenders 2. Vesuvausbruch – Pompeji 3. Konsonant., -i, – gemischte Deklination in den roman. Sprachen. 4. Scherzfrage
XIV.	1. Name Odysseus – Ulixes 2. Fahrten des Odysseus	1. Skylla und Charybdis 2. Stimmen der Sirenen 3. Griechische Sagenwelt 4. Hotelnamen im D.
XV.	1. Lebensalter Cäsars und Staatsämter in Rom 2. Pontifex maximus 3. Wesenszüge Cäsars; Cäsar, Kaiser, Zar 4. Geograph. Bezeichnungen Italiens 5. L.-D. Wörter	1. Iacta est alea 2. Acta diurna = Journal 3. Senat, Senatoren – Konsul, Konsulat früher – heute 4. Latein. Züge der Eisenbahn 5. Adverb in romanischen Sprachen
XVI.	1. afficere mit Ablativ 2. vendere, venire mit Abl. des Preises (pretii) 3. Wertveränderung: minus – magis 4. Roms Versuch, Germanien zu erobern 5. Wortbildung: Substantiv > Verben des Veranlassens	1. Schlacht im Teutoburger Wald und ihre Bedeutung 2. Röm. Kastelle – heutige Städte 3. Wahlspruch der olympischen Spiele 4. Lat., german., romanische Steigerung
XVII.	Geistesgeschichtliche Bedeutung Scipios u. Ciceros 2. Kunstvolle Sprache Ciceros 3. Wortsippe: fari	1. Politische Auswertung des Textes 2. Infante – Infanterie 3. Maxifant, Minifant – Maxi, Mini 4. L. für Fußballanhänger 5. u- und e- Deklination in rom. Sprachen
XVIII.	1. Freie Satzstellung 2. Doppelte Bedeutung der Vorsilbe in 3. D. – L. Wörter	1. Politische Erziehung in Rom 2. Papirius und die Zensur 3. Lat. Wörter im Fernsehen 4. nolens – volens 5. Lustige Verse
XIX.	1. Prinzipat des Augustus 2. Monumentum Ancyranum 3. Festtage in Rom 4. Röm. Bevölkerung u. Volkszählung 5. Wortbildung: Substant. auf -io und -atus 6. L. Zahlwörter im D.	1. Zeitrechnungsarten 2. Rechnen mit röm. Zahlen 3. Moderne Münzbezeichnungen aus dem L. 4. L. Zahlwörter im Romanischen

A.	C.
XX. Ein Attentat auf den Kaiser Augustus	1. prodesse, 2. Semideponentien 3. ne mit Konjunktiv Perfekt 4. n.c.i. (dicitur, dicuntur) 5. iubere und vetare mit a.c.i. und n.c.i. 6. dic, duc, fac, fer
XXI. Der germanische Limes	1. totus, locus ohne in 2. Präpositionen mit Akkusativ 3. Präpositionen mit Ablativ 4. Ort und Richtung bei sub und in 5. Gerundivum bei Verben des Veranlassens
XXII. Alexander der Große entdeckt den Indischen Ozean.	1. Partizip Präsens mit Genitiv 2. Indirekte Rede – Consecutio temporum 3. cum (inversivum)
XXIII. Cäsar erkundet Britannien, Agrikola romanisiert die Insel	1. quisquam – ullus 2. Ablativ des Maßunterschieds (mensurae) 3. quominus, ne, quin 4. Beschreibender Infinitiv (historicus) 5. cum (concessivum); die verschiedenen cum mit Konjunktiv
XXIV. Kolumbus entdeckt Amerika	1. Partizip Perfekt der Deponentien für die Gleichzeitigkeit 2. Verben des Gerichts mit Genitiv
XXV. Dumnorix, ein gallischer Widerstandskämpfer	1. Relativ- und quod- Sätze 2. quam (Relativum und Adverb) 3. timere, vereri: ne 4. Supinum auf -um
XXVI. Ein Brief Ciceros an seine Familie	1. Konjunktiv in Hauptsätzen 2. si (konditional)- cum (iterativ) 3. fieri (persönlich gebraucht) 4. quominus
XXVII. Eine politische Diskussion im Senat	1. aliquis, aliquid 2. a.c.i. nach unpersönl. Ausdrücken 3. a.c.i. im Relativsatz 4. timere beim Dativ 5. Teilungsgenitiv nach ubi

	E.	F.
XX.	1. Titel: Imperator – Augustus	1. Verhalten des Augustus nach dem Attentat
	2. Cinna und die Pomejaner	2. Kolonialstädte des Augustus
	3. Wortbildung: Substantive auf -tas, -ia, -itia	3. Panem et circenses
	4. Mehrdeutigkeit: petere, constituere	
XXI.	1. Frühgeschichte Westdeutschlands	1. Übernahme römischer Zivilisation durch die Germanen
	2. Anfänge des Limesbaus	2. Siebentägige Woche, Namen der Wochentage
	3. Ausdehnung des Limes	3. Lateinische Wörter in der modernen Werbesprache
	4. Verstärkung des Limes	
	5. Das Limeskastell Saalburg	
	6. Lateinische – deutsche Wörter	
XXII.	1. Alexanders Bedeutung für die östliche Welt, Hellenismus	1. Gezeitenwechsel im Indischen Ozean
	2. Erweiterung des Weltbildes	2. Ungeheuer Indiens
	3. Wortbildung, Substantive: -tudo, -or	3. Lateinische – deutsche Tiernamen
	4. Wortsippe: regere	4. Namen von Lichtspieltheatern
	5. Partizipien des Präsens > D. Wörter	
XXIII.	1. Abfahrtsstelle Cäsars	1. Erweiterung der Welt nach Westen
	2. Lage Britanniens	2. Romanisierung Britanniens
	3. Orcades, Thula	3. Lateinische Ortsnamen in England
	4. humanitas	4. Lateinisch-romanische Wörter im Englischen
	5. Mehrdeutigkeit: secundus	
XXIV.	1. Colonus = Kolumbus	1. Erweiterung des Weltbildes
	2. Gades – insulae Fortunatae	2. Petrus Martyr: „De orbe novo"
	3. Entdeckung Amerikas und Landung	3. Neulateinische Wörter
	4. Haiti, Kuba	4. Lateinische Länderbezeichnung heute
	5. L. – D. Wörter	
XXV.	1. Steuereinziehung im Altertum	1. Römisches Reich – übernational
	2. Wortbildung, Substantive -ium, -itium	2. Widerstandsbewegungen
	3. Lateinische Wörter des Militärwesens im D.	3. quia, quod-Sätze in romanischen Sprachen
		4. Ein Spaß
XXVI.	1. Laenius Flaccus	1. Datum, Daten
	2. Verkleinerungsformen	2. Briefform und andere Kommunikationsmittel
	3. Wortspiele Ciceros	3. Neuere lateinische Buchtitel
	4. Brief des verbannten Cicero, Stimmung?	
XXVII.	1. patres conscripti	1. Antike Redekunst – heute verwendbar
	2. Zwölftafelgesetz, lex Porcia – Calpurnia	2. Eigenes Urteil über Katilina
	3. Politische Pläne Katilinas	3. Bewertung der Todesstrafe
	4. Wortbildung, Adjektive vom P.P.P.	

A.	C.
XXVIII. Frühes Christentum und Christenverfolgung	1. Potentialer Konditionalsatz 2. quicumque, quisquis
XXIX. Von der antiken Medizin: a) Eid des Hippokrates b) die Pest	1. quispiam 2. nequire
XXX. Von der antiken Medizin: a) Das Herz b) Die erste Ärztin	1. Semideponens: reverti 2. Konjunktion: dum 3. Konjunktion: cum (primum) m. Indikativ
XXXI. Vom römischen Recht: a) Lehrbuch des römischen Rechts b) Ein amüsanter Rechtsfall	1. quisque 2. Supinum auf -u 3. Kollektiver Singular 4. plenus b. Genitiv
XXXII. Der antike Kran	Verbaler und nominaler Sprachstil